人道の世紀へ

Toward a Humane Century

ニーラカンタ・ラダクリシュナン
Neelakanta Radhakrishnan

池田大作
Daisaku Ikeda

ガンジーとインドの哲学を語る

第三文明社

ラダクリシュナン博士（右）と池田SGI会長 ©Seikyo Shimbun

人道の世紀へ——ガンジーとインドの哲学を語る……目次

第5章　21世紀と精神の革命

［引用文について］〈　〉内は編集部による注。読みやすくするため編集部でふりがなをつけた箇所もある。出典は二度目以降は（前掲『　』）で示し、直後に連続して同じ出典を示す場合は（同前）と記した。

装幀／阿部元和
本文レイアウト／凸版印刷ＴＡＮＣ

〈対談者紹介〉

ニーラカンタ・ラダクリシュナン

(Neelakanta Radhakrishnan)

1944年、インド・ケララ州生まれ。マハトマ・ガンジー非暴力開発センター所長。アンナマライ大学で博士号取得。83年、ガンジーグラム・ルーラル大学教授。同年G.ラマチャンドラン非暴力会議、84年には開発教育ナショナル・センターを創設。90年、ガンジーグラム・ルーラル大学副総長代行。90年～2001年、国立ガンジー記念館館長を務める。ガンジー研究インド会議議長としても活躍し、ガンジー研究の第一人者として知られる。2008年、ラジブ・ガンジー賞受賞。

『ガンジーと青年と非暴力』『地球村のガンジー』『ガンジー：寛容と生存への探究』など非暴力思想に関する多くの著作のほか、平和運動、文学、芸術、言語学、演劇などに関する著書多数。

池田大作

(いけだ・だいさく)

1928年、東京都生まれ。創価学会名誉会長。創価学会インタナショナル（SGI）会長。創価大学、アメリカ創価大学、創価学園、民主音楽協会、東京富士美術館、東洋哲学研究所などを設立。国連平和賞、ブラジル南十字国家勲章、「世界桂冠詩人」賞など、受賞多数。モスクワ大学、グラスゴー大学、北京大学、デリー大学、タゴール国際大学、済州大学、デンバー大学などの大学・学術機関から、240を超える名誉博士、名誉教授等の称号を受ける。

著書に『人間革命』（全12巻）、『新・人間革命』（現19巻）のほか、トインビー博士との対談『21世紀への対話』、ゴルバチョフ元ソ連大統領との対談『20世紀の精神の教訓』など、世界の知性との多数の対談集がある。

PHOTO:©Seikyo Shimbun

タジキスタン
アフガニスタン
フロンティア州
中華人民共和国
パキスタン
ネパール
ブータン
デリー
ニューデリー
チョモランマ
ジャイプル
ラクナウ
ヴェーサーリー
パトナ
インパール
ラージギール
サルナート
インド
ブッダガヤ
ノーアカーリー
ミャンマー
アフマダーバード
ボーパール
コルカタ
シャンティニケタン
ポールバンダル
ワルダー
バングラデシュ
セバグラム
古代のカリンガ地方
ムンバイ
ハイデラバード
アラビア海
ベンガル湾
バンガロール
チェンナイ
タミールナドゥ州
ケララ州
スリランカ
ティルヴァナンタプラム
（トリヴァンドラム）
セイロン島
モルディブ
インド洋

◆第1章◆

未来を照らす教育の光

1 大人《おとな》こそ子どもの模範《もはん》に

非暴力思想《ひぼうりょくしそう》を世界《せかい》に発信《はっしん》

池田　偉大《いだい》なガンジー主義者《しゅぎしゃ》であり、卓越《たくえつ》した教育者であるラダクリシュナン博士と、対談《たいだん》を開始《かいし》することができ、大変《たいへん》にうれしく思っております。

これまで私たちは、インドで、そしてまた日本で、幾度《いくど》も対話《たいわ》を重《かさ》ねてきました。博士は私にとって、かけがえのない友人《ゆうじん》であり、平和《へいわ》と非暴力の同志《どうし》です。

ラダクリシュナン　私のほうこそ、池田SGI（創価学会インタナショナル）会長と対談させていただけることは、最大《さいだい》の喜《よろこ》びです。SGIを知り、池田会長と出会《であ》えた幸運《こううん》に、心から感謝《かんしゃ》しています。池田会長との出会いは、私の人生《じんせい》における転換点《てんかんてん》となりました。

池田　古代《こだい》ローマのキケロ[*1]は、「人生から友情《ゆうじょう》を取《と》り去《さ》るのは、この世界から太陽《たいよう》を取

池田SGI会長の「タゴール平和賞」受賞を、ネルー記念館のクマール館長（右端）、ラダクリシュナン博士らインドの友人が祝福（1997年10月23日、インド・ニューデリー、ネルー記念館）　©Seikyo Shimbun

り去るようなもの」（「ラエリウス・友情について」中務哲郎訳、『キケロー選集9』所収、岩波書店）と言いました。

　まさしく、友情のない世界は暗黒《あんこく》です。友情こそ、人生の宝《たから》です。これは、私が生涯《しょうがい》を通して得《え》た一つの結論《けつろん》です。

ラダクリシュナン　そのとおりですね。池田会長と、その事業《じぎょう》――とくに世界平和への闘争《とうそう》と青年《せいねん》の結集《けっしゅう》、そして創価教育のために会長が示《しめ》された驚《おどろ》くべき創造的《そうぞうてき》なリーダーシップを知ることで、私の思想は向上《こうじょう》しました。会長と、このようにして語《かた》り合《あ》えること自体《じたい》、私の人生にとって、大いなる意義《いぎ》をもつものです。

　会長に関する書物《しょもつ》を読み、また会長が世

界中に創立《そうりつ》された優《すぐ》れた諸機関《しょきかん》を訪《おとず》れるなかで、私は会長とともに歩《あゆ》まれる友人《ゆうじん》や協《きょう》力者《りょくしゃ》の方々《かたがた》にも魅了《みりょう》されました。

私は、会長と出会ってから、その人格《じんかく》と業績《ぎょうせき》を、長年にわたり真剣《しんけん》に分析《ぶんせき》してきました。友好《ゆうこう》と交流《こうりゅう》を深《ふか》めるなかで、これまでのご行動《こうどう》と地球《ちきゅう》レベルでの影響《えいきょう》についても理解《りかい》を深めてきました。

そして、四半世紀《しはんせいき》を経《へ》た今、私は会長の最大の崇拝者《すうはいしゃ》となったのです。これは決《けっ》してお世辞《せじ》ではなく、私が心から強く深く感じていることです。

池田　あまりにも過分《かぶん》な評価《ひょうか》です。

博士は、長年にわたり国立《こくりつ》ガンジー記念館《きねんかん》の館長《かんちょう》を務《つと》められ、〝マハトマの心〟を受《う》け継《つ》ぐ崇高《すうこう》なる非暴力《ひぼうりょく》の闘士《とうし》として、信念《しんねん》の行動を貫《つらぬ》いてこられました。ガンジーの思想《しそう》を、世界《せかい》に広く宣揚《せんよう》してこられた功労《こうろう》も不滅《ふめつ》です。

一九八二年には、「マハトマ・ガンジー非暴力開発《かいはつ》センター」を創設《そうせつ》され、地域《ちいき》社会の発展《はってん》のために、さまざまな活動《かつどう》を推進《すいしん》してこられたこともよく存《ぞん》じております。

ラダクリシュナン　ありがとうございます。私が、南インドのケララ州《しゅう》に創設した「マハトマ・ガンジー非暴力開発センター」は、二〇〇二年で満《まん》二十年の佳節《かせつ》を迎《むか》えま

社会貢献に活躍した人物に贈られるラジブ・ガンジー賞を受賞し、シン首相（左）から祝福を受けるラダクリシュナン博士（2008年8月20日）

した。

同センターの機関である「ラマチャンドラン非暴力研究所《けんきゅうじょ》」と「ガンジー・メディア・センター」は、発足以来《ほっそくいらい》、さまざまな活動《かつどう》を行《おこな》ってきました。とくに、多様《たよう》な紛争《ふんそう》を解決《かいけつ》するための青年《せいねん》の訓練《くんれん》、ガンジーの思想の流布《るふ》、宗教間《しゅうきょうかん》の理解《りかい》の促進《そくしん》、予防的平和《よぼうてきへいわ》行動のための青年の結集《けっしゅう》などに取《と》り組《く》んできました。

さらにまた、地方の女性《じょせい》たちが、職業《しょくぎょう》訓練や所得向上《しょとくこうじょう》の機会《きかい》を得《え》るための活動にも焦点《しょうてん》を当て、彼女《かのじょ》たちがよき母親になれるよう支援《しえん》しています。

そして二〇〇二年一月二日、これら二つの機関に加《くわ》えて、三番目となる「池田価値《かち》創造《そうぞう》センター」を増設《ぞうせつ》し、「マハトマ・ガンジー非暴力開発《ひぼうりょくかいはつ》センター」の創設《そうせつ》二十周《しゅう》年《ねん》を飾《かざ》らせていただいたのです。

それは、今後《こんご》の世界《せかい》における「創価」の思想《しそう》の重要性《じゅうようせい》を確認《かくにん》し、池田会長の七十四歳《さい》の誕生日《たんじょうび》をお祝《いわ》いする意義《いぎ》を込《こ》めたものでした。

「池田価値《かち》創造センター」の設立《せつりつ》は、社会《しゃかい》の大きな注目《ちゅうもく》を集《あつ》めました。オープニングの式典《しきてん》では「創価教育」についての会議《かいぎ》が盛大《せいだい》に開催《かいさい》されました。錚々《そうそう》たるインドの教育の専門家《せんもんか》をはじめ、インド南部《なんぶ》の各州《かくしゅう》からも教師《きょうし》の代表《だいひょう》が出席《しゅっせき》しました。

池田　大変《たいへん》に名誉《めいよ》なことです。

ラダクリシュナン　私が、センターをつくろうと決《き》めたのは、マハトマ・ガンジーと池田会長の思想を、広く世界に展開《てんかい》するためです。

教育にも力を入れ、人権《じんけん》・環境研究《かんきょうけんきゅう》の博士課程《かてい》のコースを志望《しぼう》する学究者《がっきゅうしゃ》たちへの設備《せつび》と指導《しどう》を提供《ていきょう》したほか、通信《つうしん》教育の「非暴力学習《がくしゅう》コース」なども設《もう》けました。

教師たちは、技能《ぎのう》を常《つね》に磨《みが》き、価値創造者としての大きな役割《やくわり》を自覚《じかく》するために、定《てい》期的《きてき》な研修《けんしゅう》プログラムを受けています。

わが師匠《ししょう》であるガンジーと、池田会長の掲《かか》げた目的《もくてき》に向かって、私もまた進んでい

マハトマ・ガンジー非暴力開発センターに「池田価値創造センター」がオープン（2002年1月2日）　©Seikyo Shimbun

きたい。

ガンジーは、非暴力の意義を創造的に解《かい》釈《しゃく》し、個々人の日常生活のなかに非暴力をもたらす新《あら》たな手段《しゅだん》と戦略《せんりゃく》を提供《ていきょう》しました。非暴力の実践《じっせん》は、初期《しょき》には精神的修《せいしんてきしゅ》行者《ぎょうしゃ》の隠遁《いんとん》生活における美徳《びとく》とされましたが、ガンジーは非暴力を単《たん》なる〝美徳〟から解放《かいほう》したと考えられているのです。

池田会長が、ガンジーの非暴力思想を、混迷《こんめい》を深《ふか》める現代《げんだい》社会に展開しようと努《ど》力《りょく》されていることは、大きな賞讃《しょうさん》に値《あたい》します。会長は、仏教《ぶっきょう》の精神に基《もと》づき、宗教の壁《かべ》を超《こ》えて、さらに広く大きなヒューマニズムのなかに、世界の人々を結《むす》びつけておられます。

きっと将来《しょうらい》の歴史家《れきしか》は、会長が推進《すいしん》してこられた偉業《いぎょう》を、「人類《じんるい》の生存《せいぞん》のために極《きわ》めて重要《じゅうよう》な、傑出《けっしゅつ》したものであった」と記《しる》すことでしょう。

池田会長とともに、この闘争《とうそう》を戦《たたか》うことは、会長が卓越《たくえつ》したリーダーシップで展開《てんかい》される「歴史を創造《そうぞう》する偉業」に参加《さんか》することなのです。

歴史を見直《みなお》し、歴史の方向《ほうこう》に影響《えいきょう》を与《あた》えるような運動《うんどう》をリードするには、並々《なみなみ》ならぬビジョンと勇気《ゆうき》、そして指導《しどう》者としての非凡《ひぼん》な資質《ししつ》が要求《ようきゅう》されます。

会長は、その偉大《いだい》な資質のすべてを備《そな》えておられます。

池田　恐縮《きょうしゅく》です。私のほうこそ、平和《へいわ》と人道《じんどう》の闘士《とうし》である博士とともに戦うことができ、これほどうれしく、心強いことはありません。

平和教育を推進《すいしん》するアメリカ創価大学

ラダクリシュナン　このほど、私が会長を務《つと》める「ラマチャンドラン非暴力研究所《ひぼうりょくけんきゅうじょ》」が、地域《ちいき》の大学の研究所や青年《せいねん》教育のグループと協力《きょうりょく》して、非暴力の総合的《そうごうてき》な啓発《けいはつ》運動に取《と》り組《く》んでいくことになりました。
プログラムでは、子どもや青年だけでなく、社会活動家《しゃかいかつどうか》や法の執行官《しっこうかん》、また数は多くありませんが、議員《ぎいん》などを対象《たいしょう》とした非暴力についての訓練《くんれん》を定期的《ていきてき》に行《おこな》っています。社会の多様《たよう》な階層《かいそう》に属《ぞく》する人々が、非暴力のもつ魅力《みりょく》を現実《げんじつ》のなかで具体化《ぐたいか》し、世界《せかい》平和構築《こうちく》への有力《ゆうりょく》な手段《しゅだん》として採用《さいよう》できるよう、一連《いちれん》の教育と訓練の機会《きかい》を提供《ていきょう》しています。

ガンジーは、社会に革命的《かくめいてき》な変革《へんかく》をもたらすには、やはり教育が大きな役割《やくわり》を果《は》たすことを認識《にんしき》していました。

池田　まことに重要《じゅうよう》な取り組みです。根本《こんぽん》は教育です。社会がどのような方向に進んでいくのか、それは教育の是非《ぜひ》によって決まるといっても、決《けっ》して過言《かごん》ではありません。

「教育に始《はじ》まり、教育に終《お》わる」――これは、私の人生《じんせい》のテーマでもあります。

日本の創価学園や創価大学に続《つづ》いて、私が創立《そうりつ》したアメリカ創価大学（カリフォルニア州）からも、多くの優秀《ゆうしゅう》な卒業生《そつぎょうせい》が世界に羽《は》ばたき、見事《みごと》な活躍《かつやく》を始めています。

博士には、開学当初《とうしょ》より、アメリカ創価大学の発展《はってん》を温《あたた》かく見守《みまも》っていただき、心より感謝《かんしゃ》しております。

博士が寄贈《きぞう》してくださった、百巻《かん》におよぶガンジー全集《ぜんしゅう》も、アメリカ創価大学の貴《き》重《ちょう》な精神《せいしん》の至宝《しほう》となっています。

ラダクリシュナン　これまでに二度《ど》、アメリカ創価大学を訪問《ほうもん》させていただきましたが、その時のことは鮮明《せんめい》に覚《おぼ》えています。本当《ほんとう》に感動的《かんどうてき》で有意義《ゆうい ぎ》な訪問でした。

最初の時も魅力《み りょく》を感じましたが、ふたたび訪《おとず》れた際《さい》には、すべてがすばらしいと感じました。確信《かくしん》に満《み》ちた果敢《かかん》な教育の試《こころ》みがなされている。教育の分野《ぶんや》におけるより高い次元《じげん》への跳躍《ちょうやく》を示《しめ》す卓越《たくえつ》したモデルであることを、あらためて確信しました。

アメリカ創価大学は、まずその雰囲気《ふんいき》がすばらしい。環境《かんきょう》がすばらしい。まさしく未来《みらい》の大学です。そこで見たすべてが、私にとって非常《ひじょう》に印象深《いんしょうぶか》いものでした。すべての教職員《きょうしょくいん》が、教育を通して〝社会変革《へんかく》〟と〝個人のエンパワーメント（能力開花《のうりょくかいか》）〟のために献身《けんしん》する〝大使《たいし》〟なのです。カリキュラムを見ても、世界中《せかいじゅう》から集《あつ》まった学生を見ても、本当にすばらしい大学です。

会長が、師匠《ししょう》を宣揚《せんよう》しようとの思いから胸《むね》に描《えが》かれた気高《けだか》い夢《ゆめ》が、壮大《そうだい》なスケールで実現《じつげん》されていることに深《ふか》く感銘《かんめい》し、圧倒《あっとう》されました。池田会長にして初《はじ》めてなしえたことです。アメリカ創価大学は、まぎれもなく全人類《ぜんじんるい》の灯台《とうだい》であり、奇跡《きせき》のなかの奇跡です。アメリカ創価大学は、弟子《でし》が師匠に対して贈《おく》った輝《かがや》かしい贈り物を雄弁《ゆうべん》に物語《ものがた》るものなのです。

アメリカ創価大学のキャンパスにガンジー棟がオープン。アルン・ガンジー博士（像の左隣）夫妻、池田博正創価大学理事（右から２人目）らが出席（2001年８月24日）　©Seikyo Shimbun

池田　温《あたた》かな励《はげ》まし、ありがとうございます。大学の教授陣《きょうじゅじん》や学生たちも、きっと喜《よろこ》ぶでしょう。

ところで、アメリカ創価大学（オレンジ郡《ぐん》）のキャンパスには、ガンジー夫妻《ふさい》の名前を冠《かん》した「モハンダス・アンド・カストゥールバ・ガンジー棟《とう》」があります。

命名《めいめい》の決定《けってい》にあたっては、博士からも心温まるメッセージを賜《たまわ》り、あらためて感《かん》謝申《しゃもう》し上《あ》げます。学生たちは、この尊《とうと》き名を冠した教室棟で学《まな》べることを、大変《たいへん》に誇《ほこ》りとしています。

二〇〇一年八月、第一回の入学式に先立って行《おこな》われた、この教室棟の命名式典《しきてん》には、マハトマ・ガンジーの令孫《れいそん》であるアルン・ガンジー博士ご夫妻《ふさい》も駆《か》けつけてくださいました。

挨拶《あいさつ》のなかで、博士は、こう述《の》べておられた。

――〝将来《しょうらい》はアメリカへの訪問《ほうもん》を〟と考えていた祖父《そふ》ガンジーは、残念《ざんねん》ながら、その実現《じつげん》の前に暗殺《あんさつ》されてしまいました。しかし、アメリカ創価大学が、その建物《たてもの》に祖父母の名前を冠《かん》し、祖父の像《ぞう》を設置《せっち》されたことで、祖父はついにアメリカにやってくることができました――と。

そして光栄《こうえい》にも、「それは、アメリカ創価大学だからこそふさわしい。なぜなら創価教育こそが、祖父が志向《しこう》した教育変革《へんかく》を象徴《しょうちょう》するからです」と、祝福《しゅくふく》してくださいました。

ラダクリシュナン　アメリカ創価大学にある教室棟《とう》を、ガンジー棟と名づけられたのは、非暴力《ひぼうりょく》に生《い》き抜《ぬ》いたガンジーの精神《せいしん》を、大切《たいせつ》に育《はぐく》み、慈《いつく》しみ、讃《たた》えようとされる池田会長の心の象徴《しょうちょう》だと感《かん》じました。

数年前、アメリカ創価大学の学生が、インドのニューデリーを訪《おとず》れたことがあります。彼は私に、ガンジー棟の教室に座《すわ》り、勉強できることは、大きな特権《とっけん》であると語《かた》ってくれました。アメリカ創価大学の学生であることを、非常《ひじょう》に誇《ほこ》りに思っていたのです。

あらゆる学生は、こうした誇りをもって努力《どりょく》すべきです。会長がこのような卓越《たくえつ》した大学を創立《そうりつ》されたことに感謝《かんしゃ》いたします。そして、人類《じんるい》は、その偉大《いだい》なご業績《ぎょうせき》に恩《おん》義《ぎ》を感じているのです。

「教育」といっても、さまざまな種類《しゅるい》があります。なかには、「戦争《せんそう》のための教育」もあります。これはむしろ、熱心《ねっしん》に行《おこな》われていると言っても、いいくらいです。ある意味で、軍隊《ぐんたい》に取《と》り入《い》れられている訓練《くんれん》は正確《せいかく》で献身的《けんしんてき》です。

同《おな》じように、いや、それ以上《いじょう》に私たちは、正《ただ》しく献身的な「平和《へいわ》のための教育」を推進《すいしん》していかなくてはなりません。

「生命《せいめい》の教育」「平和の教育」、そして「人間の幸福《こうふく》と世界市民《せかいしみん》のための教育」――これこそ、私がアメリカ創価大学で見た教育です。

今までの教育とは一線《いっせん》を画《かく》し、かつ大きな飛躍《ひやく》をもたらす意義《いぎ》をもつものです。それは、社会《しゃかい》変革への強い使命感《しめいかん》と、崇高《すうこう》な 志《こころざし》 をもった青年《せいねん》たちを育てる教育です。これらの若者《わかもの》たちは、将来《しょうらい》、世界の〝平和〟と〝共生《きょうせい》〟の大使《たいし》として登場《とうじょう》してくるでしょう。

子どもは大人《おとな》の鏡《かがみ》

池田　深《ふか》いご理解《りかい》に心から感謝《かんしゃ》いたします。

かつて、ある海外《かいがい》の識者《しきしゃ》が語《かた》っていました。

「戦争《せんそう》の英雄《えいゆう》の銅像《どうぞう》は無数《むすう》にある。しかし平和《へいわ》の英雄の銅像は少ない」「戦争で、たくさんの人を殺《ころ》した人間の記念物《きねんぶつ》は、たくさんある。しかし人の命《いのち》を救《すく》い、友情《ゆうじょう》を結《むす》んだ人間を讃《たた》える記念物は、あまりにも少ない」

私の少年時代《しょうねんじだい》、日本では「戦争の英雄」を育てようとする、「国家《こっか》のための教育」が行《おこな》われていました。そうした国家主義《しゅぎ》の風潮《ふうちょう》がなくなったとは言い切れません。

ゆえに私は、今、「平和の英雄」「文化《ぶんか》の英雄」を育てるために、あらゆる力《ちから》を注《そそ》いでいます。

ガンジーは、語っています。

「私の言う教育とは、子供《こども》や大人――肉体《にくたい》・心・精神《せいしん》――の最善《さいぜん》のものを全面的《ぜんめんてき》に引き出すことである」（『抵抗するな・屈服するな〈ガンジー語録〉』K・クリパラーニー編、古賀勝郎訳、朝日新聞社）

優《すぐ》れた教育こそが、人間と社会《しゃかい》を〝善《ぜん》〟の方向《ほうこう》へ、健全《けんぜん》な〝発展《はってん》〟の方向へと導《みちび》いていけるのです。

ラダクリシュナン　そのとおりです。成人《せいじん》は、子どもの人格形成《じんかくけいせい》に、計《はか》り知《し》れないほど大きな影響《えいきょう》を与《あた》えます。

大人たちはよく、自分たちは常《つね》に正しく、子どもを自分たちの鋳型《いがた》にはめこむ権利《けんり》をもっていると主張《しゅちょう》しますが、それは非現実的《ひげんじつてき》な主張でしょう。

真《しん》の問題《もんだい》はここにあります。私は、こうした伝統的《でんとうてき》なアプローチとは反対《はんたい》に、「子どもに対《たい》する教育」だけでなく、「成人に対する教育」が重要《じゅうよう》だと考えています。

大人は、すべての点で〝子どもの模範《もはん》〟にならなければなりません。大人が行うことは、青年《せいねん》たちの〝期待《きたい》〟と〝夢《ゆめ》〟を基準《きじゅん》に検証《けんしょう》されるべきです。

私たちは、偽善者《ぎぜんしゃ》や悪《わる》い模範となってはならないのです。彼《かれ》らは「仮面《かめん》」をかぶっています。それどころか、どこまでが「自分の本当《ほんとう》の顔」で、どこまでが「仮面」なのかさえ、わからなくなっているのではないでしょうか。

かつて、ガンジーは語りました。「あなたが望《のぞ》ましいと思い描《えが》く変革《へんかく》の主体者《しゅたいしゃ》たれ」と。

池田　「急所《きゅうしょ》」を突《つ》いた指摘《してき》です。

日本では、子どもの問題《もんだい》をめぐって、さまざまな問題が常《つね》に論《ろん》じられています。しかし、子どもは大人《おとな》の鏡《かがみ》であることを忘《わす》れてはならない。

「ウソをついてはならない」「困《こま》った人を助《たす》けよう」「暴力《ぼうりょく》はいけない」「生命《せいめい》を大切《たいせつ》に」――こうした理想《りそう》を、いくら大人が説《と》いても、自身《じしん》の生き方がともなっていなければ、子どもたちの心の奥《おく》には届《とど》きません。むしろ、博士が指摘されたように、子どもたちの鋭《するど》い目には、「仮面《かめん》」や「偽善《ぎぜん》」と映《うつ》るかもしれない。

いわんや現代社会《げんだいしゃかい》には、人権《じんけん》を侵害《しんがい》する卑劣《ひれつ》なウソや言葉《ことば》の暴力が横行《おうこう》し、自分さえよければいいという利己主義《りこしゅぎ》が蔓延《まんえん》している。世界《せかい》を見渡《みわた》せば、戦争《せんそう》やテロが頻発《ひんぱつ》し、尊《とうと》いはずの生命が次々《つぎつぎ》と犠牲《ぎせい》になっている。

子どもたちが、その影響《えいきょう》を受《う》けないはずがありません。

ラダクリシュナン　ガンジーは次《つぎ》のように言っています。
「子どもたちは親《おや》から、肉体的《にくたいてき》な特徴《とくちょう》と同《おな》じ程度《ていど》に、精神的《せいしんてき》な資質《ししつ》を受《う》け継《つ》ぐものである。環境《かんきょう》が重要《じゅうよう》な役割《やくわり》を果《は》たすことは間違《まちが》いないが、子どもたちが人生《じんせい》を歩《あゆ》み出《だ》す際《さい》の最初《さいしょ》の元手《もとで》は、祖先《そせん》から継承《けいしょう》される。私は今まで、悪《あく》の遺産《いさん》の影響性を、子どもたちがいつも見事《みごと》に乗《の》り越《こ》えていくのを見てきた。それは魂《たましい》に本来的《ほんらいてき》に具《そな》わっている純粋性《じゅんすいせい》によるものである」

インドでは伝統的《でんとうてき》に、人格形成《じんかくけいせい》の三位一体《さんみいったい》の要素《ようそ》として、母、父、そして教師《きょうし》の存在《そんざい》が語《かた》られます。

英国《えいこく》の詩人《しじん》ワーズワース[*2]は「子どもは大人の父である」と言いましたが、この主張《しゅちょう》は、別《べつ》な見方をすれば、子どもの教育だけでなく、価値《かち》を創造《そうぞう》するための社会環境をつくり上げるうえで、重要な教訓《きょうくん》を含《ふく》んでいるのではないでしょうか。

池田　大切《たいせつ》なことは、何よりもまず「大人」たちが、自身の生き方を見つめ、変《か》わろうと努力《どりょく》していくことです。人々の幸福《こうふく》のため、社会の変革《へんかく》のために、貢献《こうけん》し、努力する姿《すがた》を示《しめ》していくことです。

その姿から、子どもたちは大切《たいせつ》なメッセージを学《まな》びとっていくに違《ちが》いありません。

アルン・ガンジー博士との語らいの折《おり》、祖父《そふ》のガンジーの言葉を紹介《しょうかい》されていました。

「自分ができないことを人に押《お》しつけてはならない」

「世界の変革を望《のぞ》むならば、まず自分自身が変革そのものであれ！」

ガンジーは子どもの人気者《にんきもの》だった

ラダクリシュナン　そのとおりです。大人《おとな》こそ、子どもの模範《もはん》となっていかなければなりません。子どもたちとともに、大人も成長《せいちょう》していかねばならないのです。

大人は、自分の子どもたちの肉体的《にくたいてき》成長を注意《ちゅうい》深《ぶか》く見守《みまも》り、精神的《せいしんてき》・知的《ちてき》に成長するための機会《きかい》を用意《ようい》します。しかし、彼《かれ》らが本当《ほんとう》に自分の子どもたちのことを理解《りかい》しているかどうかは疑問《ぎもん》です。

子どもが成長する過程《かてい》では、じつに大きな変化《へんか》が起《お》きているのですが、多くの大人は、それに気がついていないのです。

大人と子どもは、いっしょに成長しています。そして子どもの世界《せかい》は、大人によって刻印《こくいん》されるイメージの影響《えいきょう》の支配《しはい》を受《う》けています。私たちはそのことを、しばしば忘《わす》れてしまっているのです。

池田　非常《ひじょう》に重要《じゅうよう》な視点《してん》です。

博士のセンターでは、子どもたちの演劇《えんげき》を通して、地域《ちいき》の人々と、さまざまな問題《もんだい》について、ともに考えるという試《こころ》みにも挑戦《ちょうせん》されていますね。

ラダクリシュナン　ええ。かなり力《ちから》を入れています。最近《さいきん》、そのなかの一つの演劇「マダランガル（太鼓《たいこ》）」が上演《じょうえん》され、地域の人々や子どもの専門家《せんもんか》たちの大きな関心《かんしん》を呼《よ》びました。

この演劇は、ある親《おや》の「無神経《むしんけい》さ」をテーマにしています。

登場《とうじょう》人物の父親は、自分の振《ふ》る舞《ま》いが子どもには見られていないと思っています。彼は子どもを一流《いちりゅう》の学校に入れ、きれいな服《ふく》を着《き》せ、おいしい食《た》べ物《もの》を与《あた》え、クラスで一番になるようにと勉強《べんきょう》をさせるのですが、自分自身《じしん》は不道徳《ふどうとく》な生活を送《おく》っています。ある日、子どもはついに感情《かんじょう》を爆発《ばくはつ》させ、痛烈《つうれつ》な心の思いを父親に伝《つた》えるのです。

この演劇は、多くの人々の心を揺《ゆ》さぶりました。ある人は鑑賞後《かんしょうご》、次《つぎ》のように語《かた》っていました。

「私は自分の子どもに、自分が正しいと思うことを与えてきたつもりでした。将来《しょうらい》は、技師《ぎし》になってほしいと思ってきました。しかし今日《きょう》、この演劇を見て、私は自分の子どもについて、何もわかっていないのではないか、との思いに駆《か》られました。

もっと子どもを理解《りかい》しなければならないし、いろいろと学《まな》んでいかなければならない。私の目を開《ひら》かせてくれたことに感謝《かんしゃ》します」

池田　やはり、大人《おとな》や子どもたちが何か一つでもともに取《と》り組《く》み、その感動《かんどう》や喜《よろこ》びを分かちあうことが大切《たいせつ》ですね。

私には忘れられない、一つの光景《こうけい》があります。前回、お招《まね》きを受《う》け、インドを訪問《ほうもん》した年（一九九七年）は、インド独立《どくりつ》五十周年《しゅうねん》の佳節《かせつ》でした。

滞在中《たいざいちゅう》、インド創価学会やインド文化関係評議会《ぶんかかんけいひょうぎかい》などの主催《しゅさい》で、記念《きねん》の「日印友好《にちいんゆうこう》文化祭《さい》」が開催《かいさい》されました。その文化祭の最後《さいご》に登場《とうじょう》した、インドの子どもたちの輝《かがや》くばかりの笑顔《えがお》が、心に深《ふか》く刻《きざ》まれているのです。

貴国《きこく》のカント*3副大統領《ふくだいとうりょう》や、亡《な》きラジブ・ガンジー*4首相《しゅしょう》のソニア夫人《ふじん》*5も、来賓《らいひん》として参加《さんか》されていました。博士にもお越《こ》しいただきました。文化祭は、華麗《かれい》なインド舞踊《ぶよう》あり、日本舞踊あり、名演奏《めいえんそう》ありと、まことにすばらしいものでした。

ラダクリシュナン　あれは見事《みごと》な祭典《さいてん》でした。文化祭の演技《えんぎ》もさることながら、私にとっては重要《じゅうよう》な教育の機会《きかい》となりました。

観客席《かんきゃくせき》から演技を鑑賞《かんしょう》されていた池田会長が、演技している人々を激励《げきれい》された際《さい》の、子どもたちとの交流《こうりゅう》の姿《すがた》にも感動《かんどう》しました。

近くで拝見《はいけん》していて、会長が皆《みな》を包《つつ》み、温《あたた》かな光彩《こうさい》を、とくに幼《おさな》い演技者たちに発《はっ》せられているようで不思議《ふしぎ》でなりませんでした。あの日のヒーロー（主人公《しゅじんこう》）は政治家《せいじか》ではなく、勝利《しょうり》の笑《え》みと人々を魅了《みりょう》してやまない身振《みぶ》りをもって、激励の言葉《ことば》をかけておられた池田会長でした。会長の人間的な温かさが、すべてを見違《みちが》えるように変えました。

互《たが》いを讃《たた》え、尊敬《そんけい》し合《あ》う大海原《おおうなばら》にいるかのようでした。そのなかでは年齢《ねんれい》の差《さ》など、なくなっていました。子どもたちが発する歓喜《かんき》は波《なみ》のように広がり、柔《やわ》らかな音楽《おんがく》と太《たい》鼓《こ》の響《ひび》きが、その輝きを高めました。

しかし、それはすべて池田会長がそこにおられたからであり、民衆《みんしゅう》との心の交流を実現《じつげん》できる卓越《たくえつ》した能力《のうりょく》によるものでした。

私は、かつて父から、ガンジーは子どもたちといっしょにいる時は、まるで子どものようで、子どもたちの人気者《にんきもの》であったと聞かされたことがあります。子どもを理解《りかい》する人は偉大《いだい》な指導者《しどうしゃ》であると言われます。あの日の池田会長は、じつに偉大でした。いかなる人々とも、やすやすと打《う》ち解《と》けて交流できる卓越した能力が、多くの賞讃者《しょうさんしゃ》を得《え》たのです。

子どもたちは人類《じんるい》の希望《きぼう》

池田　とんでもありません。最《もっと》も輝《かがや》いていたのは、貴国《きこく》の少年少女です。なんといっても、感動《かんどう》が最高潮《さいこうちょう》に達《たっ》したのは、最後《さいご》のフィナーレでした。

軽快《けいかい》な音楽に乗《の》って、少年少女たちがステージに登場《とうじょう》すると、たくさんの太陽《たいよう》が、一度《いちど》に現《あらわ》れたかのようでした。まばゆいほどでした。

ラダクリシュナン　まさしく、そのとおりでしたね。少年少女たちは、まるで美《び》と調和《ちょうわ》と歓喜《かんき》を与《あた》えられた天使《てんし》のようでした。少年少女たちと青年《せいねん》たちが発《はっ》する幸福感《こうふくかん》は、会場のすべての人を惹《ひ》きつけました。

池田　ステージに登場した子どもたちが、口々《くちぐち》に決意《けつい》を語《かた》りました。

「僕《ぼく》は、大きくなったら、科学者《かがくしゃ》になって、月やほかの星《ほし》に行きたい！」

「私は、人が困《こま》っている時に助《たす》けられる人になりたい！」

そして、声《こえ》を合わせて、こう言ったのです。

「私たちは誓《ちか》います！　インドを、豊《ゆた》かで幸福《こうふく》な国にすることを！　明るく楽しい世界《せかい》をつくることを！」

インド独立50周年記念「日印友好文化祭」（1997年10月18日、インド・ニューデリー、シュリ・フォート・オーディトリアム）　©Seikyo Shimbun

「西暦《せいれき》二〇四七年、インド独立《どくりつ》百周年《しゅうねん》のその時までに、私たちは断《だん》じて勝《か》つ精神《せいしん》をもって傑出《けっしゅつ》した人物《じんぶつ》になってみせます！」

心のなかに、金《きん》の光が差《さ》し込《こ》むようでした。

私は思いました。

「この子どもたちがいるかぎり、二十一世《せい》紀《き》は安心《あんしん》である！」

そして誓いを新《あら》たにしました。

「この輝く子どもたちのために、なんとしても、平和《へいわ》の道を開《ひら》くのだ！」

ラダクリシュナン　私も、あの子どもたちの姿《すがた》は、胸《むね》に焼《や》き付《つ》いて離《はな》れません。

彼《かれ》らこそ、「未来《みらい》」です。彼らこそ、「希《き》望《ぼう》」です。

一日も早く、立派《りっぱ》に成長《せいちょう》してほしい――そう願《ねが》わずにいられませんでした。

私たちは老《お》いていきます。「明日《あす》の世界《せかい》」は彼《かれ》らに託《たく》す以外《いがい》にありません。行《ゆ》く手《て》の山は険《けわ》しくとも、いかに波浪《はろう》が厳《きび》しくとも、彼らなら必《かなら》ず、見事《みごと》に乗《の》り越《こ》えてくれるでしょう。

「大いなる未来《みらい》へ〝新しい行進《こうしん》〟が始《はじ》まった！」――そんな感動《かんどう》を覚《おぼ》えました。私も、元気をもらいました。

あの時の池田会長の姿《すがた》は、深《ふか》く印象《いんしょう》に残《のこ》っています。

子どもたちが、観客席《かんきゃくせき》に向《む》かって精一杯《せいいっぱい》手を振《ふ》ると、会長は立ち上がり、両手《りょうて》を高々《たかだか》と挙《あ》げて応《こた》えられました。そして、子どもたちに向かって、深々《ふかぶか》と礼《れい》をされたのです。まるで、年長者《ねんちょうしゃ》に対《たい》するように。

子どもたちが横断幕《おうだんまく》を掲《かか》げると、そこには、

「きっと、私たちがつくります。

平和《へいわ》と希望《きぼう》と喜《よろこ》びの未来を。

あなたとともに」――と書かれていました。

美《うつく》しい名画《めいが》のような光景《こうけい》でした。

池田　あの時の少年少女たちは立派に成長し、今も便《たよ》りをくれます。

私はいつも、彼らのことを思《おも》い浮《う》かべては、「無事安穏《ぶじあんのん》であれ！　健康《けんこう》であれ！　負《ま》けるな！　人生《じんせい》の勝利者《しょうりしゃ》となれ！」と、祈念《きねん》しています。

たしかに世界の現実《げんじつ》は、まだまだ平和には、遠い。「戦争《せんそう》とは、決《けっ》して逃《のが》れられない人類《じんるい》の宿命《しゅくめい》ではないのか」という絶望《ぜつぼう》の声《こえ》すらも聞こえてきます。

また、長い人生においては、思いもかけない宿命の嵐《あらし》に翻弄《ほんろう》されることもあります。

しかし、絶望してはならない。信念《しんねん》あるかぎり、希望は死《し》なない。希望あるかぎり、理想《りそう》は死なない。

ガンジーは、こう語《かた》ったと言われます。

「もし我々《われわれ》が理想を捨《す》てることがなければ、理想が我々を捨てることは、決してない」

ガンジーの「希望の哲学《てつがく》」を胸《むね》に、対話《たいわ》を続《つづ》けてまいりましょう！

2　勇敢《ゆうかん》なる父　楽観主義《らっかんしゅぎ》の母

人生《じんせい》における三つの大きな幸福《こうふく》

池田　博士は、世界的《せかいてき》なガンジー主義者として、「平和《へいわ》と人道《じんどう》の世紀《せいき》」の実現《じつげん》のために、勇敢に行動《こうどう》してこられました。

博士が、この崇高《すうこう》な信念《しんねん》の道を選《えら》ばれたのは、ご両親《りょうしん》の影響《えいきょう》が大きかったとうかがっています。

ラダクリシュナン　まさにそのとおりです。

私はかつて、フランス人のジャーナリストに、「あなたの人生《じんせい》における最《もっと》も幸運《こううん》なことは何ですか?」と聞かれたことがあります。

その時、私は躊躇《ちゅうちょ》なく、こう答えました。

「第一《だいいち》の幸福――それは、私の父母《ふぼ》が生まれたこと。そして、その父母の子どもとして、自分が生まれたことです」

池田　その一言《ひとこと》に、博士の深《ふか》い人格《じんかく》と哲学《てつがく》が凝結《ぎょうけつ》しています。ご両親も、どれほど博士を、誇《ほこ》りとされたことでしょう。

私も、常々《つねづね》、青年《せいねん》たちに、「父母がいるからこそ今の自分がいる。そのことに感謝《かんしゃ》できる心をもってもらいたい」と語《かた》ってきました。

仏法《ぶっぽう》では、「父の恩《おん》の高いことは、須弥山《しゅみせん》さえ、なお低《ひく》いほどです。母の恩の深《ふか》いことは、大海《たいかい》さえ、かえって浅《あさ》いほどです。心して、父母の恩に報《むく》いていきなさい」（『日蓮大聖人御書全集』〈創価学会版〉一五二七ページ）と説《と》いています。

父母の恩を知り、その恩に報いていこうとすることは、それ自体《じたい》が、人間としての大きな成長《せいちょう》です。

私の師《し》である戸田城聖第二代会長も、よく青年たちに、「親をも愛《あい》せずして、どうして他人《たにん》を愛せようか。その無慈悲《むじひ》の自分を乗《の》り越《こ》えて、慈悲の境地《きょうち》を会得《えとく》するのが、人間革命《かくめい》の戦《たたか》いである」とわかりやすく語っておりました。

ラダクリシュナン　よくわかります。

私は、フランス人ジャーナリストに対《たい》し、先ほどの答えに続《つづ》けて、こう言いました。

「第二《だいに》の幸福《こうふく》――それは、ガンジーとタゴール*6の弟子《でし》である、偉大《いだい》なG・ラマチャンドラン*7博士と出会ったことです。博士は私の師匠《ししょう》であり、私がガンジーを学《まな》び、その運動に加《くわ》わるよう関心《かんしん》を高めてくれた方《かた》です。

そして、ニューデリーのガンジー記念館《きねんかん》や、タミールナドゥにあるガンジーグラム大学で、ガンジーの哲学《てつがく》を語《かた》り、広める機会《きかい》に恵《めぐ》まれたことです。

また、ガンジーの夢《ゆめ》であったインド再建《さいけん》のためのさまざまな建設的《けんせつてき》プログラムに深《ふか》く関《かか》わり、多くの若者《わかもの》に非暴力《ひぼうりょく》教育を実施《じっし》し、国内《こくない》および国際的《こくさいてき》なプログラムを企画《きかく》・運営《うんえい》するなかで、私は、世界各地《せかいかくち》の驚《おどろ》くほど多くの友人《ゆうじん》と出会うことができました」

池田　ガンジーの思想《しそう》を訴《うった》え、平和《へいわ》のために戦《たたか》うなかで、人間主義《しゅぎ》のネットワークが、世界に大きく広がっていったわけですね。

ラダクリシュナン　そうです。そして、最後《さいご》に私は、こう答えました。

「第三《だいさん》の幸福――それは、現代《げんだい》世界の最《もっと》も偉大な〝平和の行動者《こうどうしゃ》〟である池田大作博士と巡《めぐ》りあうことができたことです。池田博士のことを知り、友情《ゆうじょう》を育《はぐく》み、ともに生きていることです。これこそ、私の最大《さいだい》の幸福なのです」と。

池田　私のほうこそ、博士との友情を、何よりの誇《ほこ》りと思っています。

ペイジ教授（右端）、ポーリング・ジュニア博士（右から2人目）、バーン博士（同3人目）から、池田SGI会長に「ライナス・ポーリング生誕100周年記念賞」が贈られた（2001年11月1日、東京）　©Seikyo Shimbun

ラダクリシュナン　この「第三の幸福」について私は、アメリカの「地球《ちきゅう》非暴力センター」の所長《しょちょう》であるグレン・ペイジ教《きょう》授《じゅ》に、永遠《えいえん》に感謝《かんしゃ》しなければなりません。

というのも、私を池田会長に紹介《しょうかい》してくださったのは、ペイジ教授だったからです。

池田　私こそ、ペイジ教授に感謝しております。

教授とは、これまで何度《なんど》もお会《あ》いし、親《した》しく語《かた》り合《あ》ってきました。古くからの友人《ゆうじん》であり、世界のために戦ってこられた平和の闘士《とうし》です。

博士のお父様《とうさま》、お母様《かあさま》について、もう少《すこ》し、おうかがいしてもよろしいでしょうか。

ラダクリシュナン　ええ、喜《よろこ》んで！　何でも聞いてください。
私の両親《りょうしん》は、私にとって永遠《えいえん》の灯台《とうだい》であり、絶《た》え間《ま》なき着想《ちゃくそう》と啓発《けいはつ》の泉《いずみ》であり、指標《しひょう》ですから。

悪《あく》と徹底的《てっていてき》に戦《たたか》った父

池田　博士のお父様《とうさま》であられるニーラカンタ・ピライ氏《し》は、インド独立闘争《どくりつとうそう》の闘士《とうし》として知られていますね。

博士にとっては、どのようなお父様だったのでしょうか。

ラダクリシュナン　父は、マハトマ・ガンジーの弟子《でし》でした。師《し》とともにインドの独立・解放《かいほう》のために戦った、献身的《けんしんてき》で無私《むし》な〝自由《じゆう》の戦士《せんし》〟でした。

国民運動《こくみんうんどう》のリーダーの一人《ひとり》であり、ガンジー主義《しゅぎ》の信奉者《しんぽうしゃ》として、さまざまな活動《かつどう》を展開《てんかい》しました。なかんずく不可触民《ふかしょくみん》*8や女性《じょせい》たちを守《まも》る闘争にも、果敢《かかん》に参加《さんか》しました。

また、大規模《だいきぼ》な野菜栽培《やさいさいばい》の収穫《しゅうかく》を高める手法《しゅほう》の実践《じっせん》や、収支《しゅうし》バランスのとれた農《のう》業《ぎょう》生産《せいさん》の促進《そくしん》など、農業の改革《かいかく》にも取《と》り組《く》みました。さらに、私が育った農村《のうそん》に夜間《やかん》学校や文化訓練《ぶんかくんれん》センターを設立《せつりつ》しました。

父はまた、詩《し》を愛し、よく『バガヴァッド・ギーター』*9の長編詩《ちょうへんし》を朗誦《ろうしょう》していました。ジャーナリズムにも関心《かんしん》をもち、二、三の日刊紙《にっかんし》を購読《こうどく》していました。

私がはっきりと覚《おぼ》えているのは、父自身《じしん》がかなり経済的《けいざいてき》な困難《こんなん》に陥《おちい》っていたにもかかわらず、貧《まず》しく困窮《こんきゅう》している人々に対しては、気前《きまえ》よく援助《えんじょ》していたことです。父を支《ささ》えていたのは、大義《たいぎ》のために困難に挑戦《ちょうせん》しゆく〝負《ま》けじ魂《だましい》〟だったのです。

そして、私が思い出す父は、とても謙虚《けんきょ》で非暴力的《ひぼうりょくてき》な人間でしたが、主義主張《しゅちょう》については鋼鉄《こうてつ》のような厳《きび》しさをもっていました。父は、正しいと思ったことについては決《けっ》して妥協《だきょう》せず、あらゆる悪《あく》に対《たい》して毅然《きぜん》と、そして徹底的《てっていてき》に戦いました。

父はまた、常《つね》に質素《しっそ》な生活《せいかつ》を心がけていました。わが家《や》の生活は、まことにつつましいものでした。ガンジーは、公的《こうてき》な目的《もくてき》のための「自発的《じはってき》な貧困《ひんこん》」の実践《じっせん》を唱《とな》えましたが、父はそれを受《う》け入《い》れたのです。

当時《とうじ》、ガンジーの弟子たちは皆《みな》、師が求《もと》めた質素な生き方を実践しました。彼《かれ》らの英《えい》雄的《ゆうてき》闘争は、今日《こんにち》においても人々に大きな啓発を与《あた》えています。

池田　感動《かんどう》しました。お父様は、師であるガンジーの教えを、自身のすべてをなげうって実行《じっこう》された。まことに崇高《すうこう》な師弟《してい》の姿《すがた》です。

お父様《とうさま》はまた、人々の自由《じゆう》と平等《びょうどう》のために戦《たたか》い、当局《とうきょく》によって何度《なんど》も投獄《とうごく》されたとうかがっております。

ラダクリシュナン　ええ。父が投獄されたのには、二つの理由《りゆう》がありました。一つは、イギリスに対《たい》し、政治的独立《せいじてきどくりつ》（スワラージ）を求《もと》めて、最前線《さいぜんせん》で果敢《かかん》に戦ったからです。父は、社会変革《しゃかいへんかく》を目指《めざ》す非暴力《ひぼうりょく》の戦士《せんし》であり、すべての人々に社会正義《せいぎ》が貫《つらぬ》かれることを要求《ようきゅう》しました。そのために投獄されたのです。

もう一つの理由は、「サティヤーグラハ運動《うんどう》」*10のためでした。父は、あらゆる階層《かいそう》の人々、とくに礼拝《れいはい》の場に入るのを許《ゆる》されなかった下層《かそう》の人々に、寺院《じいん》で自由に礼拝する権利《けんり》を保障《ほしょう》するための運動の首謀者《しゅぼうしゃ》と見なされて、数ヵ月間、投獄されたのです。

父が投獄されたのは、私が生まれる前のことです。私は、父の英雄的《えいゆうてき》な活動《かつどう》を聞きながら成長しました。

池田　お父様は、崇高《すうこう》なる信念《しんねん》を貫《つらぬ》き勇敢《ゆうかん》に戦われた。その尊《とうと》き〝闘争《とうそう》の魂《たましい》〟こそ、博士が受《う》け継《つ》がれた最高《さいこう》の〝精神《せいしん》の宝《たから》〟ではないでしょうか。

創価学会の牧口常三郎《まきぐちつねさぶろう》初代《しょだい》会長も、第二次世界大戦中《だいにじせかいたいせんちゅう》、日本の軍部権力《ぐんぶけんりょく》と戦って、獄死《ごくし》しました。第二代の戸田会長も、ともに投獄されました。

その壮絶《そうぜつ》な権力との闘争こそ、創価学会の平和《へいわ》・人権《じんけん》運動の誇《ほこ》り高き原点《げんてん》です。

日本の明治《めいじ》の思想家《しそうか》・内村鑑三《うちむらかんぞう》*11は、人間が後世《こうせい》に残《のこ》すことのできる最大《さいだい》のものは、「勇ましい高尚なる生涯」（『後世への最大遺物　デンマルク国の話』岩波文庫）であると語《かた》りました。

勇気《ゆうき》なくして、社会の悪《あく》と戦い、時代《じだい》を変革することなどできない。臆病《おくびょう》では、自《じ》身《しん》を変革し、無限《むげん》の可能性《かのうせい》を開《ひら》くこともできません。

ゆえに私は、青年《せいねん》たちに「勇敢であれ！」と訴《うった》え続《つづ》けています。

ラダクリシュナン　父の友人が、よく語ってくれたのですが、父は私たち家族《かぞく》の英雄であるだけでなく、村の英雄でもありました。

私の師匠《ししょう》であるラマチャンドラン博士も、父を尊敬《そんけい》しており、「自発的《じはってき》な貧困《ひんこん》」に生きようとする父の姿《すがた》について、よく語ってくれました。

父は、精力的《せいりょくてき》に働《はたら》き、重要《じゅうよう》な事柄《ことがら》では絶対《ぜったい》に妥協《だきょう》を許《ゆる》さない人でした。

ラマチャンドラン博士は、私のことを、よくこう言って人々に紹介《しょうかい》してくれました。

「彼《かれ》は、〝地位《ちい》や権力や金銭《きんせん》にとらわれない恐《おそ》れを知らぬ人〟を父にもつ、勇気ある息《むす》子《こ》なのです」と。

池田　すばらしい紹介《しょうかい》ですね。師《し》のラマチャンドラン博士が、博士とお父様《とうさま》を、どれほど誇《ほこ》りにされていたか、よくわかります。

ラダクリシュナン　父は物事《ものごと》を率直《そっちょく》に語《かた》り、「悪いものは悪い」と言い切る人でした。それだけに多くの非難《ひなん》や中傷《ちゅうしょう》も受けたのです。

父は私の模範《もはん》であり、今でも私の着想《ちゃくそう》や思考《しこう》の源泉《げんせん》となっています。父は、私が幼《おさな》いころから学校での演劇活動《えんげきかつどう》に参加《さんか》するのを誇りとし、学校内外での社会《しゃかい》活動に加《くわ》わりたいという願《ねが》いを後押《あとお》ししてくれました。今でもはっきり覚《おぼ》えているのは、村の図書館《としょかん》運動《うんどう》と読書《どくしょ》フォーラムの会員資格《かいいんしかく》を取るよう励《はげ》ましてくれたことです。

また、子どもの教育にも熱心《ねっしん》で、私の勉学《べんがく》の進展《しんてん》を見守《みまも》ってくれました。しかし、子どもたちに不必要《ふひつよう》に厳《きび》しいというわけでもなく、自分の意見《いけん》を押《お》し付《つ》けることもありませんでした。父は、非常《ひじょう》に開かれた考えの持《も》ち主《ぬし》で、十分な自由《じゆう》を与《あた》えてくれたのです。父は私のすべての思考の源泉なのです。

もちろん、母の影響《えいきょう》も、それに劣《おと》らず重要《じゅうよう》だったのですが。

男性《だんせい》を偉大《いだい》にする女性《じょせい》の力

池田　お母様《かあさま》は、どのような方《かた》だったのでしょうか。

ラダクリシュナン　母は、敬虔《けいけん》で、愛《あい》の権化《ごんげ》とも言うべき人でした。思いやりがあり、優《やさ》しい話し方をする女性でした。母は、父が行《おこな》っているすべてのことを、よく理解《りかい》し見事《みごと》に手助《てだす》けしていました。

父と母は、見事なチームワークで互《たが》いに補《おぎな》い合《あ》い、尊敬《そんけい》し合っていました。私は、父と母が激《はげ》しい言葉《ことば》で言い争《あらそ》っているところを、一度も見たことがありません。

母は、優《すぐ》れた音楽家《おんがくか》であり、民族芸術《みんぞくげいじゅつ》にも、とても造詣《ぞうけい》の深《ふか》い女性でした。音楽を演奏《えんそう》し、民族舞踊《ぶよう》を踊《おど》り、歌も上手《じょうず》で美《うつく》しい声《こえ》の持ち主でした。

父は活動に専念《せんねん》していたため、なかなか家族《かぞく》との時間を過《す》ごせませんでした。その代《か》わりに、常《つね》に注意《ちゅうい》を怠《おこた》らない活発《かっぱつ》な母が補《おぎな》ってくれたのです。母は父の活動を手伝《てつだ》いながら、家族の面倒《めんどう》を、それはよく見てくれました。

父が牢獄《ろうごく》にいる間《あいだ》、母は一家《いっか》の中心的存在《ちゅうしんてきそんざい》でした。収入《しゅうにゅう》も乏《とぼ》しいなか、必死《ひっし》に家族を支《ささ》え、子どもたちを育《そだ》ててくれました。しかも、自分が捕《と》らわれる危険《きけん》もあったのです。

第二次世界大戦《だいにじせかいたいせん》の暗《くら》い影《かげ》は、私たちの村にまで忍《しの》び寄《よ》り、多くの生活必需品《ひつじゅひん》が手に入《はい》らなくなっていました。本当《ほんとう》に苦労《くろう》のしどおしでした。しかし母は、どんな困難《こんなん》にも屈《くっ》しませんでした。母は、当時《とうじ》の困難な日々のなかで、ほとんど睡眠《すいみん》も休息《きゅうそく》もとらなかったのではないかと思います。

母は、当時のひどい日々を思い起こし、よく語《かた》っていたものです。

――すべての人間には〝善性《ぜんせい》〟があるということが自分の確固《かっこ》たる信念《しんねん》であり、希望《きぼう》を失《うしな》わないかぎり、困難な日々も必《かなら》ずよりよい時代《じだい》を生み出すものだ、と。

母は、こうした信念をもっていたからこそ、当時のさまざまな課題《かだい》に、勇敢《ゆうかん》な心で立ち向かうことができたのです。

池田　じつに偉大《いだい》なお母様《かあさま》です。

私の母も、父がリウマチを患《わずら》い、四人の息子《むすこ》が次々《つぎつぎ》と戦争《せんそう》にとられるなかで、懸命《けんめい》に家族を支《ささ》えてくれました。疎開先《そかいさき》でも空襲《くうしゅう》に遭《あ》い、ようやく建《た》てたばかりの家が焼《や》けてしまうなど、それはそれは苦労の連続《れんぞく》でした。

しかし母は、どこまでも逞《たくま》しく、そして明るく私たちを育ててくれました。その母の明るさが、家族の大きな支えでした。博士のお母様は、地域《ちいき》でもさまざまな活動《かつどう》に参加《さんか》され、多くの人々を励《はげ》まされたそうですね。

ラダクリシュナン　ええ。母には驚《おどろ》くほど多くの友人《ゆうじん》や、彼女《かのじょ》を尊敬《そんけい》する仲間《なかま》がいて、そのなかにはイスラムやキリスト教社会《しゃかい》の人々が数多くいました。さまざまな宗教間《しゅうきょうかん》、民族間《みんぞくかん》の対話《たいわ》や討議《とうぎ》、また文化的《ぶんかてき》活動が母を通して行《おこな》われたのです。

母は、あくことのない読書家《どくしょか》でもあり、インドの二大叙事詩《にだいじょじし》である『マハーバーラタ』[*12]および『ラーマーヤナ』[*13]にも精通《せいつう》していました。物語を巧《たく》みに語《かた》り、情熱的《じょうねつてき》に逸話《いつわ》を語ったものでした。

そして、ガンジーの「サルヴァダルマ・サマバーワ」（すべての宗教を平等《びょうどう》に尊敬《そんけい》する）の思想《しそう》を実践《じっせん》したのです。これは、私をはじめ、私たち兄弟姉妹《きょうだいしまい》に大きな影響《えいきょう》を与《あた》えました。

わが家《や》は、いくつかの活動の拠点《きょてん》となっていました。わが家やガンジー・センターを訪《おとず》れる母の友人や同僚《どうりょう》にとって、宗教やカーストの違《ちが》いが共同作業《きょうどうさぎょう》を妨《さまた》げることは決《けっ》してありませんでした。しかし当時、それはまったく信じられないことだったのです。それをよく思わない、いわゆる〝正統派《せいとうは》のヒンズー教徒《きょうと》〟たちは、しばしば疑《うたが》いの目を向けてきました。

じつは私が、異《こと》なる宗教《しゅうきょう》が共存《きょうぞん》する社会《しゃかい》のなかで、ともに生きるための訓練《くんれん》を最《さい》初《しょ》に受けたのは、母からだったのです。

池田　なるほど。お母様《かあさま》がおられたからこそ、お父様《とうさま》は安心《あんしん》して、思《おも》う存分《ぞんぶん》、戦《たたか》えたのでしょう。

偉大《いだい》なる男性《だんせい》の傍《かたわ》らには、常《つね》に偉大なる女性《じょせい》がいるものです。さらに言えば、男性を偉大にするのは女性の力《ちから》です。

仏法《ぶっぽう》も、妻《つま》を「弓《ゆみ》」、夫《おっと》を「矢《や》」に譬《たと》えています。

戸田先生は、よく強調《きょうちょう》されていました。

「夫が五十点くらいしか評価《ひょうか》されない存在《そんざい》であっても、妻が聡明《そうめい》であれば、夫を八十点、九十点まで光らせていくことができる」と。

偉大な母たちに捧《ささ》げる讃歌《さんか》

ラダクリシュナン　池田会長は、女性たちの主張《しゅちょう》の最大《さいだい》の支持者《しじしゃ》であられます。

また「母」への尊敬《そんけい》と、すべての「母」に、会長のお母様の姿《すがた》を見いだされる卓越《たくえつ》した能力《のうりょく》は、偉大な資質《ししつ》であります。それゆえ私は、会長を心から讃《たた》えたいのです。私は、会長の「母」を讃える詩《し》を読むたびに、感動《かんどう》を新《あら》たにいたします。私の胸中《きょうちゅう》に優《やさ》しい母の思い出が蘇《よみがえ》り、熱《あつ》い思いがこみ上げてまいります。古来《こらい》、人類《じんるい》の偉大な教師《きょうし》たちは、母を尊《とうと》び重《おも》んじました。今日《こんにち》においても、女性たちが社会でどのように扱《あつか》われているかを基本《きほん》にして、その人間性《にんげんせい》の高さを評価《ひょうか》する伝《でん》統《とう》が数多く残《のこ》っています。

これまで世界《せかい》の文学《ぶんがく》の巨人《きょじん》たちが、「母」について綴《つづ》り、「母」を謳《うた》い、讃歌《さんか》を捧《ささ》げてきました。

ゴーリキー[*14]の『母』や、D・H・ロレンス[*15]の『息子《むすこ》たちと恋人《こいびと》たち』、ブレヒト[*16]の『肝《きも》っ玉《たま》おっ母《かあ》とその子どもたち』などは、近代《きんだい》における母性《ぼせい》の、さまざまな異《こと》なった側面《そくめん》を描写《びょうしゃ》した重要《じゅうよう》な作品《さくひん》であると言えるでしょう。

池田　ゴーリキーの『母』などは、私も青春《せいしゅん》時代に愛読《あいどく》したものです。

ラダクリシュナン　一方《いっぽう》、池田会長の「母」の詩は、イメージ、深《ふか》さ、美麗《びれい》さ、読者《どくしゃ》に与《あた》える感動といった点で、ジョン・キーツ[*17]の詩の美《うつく》しさと高貴《こうき》さを想起《そうき》させる、世界的な詩《し》です。

どんな苦難《くなん》にも負《ま》けることなく、信念《しんねん》の道を歩《あゆ》み続《つづ》ける母たちの偉大《いだい》なる姿《すがた》が、不《ふ》滅《めつ》の詩節《しせつ》としてちりばめられています。

池田会長は、「生命《せいめい》の世紀《せいき》」の到来《とうらい》に向《む》けて、生涯《しょうがい》を捧《ささ》げてこられました。「生命の世紀」の実現《じつげん》は、家庭《かてい》や地域《ちいき》、さらには社会全体《しゃかいぜんたい》を育《はぐく》んでいく〝母の慈愛《じあい》〟の潮流《ちょうりゅう》を、明確《めいかく》な形《かたち》で拡大《かくだい》できるかどうかにかかっていると、私は思っています。

会長が先頭《せんとう》に立ち推進《すいしん》しておられる新《あら》たな「人間革命《かくめい》」の運動《うんどう》において、女性《じょせい》を大切《たいせつ》にし、女性をその中心《ちゅうしん》に置《お》かれていることに対《たい》し、人類《じんるい》は永遠《えいえん》に感謝《かんしゃ》することでしょう。「母たち」を謳《うた》った会長の詩は、「母であること」の栄光《えいこう》に対する情熱的表現《じょうねつてきひょうげん》です。

あらゆる女性は、〝偉大な母〟となる大いなる可能性《かのうせい》をもっています。〝偉大な母〟は、さまざまな価値《かち》を生み出す源泉《げんせん》となります。そして価値の創造者《そうぞうしゃ》として母が果《は》たす役割《やくわり》は、家族が織《お》りなす道徳《どうとく》の〝糸〟を決定《けってい》づけ、そして社会全般《ぜんぱん》をも決定づけていくのです。

池田　まことに鋭《するど》いご指摘《してき》です。私への評価《ひょうか》はともあれ、「母」の使命《しめい》が、どれほど大きいか。

一握《ひとにぎ》りの英雄《えいゆう》や、有名人《ゆうめいじん》や、政治家《せいじか》が歴史《れきし》を創《つく》るのではない。平凡《へいぼん》にして、偉大な無《む》名《めい》の母たちこそ、歴史を創っているのです。

かつて私は、「偉大なる母を讃《たた》う」という詩のなかで、こう詠《よ》みました。

母よ　大楽観主義者《だいらっかんしゅぎしゃ》の母よ！
だれでも　あなたの名を呼《よ》ぶ時
暖《あたた》かな春《はる》が　胸《むね》に　よみがえる
だれでも　あなたの声《こえ》を聞く時
懐《なつ》かしい故郷《ふるさと》から　生きる力《ちから》を得《え》る

「火も焼《や》くこと　能《あた》わず
水も漂《ただよ》わすこと　能わず」
何ものにも壊《こわ》されぬ　希望《きぼう》の当体《とうたい》
その名　永遠の栄光《えいこう》の母たちよ！

母が厳然《げんぜん》としている限《かぎ》り
子どもの自由《じゆう》な安全地帯《あんぜんちたい》がある
母の　顔《かんばせ》に光がある限り
人類《じんるい》に絶望《ぜつぼう》の暗黒《あんこく》はない
つねに　平和《へいわ》の太陽《たいよう》が赫々《かっかく》と照《て》らす

偉大《いだい》なる勇気《ゆうき》が
偉大なる慈悲《じひ》を生む
心が強くあることが
自身《じしん》の幸福《こうふく》の土台《どだい》であり
家族《かぞく》を守《まも》り　育《はぐく》む母の　翼《つばさ》となる
だからこそ　母よ
徹《てっ》して　強くあれ！
断《だん》じて　負《ま》けるな！

ラダクリシュナン　魂《たましい》を揺《ゆ》さぶる響《ひび》きです。〝母の心〟の気高《けだか》い力《ちから》を、見事《みごと》に表現《ひょうげん》されています。

女性《じょせい》の力の結集《けっしゅう》が発展《はってん》のカギ

池田　私は、「母」の逞《たくま》しき楽観主義《らっかんしゅぎ》こそ、家庭《かてい》の希望《きぼう》であり、太陽であり、そして社《しゃ》会《かい》の活力《かつりょく》であると思っています。

真《しん》の「楽観主義」とは、人間の「無限《むげん》の可能性《かのうせい》」と「善性《ぜんせい》」に対《たい》する深《ふか》き「信頼《しんらい》」であり、いかなる困難《こんなん》をも乗《の》り越《こ》えゆく、強き「意志《いし》」であると言えるでしょう。

博士は、ご著作《ちょさく》のなかで、ガンジーの独立闘争《どくりつとうそう》の大きな特徴《とくちょう》の一つとして、多くの女性が最前線《さいぜんせん》で活躍《かつやく》したことを、指摘《してき》されていますね。

ガンジーが最《もっと》も信頼した弟子《でし》のなかには、マドレーヌ・スレイドというイギリス人もいました。ミラ・ベーンというインド人名《じんめい》で親《した》しまれた女性です。

こうした女性たちの参加《さんか》は、「インド史上《しじょう》、前代未聞《ぜんだいみもん》のことである」と、博士は評《ひょう》価《か》されています。

なぜ、ガンジーは、このような多くの女性の力を結集することができたのか。ガンジーの女性《じょせい》への深《ふか》い洞察《どうさつ》と期待《きたい》は、どこから来ているのと思われますか。

ラダクリシュナン　これまでにも述《の》べましたが、マハトマ・ガンジーのもとで展開《てんかい》された非暴力《ひぼうりょく》の覚醒運動《かくせいうんどう》は、あらゆる意味で、単《たん》なる政治《せいじ》運動を超《こ》えるものでした。それは数百万の人々が、人権《じんけん》の基礎《きそ》をなす「自由《じゆう》」「正義《せいぎ》」「平等《びょうどう》」を求《もと》めて戦《たたか》った闘争《とうそう》でした。

　ガンジーは、母親から大きな影響《えいきょう》を受《う》けていますが、非常《ひじょう》に純粋《じゅんすい》な心をもった女性でした。ガンジーは、母から受けた影響を思い起こして、次《つぎ》のように書いています。

「母が残《のこ》した記憶《きおく》のなかで際立《きわだ》った印象《いんしょう》は、その気高《けだか》さです。母は非常に敬虔《けいけん》な女性でした。日々の祈《いの》りを行《おこな》わずに食事をとることは、考えもしなかったでしょう。非常に厳《きび》しい誓《ちか》いを立て、ひるむことなくそれを守りました。病気さえも、その誓いをゆめる言《い》い訳《わけ》にはならなかったのです」

池田　やはり、母親の影響は大きいですね。母親の気高い振《ふ》る舞《ま》いと信念《しんねん》が、ガンジーの心のなかに、女性の偉大《いだい》さというものを、自然《しぜん》のうちに深く刻《きざ》み教えていったのではないでしょうか。そして、その女性への深い尊敬《そんけい》と信頼《しんらい》に裏打《うらう》ちされた思想《しそう》と行動《こうどう》が、多くの女性の共感《きょうかん》を得《え》ていった。それも、理由《りゆう》の一つかもしれません。

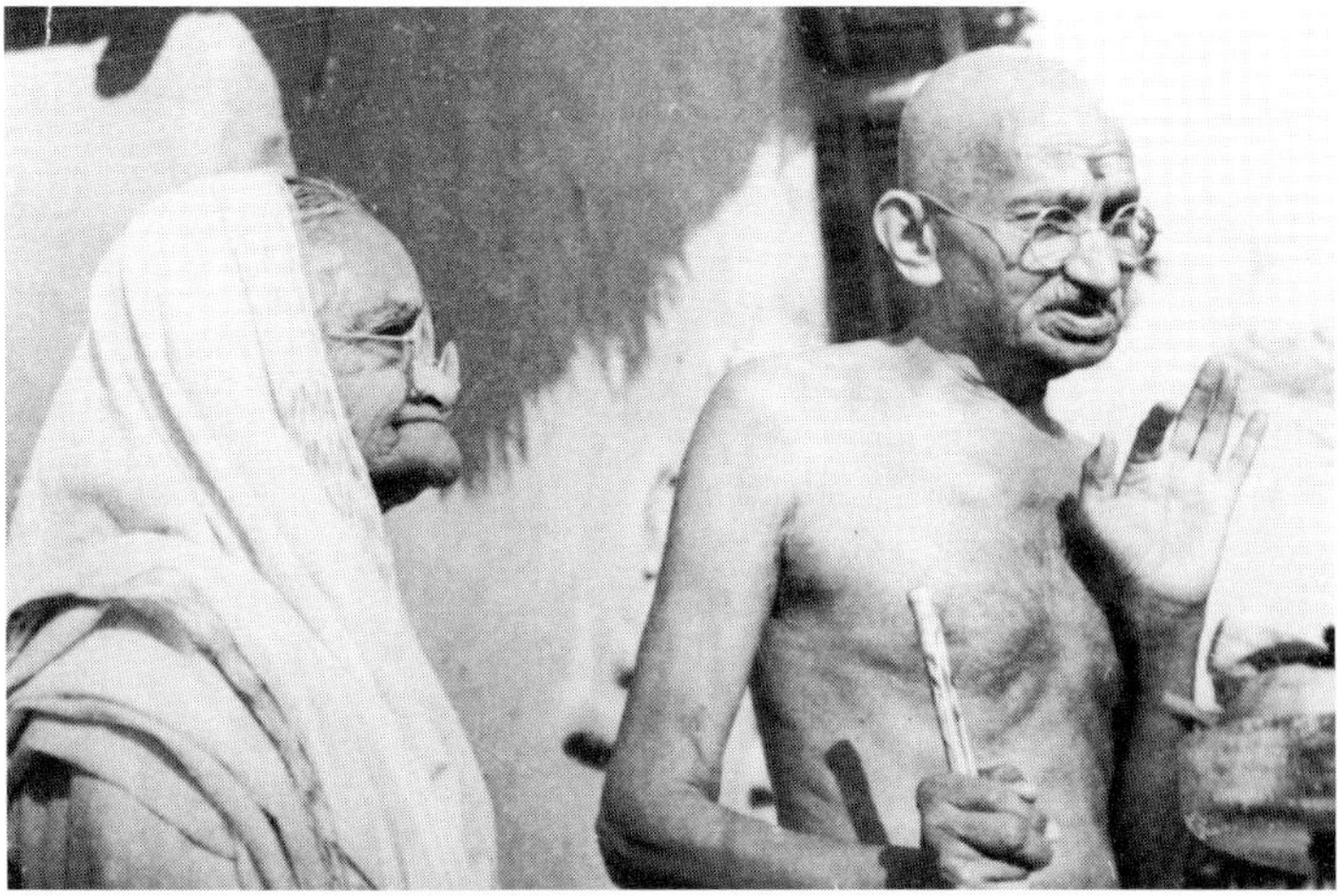

ガンジーとカストゥールバ夫人　［提供＝PPS通信社］

ラダクリシュナン　ええ。じつは、南アフリカでは、ガンジーの運動に参加《さんか》したのは、男性《だんせい》よりも女性のほうが多《おお》かったのです。

ガンジーの夫人《ふじん》も、ある時、「女性のほうが、男性よりも、はるかにあなたのことを、よく理解《りかい》していますね」と、ユーモアを込《こ》めて語《かた》っています。

ガンジーは、次のようにも語っています。

「女性は、自己犠牲《じこぎせい》の化身《けしん》のような存在《そんざい》であると思うが、残念《ざんねん》ながら女性は、自分たちが男性よりはるかに大きな利点《りてん》をもっていることに気づいていない。トルストイ*18がよく言ったように、女性は男性の影響を受けて、催眠状態《さいみんじょうたい》に置《お》かれているのだ。もし彼女《かのじょ》たちが非暴力の力《ちから》に気づいたなら、

〝弱《よわ》い性〟などと呼《よ》ばれることに同意《どうい》しないだろう」（「ヤングインディア」一九三一年一月十四日）

池田　近年《きんねん》、社会《しゃかい》に活力《かつりょく》を与《あた》え、社会を発展《はってん》させていくうえで、「女性《じょせい》のエンパワーメント」――女性に自立《じりつ》と活躍《かつやく》の場《ば》を与えることの重要性《じゅうようせい》が、あらためて認識《にんしき》され、叫《さけ》ばれるようになってきました。こうしたことも、二十一世紀《せいき》の最重要の課題《かだい》と言えるでしょう。

創価学会の平和《へいわ》・文化《ぶんか》・教育運動《うんどう》でも、女性がすばらしい力《ちから》を発揮《はっき》しています。創価学会は、女性の力によって支《ささ》えられ、大きく発展してきたと言っても、決《けっ》して過言《かごん》ではありません。

ガンジーは女性の人権《じんけん》を尊重《そんちょう》した先駆者《せんくしゃ》

ラダクリシュナン　それが創価学会の成功《せいこう》の秘訣《ひけつ》ですね！

ガンジーは、常《つね》に「女性を尊重せよ」「女性を尊敬《そんけい》せよ」と呼《よ》びかけました。

彼《かれ》は、女性に正当《せいとう》な立場《たちば》を与えることの必要性《ひつようせい》に言及《げんきゅう》して、「女性は、人生《じんせい》における純粋《じゅんすい》で宗教的《しゅうきょうてき》なすべてのものの特別《とくべつ》な守《まも》り手《て》である」と述《の》べています。（「ハリジャ

ン」一九三一年三月二十五日）

池田　男性《だんせい》は、立場が偉《えら》くなると、すぐに威張《いば》ってしまう。ガンジーが教えたように、創価学会も、もっと女性を大切《たいせつ》にすれば、もっと発展していくと思っています（笑い）。

ラダクリシュナン　南アフリカにいた時、ガンジーは女性たちのために戦《たたか》いました。人権《じんけん》を踏《ふ》みにじられていた最大《さいだい》の被害者《ひがいしゃ》が女性だったからです。

そして、男女《だんじょ》は同権《どうけん》であり、人権は等《ひと》しく尊重されるべきであると主張《しゅちょう》しました。これは、二十世紀《せいき》の初頭《しょとう》においてはなかったことです。

池田　ガンジーのすばらしい卓見《たっけん》ですね。

ラダクリシュナン　ええ。彼は、インドに戻《もど》ってから、もっと多くの女性が学校に行き、教育を受《う》けなくてはいけないと、強く訴《うった》えました。また、女性にも雇用《こよう》の機会《きかい》を与えよと主張《しゅちょう》しました。女性に平等《びょうどう》な権利《けんり》を保障《ほしょう》することを求《もと》める国民運動の先頭《せんとう》にも立ちました。

いかなる平等の主張も、それが本物《ほんもの》かどうかは、その社会で女性が享受《きょうじゅ》している自《じ》由《ゆう》の度合《どあ》いによって検証《けんしょう》される——これが、ガンジーの信念《しんねん》でした。

その意味《いみ》で、ガンジーは最初《さいしょ》の「ウーマン・リブ」の闘士《とうし》だったのです。

池田　非常《ひじょう》に大事《だいじ》な視点《してん》です。

「女性《じょせい》のエンパワーメント」の必要性《ひつようせい》を、いち早く理解《りかい》し訴《うった》えた、先見《せんけん》の指導者《しどうしゃ》でもあったわけですね。

ラダクリシュナン　そのとおりです。ガンジーは、女性をめぐる課題《かだい》を精力的《せいりょくてき》に研究《けんきゅう》し、女性の地位《ちい》の向上《こうじょう》のために手を打つ必要があると考えていました。

ガンジーの有名《ゆうめい》な言葉《ことば》があります。

「インドの女性が男性支配《だんせいしはい》の下《もと》で苦しんでいるかぎり、インドが自由《じゆう》を求《もと》める権利《けんり》はない」

そして、女性の解放《かいほう》に強く焦点《しょうてん》を当て、男性たちに訴えました――女性に立場《たちば》や権限《けんげん》を与えることは脅威《きょうい》ではなく、むしろ家族《かぞく》や社会《しゃかい》を向上させる方法《ほうほう》なのである、と。そして男性たちに、女性解放の闘争《とうそう》が正当《せいとう》であり、合理的《ごうりてき》であることを印象《いんしょう》づけたのです。

さらにまた、女性の尊厳《そんげん》についての対話《たいわ》を続《つづ》けようとしました。性差別《せいさべつ》を根《ね》こそぎにする唯一《ゆいいつ》の道は、女性が力《ちから》をもち、男性の意《い》のままにされないようにすることだと考えたのです。

男性と女性が協力《きょうりょく》して社会を建設《けんせつ》するというガンジーのビジョンを受《う》け継《つ》いで、インドでは、議員《ぎいん》の三割《わり》は女性にすべきだと真剣《しんけん》に討議《とうぎ》されてきました。ガンジーの夢《ゆめ》を思う時、これはとても重要《じゅうよう》なことだと思っています。

すでに、目覚《めざ》めた新しい世代《せだい》の女性たちが公的《こうてき》な立場に躍《おど》り出《で》て、優《すぐ》れたリーダーシップを発揮《はっき》しています。

池田　インドの新しい時代《じだい》を担《にな》いゆく人たちですね。女性を大切《たいせつ》にしない社会は、発展《はってん》しません。これは、いかなる団体《だんたい》や組織《そしき》についても同《おな》じです。

ラダクリシュナン　その意味《いみ》からも、女性の教育は重要ですね。

池田　そうです。女性の教育は、女性が生き生きと輝《かがや》き、活躍《かつやく》する社会を創造《そうぞう》するための大切な一歩《いっぽ》です。そうした女性教育のあり方をはじめ、ガンジーの教育観《かん》や、現代《げんだい》のさまざまな教育の課題についても、さらに語《かた》り合《あ》っていきたいと思います。

3　子どもの全人性《ぜんじんせい》を育《はぐく》む教育を

インドで築《きず》かれた数学《すうがく》の基礎《きそ》

ラダクリシュナン　池田会長との語《かた》らいが、私にとって重要《じゅうよう》であるのは、まず私自身《じしん》が、会長の豊《ゆた》かな経験《けいけん》と深遠《しんえん》な智慧《ちえ》から学《まな》び、さらなる知識《ちしき》と理解《りかい》を深《ふか》めていけるからです。

私はこれまで、会長が数多くの優《すぐ》れた思想家《しそうか》、学者《がくしゃ》、政治指導者《せいじしどうしゃ》、芸術家《げいじゅつか》、活動家《かつどうか》等と行《おこな》ってこられた膨大《ぼうだい》な対話《たいわ》の数々《かずかず》を読ませていただきました。それらは、対談者《たいだんしゃ》の意見交換《いけんこうかん》にとどまらず、相互《そうご》が関心《かんしん》をもつ課題《かだい》について、読者に真剣《しんけん》な思索《しさく》を促《うなが》すプロセスであるとも感じました。会長は、対話を高尚《こうしょう》で豊かな〝学びの体験《たいけん》〟へと、見事《みごと》に転換《てんかん》されているのです。

池田　博士の深いお心に感謝《かんしゃ》します。

　さて、ここからは、インドの教育事情《じじょう》をはじめ、博士の青春時代《せいしゅんじだい》についても、うかがっていきたいと思います。

　古来《こらい》、貴国《きこく》インドは「零《ゼロ》の発見《はっけん》」の国として知られています。

　インドの子どもたちは、数学《すうがく》が非常《ひじょう》に得意《とくい》であると言われていますね。

　残念《ざんねん》ながら、日本では、数学や算数《さんすう》を「嫌《きら》い」「苦手《にがて》」と感じている生徒《せいと》も少なくないようです。

ラダクリシュナン　インドではたしかに、小学生のころから数学に力《ちから》を入れて勉強《べんきょう》しています。子どもたちは、掛《か》け算《ざん》もよく暗記《あんき》しています。これはさして特異《とくい》なことではなく、すべてがインド文明《ぶんめい》を構築《こうちく》する偉大《いだい》な文化的《ぶんかてき》、精神的《せいしん》遺産《いさん》に関《かか》わっているのです。

　ロシアの三人の歴史家《れきしか》――K・アントノヴァ、G・ボンガード・レヴィン、G・コトフスキイ――が、『インドの歴史』のなかで述《の》べていることを思い起こします。

　「インドは人類《じんるい》文明のゆりかごである。インドの文化は、他の多くの民族《みんぞく》の文化と結《むす》びつき、その発展《はってん》に重大《じゅうだい》な影響《えいきょう》を及《およ》ぼした。数世紀《すうせいき》にわたり相互《そうご》に豊かな交流《こうりゅう》を重《かさ》ねたにもかかわらず、インドは本来《ほんらい》そなえていた顕著《けんちょ》な個性《こせい》を維持《いじ》してきた。数千年にわたり、科学《かがく》、文学《ぶんがく》、芸術の分野《ぶんや》で古代《こだい》・中世《ちゅうせい》インドが達成《たっせい》してきた業績《ぎょうせき》は、広く遠く各国《かっこく》の構造的《こうぞうてき》な思想《しそう》を啓発《けいはつ》してきた。インドで発祥《はっしょう》したヒンズー教や仏教、またその基盤《きばん》の上に発展《はってん》した宗教《しゅうきょう》や哲学《てつがく》は、東洋《とうよう》の多くの文明《ぶんめい》の発展に影響《えいきょう》を与《あた》えたのみならず、東洋以外の世界各地《せかいかくち》の社会《しゃかい》思想にも影響を与えたのである」と。

池田 おっしゃるとおりです。インド文明の偉大《いだい》なる人類《じんるい》への貢献《こうけん》なくして、今日《こんにち》の世界はありません。なかんずく、仏教発祥の地である貴国《きこく》に、私たちは深《ふか》い深い恩義《おんぎ》があります。

話を数学《すうがく》に戻《もど》しますが、日本の子どもたちは「九×九」までを覚《おぼ》えますが、インドではいかがでしょうか。

ラダクリシュナン インドでは、たいてい「二〇×二〇」まで暗記《あんき》します。「九九×九九」を覚えている子どももいるくらいです。

池田 二桁《ふたけた》の掛《か》け算《ざん》ですか！ すごいですね。それでは、数学が得意《とくい》にならないわけがない（笑い）。

私の師《し》である戸田第二代会長も「数学の天才《てんさい》」でした。戸田先生が執筆《しっぴつ》した参考書《さんこうしょ》『推理式指導算術《すいりしきしどうさんじゅつ》』は、当時《とうじ》、百万部を超《こ》える大ベストセラーになるほどでした。

弟子《でし》の私はといえば、数学は苦手《にがて》でしたが（笑い）。

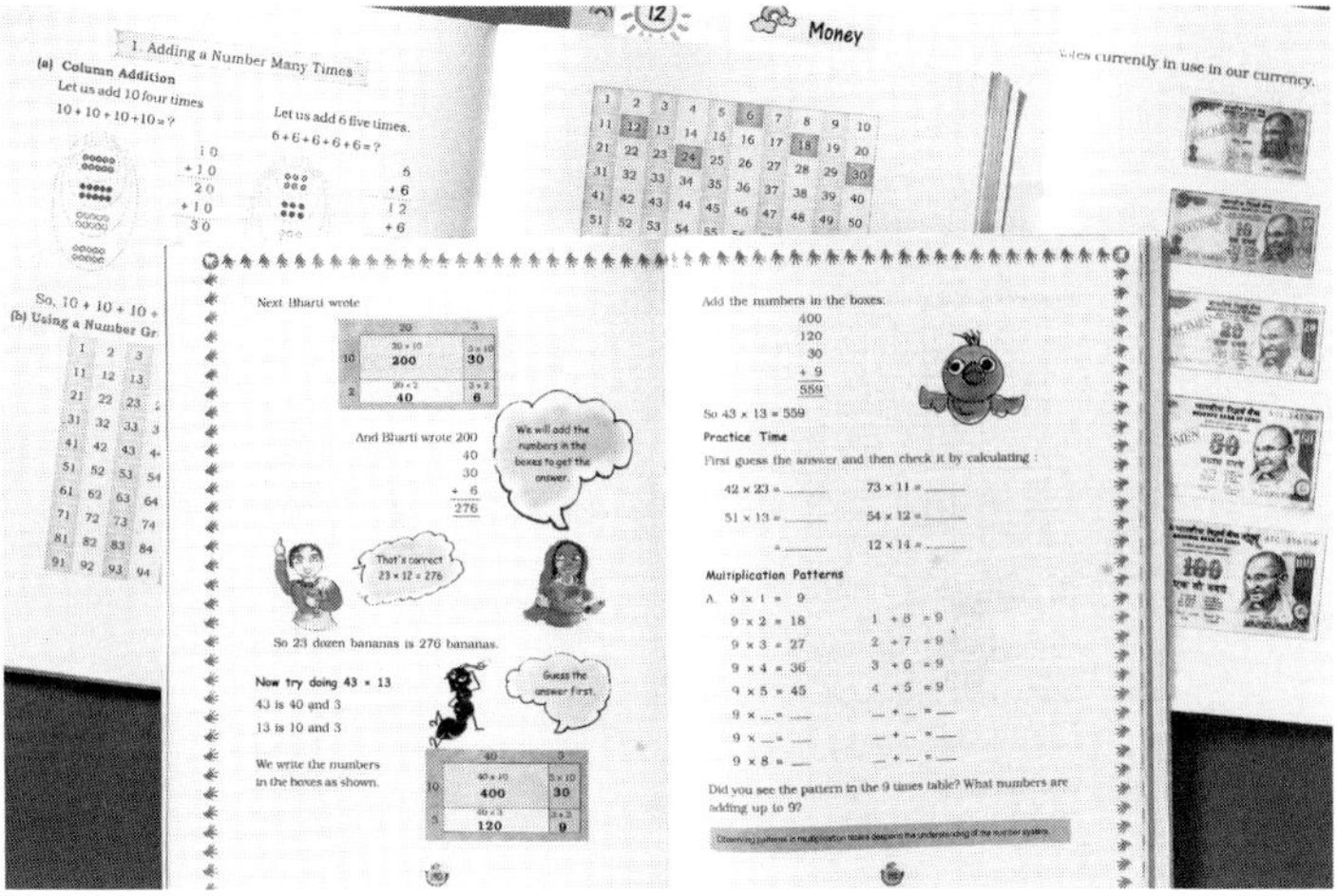

インドの小学校算数の教科書

ラダクリシュナン　しかし、会長には万般《ばんぱん》の学問《がくもん》に通《つう》じる深い「哲学」があります。

池田　それもすべては、戸田先生から教えていただいたものです。

私は、先生の事業《じぎょう》を支《ささ》えるため、大学への進学《しんがく》をあきらめざるをえませんでした。その代《か》わりに先生は、毎朝、一対《たい》一の個人《こじん》教授《きょうじゅ》で、あらゆる学問を教えてくださったのです。

さらに「今、どういう本を読んでいるか」と、毎日、毎日、それはそれは厳《きび》しい薫陶《くんとう》を受《う》けました。

私が世界の各分野《ぶんや》の識者《しきしゃ》と語《かた》り合《あ》えるのも、すべては師から受けた、数々《かずかず》の指導《しどう》の賜物《たまもの》であると感謝《かんしゃ》しています。

ところで、いわゆるアラビア数字《すうじ》も小数《しょうすう》も、起源《きげん》はインドですね。貴国《きこく》は、数学《すうがく》をはじめ科学技術《かがくぎじゅつ》の発展《はってん》にも、計《はか》り知《し》れない貢献《こうけん》をもたらされました。

ラダクリシュナン　私たちが日常的《にちじょうてき》に使《つか》う「十進法《じっしんほう》」の考え方も、インドが発祥《はっしょう》の地《ち》です。

IT《アイ・ティー》産業《さんぎょう》を躍進《やくしん》させた青年《せいねん》たちの挑戦《ちょうせん》

池田　インドの人々は、数学の分野《ぶんや》において、非常《ひじょう》に優《すぐ》れた才能《さいのう》を発揮《はっき》してこられました。その理由《りゆう》は、何だと思われますか。

ラダクリシュナン　優れた歴史家《れきしか》、A・L・バシャムが、古代《こだい》インドを分析《ぶんせき》するなかで指摘《してき》しているように、インドで数学が成功《せいこう》した理由は、主《おも》にインドの人々が、抽象的《ちゅうしょうてき》な数字について、対象《たいしょう》の「数量《すうりょう》」や「空間的《くうかんてき》な広がり」とは区別《くべつ》した明確《めいかく》な概念《がいねん》をもっていたことにあります。

ギリシャの数学は、主《しゅ》として「計測《けいそく》」と「幾何学《きかがく》」を基礎《きそ》としていますが、インドでは、それらの概念をかなり初期《しょき》に超《こ》えました。そして単純《たんじゅん》な数字の表記法《ひょうきほう》を用《もち》いて、複雑《ふくざつ》な計算をギリシャ人より速く行《おこな》うことを可能《かのう》にする基本的《きほんてき》な「代数学《だいすうがく》」を考案《こうあん》したのです。そして、数《かず》それ自体《じたい》の研究《けんきゅう》へと進んだのです。

それらは、さらに遡《さかのぼ》れば、インド最古《さいこ》の聖典《せいてん》「ヴェーダ」[*19]が説《と》かれた太古《たいこ》の時代《じだい》からの遺産《いさん》と言えます。数学は、一面《いちめん》は学習《がくしゅう》のためのシステムですが、じつは哲学的《てつがくてき》な側面《そくめん》もあります。

インドでは、古来《こらい》、精神《せいしん》を集中《しゅうちゅう》する訓練《くんれん》が非常《ひじょう》に広範《こうはん》に行われてきました。つまり記憶《きおく》し、それを他《た》の記憶と関連《かんれん》づける。そうやって頭脳《ずのう》を集中させる訓練が、何世紀《なんせいき》にもわたって続《つづ》けられてきたのです。

人々は静《しず》かな緑陰《りょくいん》で、集中的に修行《しゅぎょう》しました。そこから天文学《てんもんがく》も生まれ、数学の多くの重要《じゅうよう》な発見《はっけん》も生まれたのです。

池田　なるほど。インドの人々の哲学的な思考《しこう》スタイルが、数学を生んだとも言えるわけですね。

「あらゆる数学は哲学的思索《しさく》に帰着《きちゃく》する」（『宮廷人レオナルド・ダ・ヴィンチ』久保尋二著、平凡社）――イタリア・ルネサンスの〝万能《ばんのう》の人〟レオナルド・ダ・ヴィンチ[*20]の洞察《どうさつ》を思《おも》い起《お》こします。

今、貴国は、IT《アイ・ティー》（情報技術《じょうほうぎじゅつ》）大国《たいこく》として世界《せかい》から注目《ちゅうもく》を集《あつ》め、優秀《ゆうしゅう》なインド出身《しゅっしん》の科学者《かがくしゃ》・技術者《ぎじゅつしゃ》が、アメリカをはじめ各国《かっこく》で活躍《かつやく》しています。日本の企業《きぎょう》も、貴国《きこく》とのつながりを深《ふか》めています。博士のご長男《ちょうなん》も、IT分野《アイ・ティーぶんや》の優秀《ゆうしゅう》なエンジニアとして、現在《げんざい》、日本で活躍《かつやく》されていますね。

貴国の情報《じょうほう》技術分野での目覚《めざ》ましい躍進《やくしん》は、やはり「数学《すうがく》」に強い貴国の国民性《こくみんせい》が、大きく影響《えいきょう》していると言えるでしょうか。

ラダクリシュナン　ええ。近年《きんねん》、インドのIT産業《さんぎょう》が急成長《きゅうせいちょう》を遂《と》げたのは、人々が数学や計算《けいさん》に対《たい》して興味《きょうみ》をもつという「伝統《でんとう》」があったからだと考えます。

また、高いレベルの能力《のうりょく》を備《そな》えた多くの人材《じんざい》がいたことも重要《じゅうよう》な要素《ようそ》でした。かつては、多くの学生が大学を卒業《そつぎょう》しても、仕事《しごと》に就《つ》くのが非常《ひじょう》に難《むずか》しい時代《じだい》がありました。皆《みな》が新しい道を必死《ひっし》で探《さが》していました。

ＩＴ産業がうまく進んだので、多くの優秀な若者《わかもの》が、ＩＴという新しい分野に勇《いさ》んで飛《と》び込《こ》んでいったのだと思います。

池田　大事《だいじ》なお話です。青年《せいねん》たちの挑戦《ちょうせん》が、大きな原動力《げんどうりょく》となり、貴国インドの新《あら》たな可能性《かのうせい》を切《き》り開《ひら》いているのですね。果敢《かかん》なる挑戦こそ、青年の特権《とっけん》です。

ガンジーは、「青年は国家《こっか》の希望《きぼう》である」（『ガンヂーの革命運動と宗教』シー・エフ・アン

インド・バンガロールのIT企業

真剣に学ぶインドの子どもたち

［提供＝PPS通信社］

ドリュース著、福永渙訳、大鳳閣書房〈現代表記に改めた〉）と語《かた》りました。二十一世紀《せいき》の大《たい》国《こく》である貴国が、若々しい人材群《ぐん》とともに、ますます発展《はってん》されることを、私は強く期待《きたい》し、念願《ねんがん》しております。

博士は大学の教授《きょうじゅ》として、また平和運《へいわうん》動《どう》の指導者《しどうしゃ》として、長年にわたり青年の教育に携《たずさ》わってこられました。

貴国インドの教育の現状《げんじょう》については、どのようにご覧《らん》になっていますか。

ラダクリシュナン　わが国《くに》では今、教育が大きな焦点《しょうてん》となっています。

従来《じゅうらい》、インドの教育制度《せいど》は、植民地《しょくみんち》時代のなごりで、イギリスの制度に則《のっと》ってきました。

これに対《たい》して、独自《どくじ》の教育理念《りねん》を提唱《ていしょう》したのがガンジーでした。

それは、伝統的《でんとうてき》な「読み」「書き」「計算《けいさん》」に代《か》えて、革新的《かくしんてき》な「3H」を重《おも》んじる教育です。すなわち「Heart（心）」「Head（頭）」「Hand（手）」の三つを教育せよ、というものでした。

ガンジーは、知識《ちしき》の習得《しゅうとく》よりも、人間の身体《しんたい》、精神《せいしん》、心の発展《はってん》に寄与《きよ》するような教育を望《のぞ》んだのです。

ガンジーは全人性《ぜんじんせい》を育《はぐく》む教育を重視《じゅうし》

池田　「手」の教育といえば、非暴力運動《ひぼうりょくうんどう》の象徴《しょうちょう》となった「チャルカ」[*21]（糸車《いとぐるま》）を思い出します。

博士に、ガンジー記念館《きねんかん》を案内《あんない》していただいた時、マハトマが自《みずか》ら糸を紡《つむ》いだ「チャルカ」を拝見《はいけん》したことも忘《わす》れ得《え》ぬ思い出です。

「チャルカ」は、かつてのインドの国旗《こっき》にも描《えが》かれていましたね。

ガンジーは、「チャルカ」を廻《まわ》し、糸を紡ぎながら、インドの民衆《みんしゅう》に、独立闘争《どくりつとうそう》の精神と自立《じりつ》への道を説《と》きました。

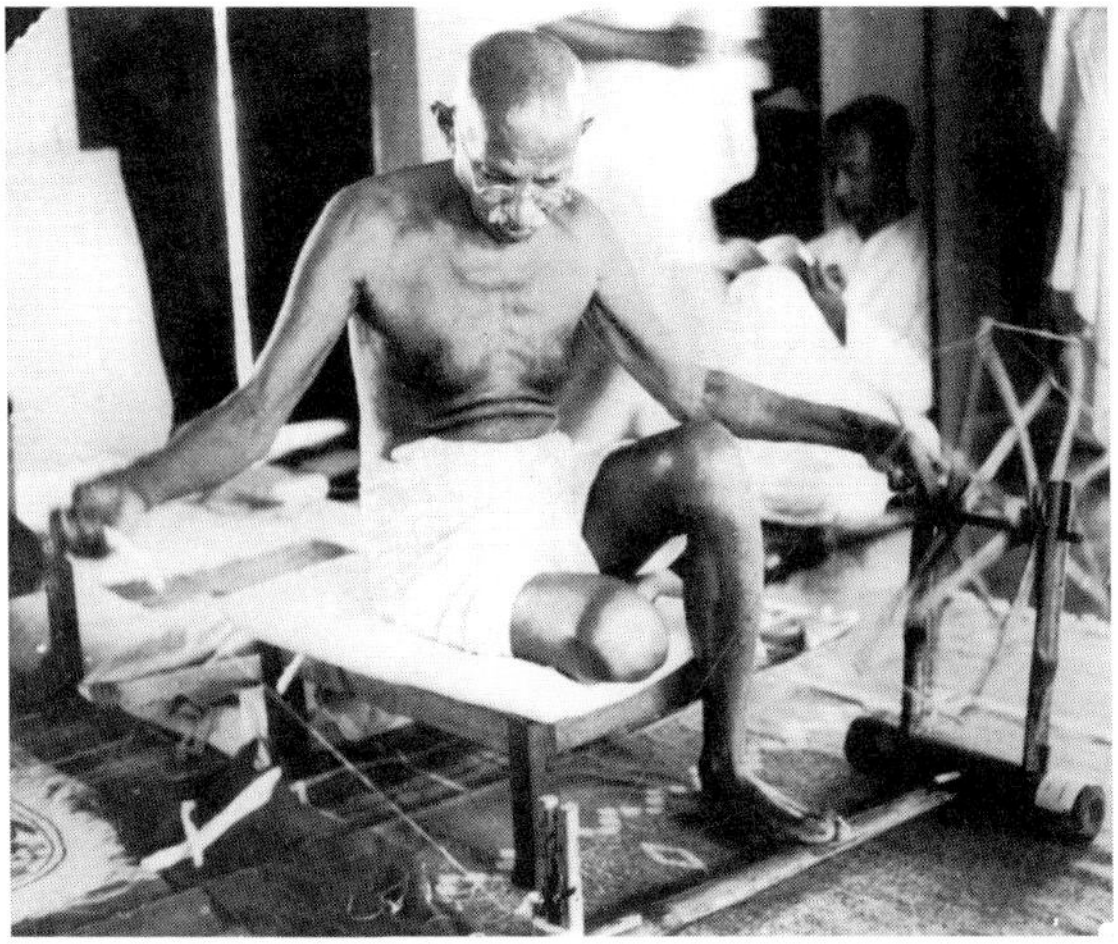

チャルカを回して糸を紡ぐガンジー　［提供＝PPS通信社］

ガンジーは、「知性《ちせい》の発展は手仕事《てしごと》を通《とお》してもたらされる」（『万物帰一の教育』ガンディー、タゴール著、弘中和彦訳、明治図書出版）と語《かた》っていますが、子どもたちの教育にも「チャルカ」を取《と》り入《い》れていますね。

ラダクリシュナン　残念《ざんねん》なことに、政治《せいじ》指《し》導者《どうしゃ》も教育の専門家《せんもんか》も、ガンジーが提唱した子どもの教育における「チャルカ」の重要性《じゅうようせい》を、適切《てきせつ》に理解《りかい》することはできませんでした。教育にガンジーの示《しめ》した構想《こうそう》を取り入れようとする動きがあったにもかかわらず、独立インドにおいては真剣《しんけん》に考《こう》慮《りょ》されなかったのです。

ガンジーは、教育の現場《げんば》において、「チャルカ」などを使《つか》う「手作業《てさぎょう》」を重視《じゅうし》していました。手や身体《しんたい》を使《つか》うことで、子どもたちの知性《ちせい》が刺激《しげき》されると考えたのです。

つまり、知識偏重《ちしきへんちょう》ではなく、「全人性《ぜんじんせい》」を育《はぐく》む教育こそが肝要《かんよう》である、と捉《とら》えていました。

池田　よくわかります。

「全体《ぜんたい》人間」の育成《いくせい》にこそ、未来《みらい》の希望《きぼう》の「光」があります。

「創価教育」も、同《おな》じ理念《りねん》から出発《しゅっぱつ》しました。偉大《いだい》な地理学者《ちりがくしゃ》であり、教育者であった牧口初代《しょだい》会長は、心身《しんしん》のバランスのとれた成長《せいちょう》を図《はか》るには、「学校での学習《がくしゅう》」と「社会《しゃかい》での実体験《じったいけん》」という両面《りょうめん》からの充実《じゅうじつ》が望《のぞ》ましいと考えました。

　私が創立《そうりつ》した創価学園、また創価大学も、この「全人性」「全体性」を育む「人間教育」を根本《こんぽん》としています。

ラダクリシュナン　私はここで、未来の世代《せだい》の運命《うんめい》を形成《けいせい》するうえで、教育が重要《じゅうよう》な役割《やくわり》を果《は》たすという会長のご見解《けんかい》を思い起こします。

　会長は、かつて、世界《せかい》が最《もっと》も要請《ようせい》しているのは、人類愛《じんるいあい》を育む教育、人格《じんかく》を発展《はってん》させる教育、平和《へいわ》の実現《じつげん》のための知的基盤《ちてききばん》を提供《ていきょう》する教育、学習者《がくしゅうしゃ》が社会に貢献《こうけん》し社会を向上《こうじょう》させていく力《ちから》をつける教育である――そう語《かた》っておられました。

三代会長に貫《つらぬ》かれる「創価教育」の精神《せいしん》は、ガンジーの教育思想《しそう》と完全《かんぜん》に一致《いっち》します。

子どもの成長には、「文化《ぶんか》教育」や「心の教育」が不可欠《ふかけつ》です。そこでガンジーは、独自《どくじ》の教育システムを提唱《ていしょう》したのです。

ガンジーの教育論は、インドの教育システムの欠陥《けっかん》の深《ふか》い理解《りかい》から展開《てんかい》していきました。既存《きそん》のシステムは、子どもを自《みずか》らの身体的、社会環境《かんきょう》から遊離《ゆうり》させると考えたのです。そこでは、もっぱら読み書きの教育が強調《きょうちょう》され、文化の精神は軽視《けいし》されていたのです。

池田　それが「ナイ・タリム（新しい教育）」と呼《よ》ばれる、「全人性」を育むための教育システムですね。

ラダクリシュナン　そのとおりです。

しかし、初代首相《しゅしょう》のネルー＊22は、ガンジーの最も重要な弟子《でし》の一人《ひとり》であったにもかかわらず、その提唱を受《う》け入《い》れることができなかった。

ガンジーの民衆運動《みんしゅううんどう》の本拠地《ほんきょち》となった地で、教育をめぐる第一回の会議《かいぎ》が開催《かいさい》された際《さい》、ガンジーの教育システムは、義務《ぎむ》教育に採用《さいよう》されませんでした。さまざまなプランの一つ、選択肢《せんたくし》の一つとして提示《ていじ》されたにすぎなかったのです。それは、現代《げんだい》インド教育における最初《さいしょ》の〝敗北《はいぼく》〟であったと私は考えています。

池田　その第一回の会議《かいぎ》とは、一九三七年の十月、ワルダー*23で開催《かいさい》された教育会議でのことですね。

ラダクリシュナン　そうです。

ガンジーは、ひどく落胆《らくたん》しました。これでは将来《しょうらい》が心配《しんぱい》だ。教育を再構築《さいこうちく》し、教育によって新しい国をつくらなくてはならない、と。

池田　未来《みらい》にとって、「全人教育《ぜんじんきょういく》」を重視《じゅうし》した新《あら》たな教育システムが、どれほど大切《たいせつ》であるか――その重要性《じゅうようせい》を、ガンジーが深《ふか》く認識《にんしき》していたことが、よくわかります。

ラダクリシュナン　その後、インドは社会《しゃかい》の変貌《へんぼう》にともない、教育に対《たい》する考え方を次《し》第《だい》に変《か》えていきました。

そして、知識《ちしき》の習得《しゅうとく》のみならず、ガンジーが志向《しこう》した「人格《じんかく》」や「心」など、人間の内面《ないめん》を重視《じゅうし》する教育も行《おこな》うようになったのです。

ただ、あれから半世紀以上《はんせいきいじょう》たった今でも、イギリスの教育制度《せいど》の影響《えいきょう》は、さまざまな形《かたち》でインドに残《のこ》っています。

不正《ふせい》に抗議《こうぎ》し逮捕《たいほ》・投獄《とうごく》されたラダクリシュナン博士

池田　博士ご自身《じしん》は、若《わか》き日、どのような教育を受《う》けてこられたのでしょうか。

ラダクリシュナン　ガンジーの死後《しご》、インドにおいては不幸《ふこう》なことに、非暴力運動《ひぼうりょくうんどう》は急速《きゅうそく》に風化《ふうか》していきました。

そのようななかで、私の父は、師匠《ししょう》のガンジーが理想《りそう》とした教育方針《ほうしん》に則《のっと》り、子どもたちを育《そだ》ててくれたのです。

幼少《ようしょう》のころは、音楽《おんがく》やゲーム、読み聞かせなど、両親《りょうしん》がさまざまな工夫《くふう》をしてくれました。当時《とうじ》、それは「ガンジー・スクール」と呼《よ》ばれていたのです。

池田　お父様《とうさま》は、師の教えを、家庭《かてい》教育でも実践《じっせん》されたわけですね。

やがて博士は、お父様とともに民衆《みんしゅう》のための人権闘争《じんけんとうそう》に立ち上がっていかれた。

博士は、すでに学生時代《じだい》、二度、不当《ふとう》に逮捕され投獄されたとうかがっております。

ラダクリシュナン　ええ。一九五九年、私が十四歳《さい》の時でした。わが家《や》のあるケララ州でのことでした。

当時、ガンジーに反対《はんたい》するいくつかの政治《せいじ》グループが、こともあろうに、ガンジーに対《たい》して「労働者階級《ろうどうしゃかいきゅう》の敵《てき》、資本主義者《しほんしゅぎしゃ》の支持者《しじしゃ》」とレッテルを貼《は》るようになりました。そして「ガンジーは富《と》める人々の味方《みかた》である」と喧伝《けんでん》し、偽善的《ぎぜんてき》な活動《かつどう》を行《おこな》ったのです。

　このことに、私たち多くの青年《せいねん》は激怒《げきど》しました。私たちは抗議《こうぎ》を表明《ひょうめい》しようと、学生集会《しゅうかい》を開き、行進《こうしん》をしました。すると彼《かれ》らは怒《おこ》って警察《けいさつ》に働《はたら》きかけ、私たちを逮捕《たいほ》させようとしたのです。

池田　偉大《いだい》な人間は、必《かなら》ずといってよいほど嫉妬《しっと》され、不当《ふとう》な中傷《ちゅうしょう》を受《う》けるものです。とはいえ、大衆《たいしゅう》のために全生涯《ぜんしょうがい》を捧《ささ》げたマハトマ・ガンジーを、「労働者の敵」と悪口《あっこう》するとは！　正義感《せいぎかん》に燃《も》えた、若《わか》き博士にとって、許《ゆる》し難《がた》い冒瀆《ぼうとく》であったに違《ちが》いありません。

ラダクリシュナン　私たちは抗議を続《つづ》けました。父も私も、ガンジーを誹謗《ひぼう》する者《もの》たちを、黙《だま》って見過《みす》ごすわけにはいきませんでした。そこで欺瞞《ぎまん》の権力者《けんりょくしゃ》らに対して、毅《き》然《ぜん》と立ち上がり、声《こえ》を上げたのです。

　私はまた、当時《とうじ》、州政府《しゅうせいふ》の教育政策《せいさく》に反対《はんたい》する別の学生運動《うんどう》にも加《くわ》わりました。それが、現在《げんざい》のインド学生組合《くみあい》（ＩＳＵ）の前身《ぜんしん》であるケララ学生組合（ＫＳＵ）です。私は地方委員会《ちほういいんかい》の副《ふく》委員長を務《つと》めました。

池田　それで、不正《ふせい》に抗議する学生運動のリーダーとして逮捕され、投獄《とうごく》されたわけですね。

ラダクリシュナン　そのとおりです。私たちの運動は、州政府の権力者が退陣《たいじん》するまで続けられました。

発展《はってん》の成否《せいひ》は〝師弟《してい》の精神《せいしん》〟の継承《けいしょう》に

池田　創価学会の第二代戸田会長は、軍部《ぐんぶ》権力と戦《たたか》って獄死《ごくし》した師《し》・牧口初代《しょだい》会長の仇《あだ》を討《う》つために、敗戦後《はいせんご》の焼《や》け野原《のはら》に一人《ひとり》、立ち上がりました。

そして私も、戸田先生という不世出《ふせいしゅつ》の師を世界《せかい》に宣揚《せんよう》したい――ただその一点で、迫害《はくがい》の嵐《あらし》を乗《の》り越《こ》え、前進《ぜんしん》してきました。師匠《ししょう》の評価《ひょうか》は、弟子《でし》によって決《き》まる。ゆえに私は、一日一日を真剣勝負《しんけんしょうぶ》で戦い、勝《か》ち抜《ぬ》いてきました。

これは、貴国《きこく》を源流《げんりゅう》とする「法華経《ほけきょう》」に説《と》かれた道です。

ラダクリシュナン　三代会長の「師弟」の精神闘争《とうそう》は、インドでもよく知られています。

そして私は、ガンジーの非暴力《ひぼうりょく》の精神は、創価の師弟、なかんずく池田先生にこそ、厳然《げんぜん》と脈打《みゃくう》っていると思うのです。
ガンジーがもし現代《げんだい》に生きていたならば、偉大《いだい》なる決意《けつい》をもって、会長と同《おな》じ道を歩《あゆ》まれたに違《ちが》いありません。

池田 「師弟《してい》」ほど、人間として尊《とうと》く、峻厳《しゅんげん》な「絆《きずな》」はありません。

ガンジーは、「弟子《でし》は息子《むすこ》以上《いじょう》である」(『ガンヂー全集』第二篇、高田雄種訳、春秋社)とも語《かた》りました。ある意味《いみ》では、家族《かぞく》や親子の絆以上に、師弟は深《ふか》い関係《かんけい》である。

その正しき師弟の精神《せいしん》を、次《つぎ》の世代《せだい》にどのように継承《けいしょう》していくか。後世《こうせい》の発展《はってん》は、その成否《せいひ》にかかっていると言っても過言《かごん》ではありません。

ラダクリシュナン そのとおりですね。

父はインド独立後《どくりつご》、政治的《せいじてき》な役割《やくわり》を引き受けましたが、それは自身《じしん》に喜《よろこ》びをもたらすものではないと考え、すぐに手を引きました。政治家たちと、彼《かれ》らのライフスタイルは、父をいらいらさせました。それらはガンジーが提唱《ていしょう》したものではないと、父は感じたのです。

そこで父は、ガンジー主義《しゅぎ》の活動家《かつどうか》となり、農民《のうみん》たちの問題《もんだい》を手助《てだす》けし、農法《のうほう》を改《かい》良《りょう》し、さらにはガンジーの教育論にそったプログラムを実行《じっこう》したのです。

父は、ガンジーの遺志《いし》を受《う》け継《つ》ぎ、非暴力《ひぼうりょく》の活動《かつどう》を続《つづ》けました。そして母は、父の最大《さいだい》の理解者《りかいしゃ》であり、同志《どうし》でした。

私の直接《ちょくせつ》の師匠《ししょう》はラマチャンドラン博士[*7]ですが、ガンジーの精神を一番最初《さいしょ》に身《み》をもって教えてくれたのは、間違《まちが》いなく両親《りょうしん》なのです。

池田　親から子へ、ガンジーの正義《せいぎ》の魂《たましい》は、確実《かくじつ》に受け継がれていったのですね。崇高《すうこう》な〝師弟の精神〟に生き抜《ぬ》いてこられた偉大なご一家《いっか》です。

〝魂の継承〟といっても、それは言葉《ことば》によってなされるのではない。真剣《しんけん》な戦《たたか》いと行動《こうどう》を通してこそ、初《はじ》めて可能《かのう》となるのです。

博士には、ご自身の闘争《とうそう》を通して学《まな》ばれたガンジーの哲学《てつがく》を、大いに語《かた》っていただきたい。そして、未来《みらい》の世代《せだい》が〝勝利《しょうり》の哲学〟を勝《か》ち取《と》りゆくための指針《ししん》を、示《しめ》し残《のこ》していければと願《ねが》っております。

◆第2章◆

ガンジー師弟の闘争

1 〝偉大《いだい》なる魂《たましい》〟の誕生《たんじょう》

南アフリカでの屈辱《くつじょく》の体験《たいけん》

池田 〝未来《みらい》の人々には、ガンジーのような人物《じんぶつ》が、この地上に存在《そんざい》したことなど、およそ信《しん》じられないであろう〟

これは〝二十世紀最大《せいきさいだい》の物理学者《ぶつりがくしゃ》〟アインシュタイン博士[*24]の感嘆《かんたん》の言葉《ことば》です。

マハトマ・ガンジーの勇敢《ゆうかん》な実践《じっせん》は、インドだけでなく、全世界《ぜんせかい》の人々の心を大きく揺《ゆ》り動《うご》かしました。

しかし、このガンジーも、若《わか》いころは、どちらかといえば内気《うちき》な青年《せいねん》だったようですね。

ラダクリシュナン ええ。学問的《がくもんてき》には、並外《なみはず》れた技量《ぎりょう》を示《しめ》すわけでもなく、学校の成績《せいせき》は中《ちゅう》くらいで、普通《ふつう》の生徒《せいと》だったようです。

しかし彼《かれ》は、子どものころから人の心を惹《ひ》きつけ、精神《せいしん》や道徳《どうとく》の面《めん》では非凡《ひぼん》な強さを表《あらわ》していました。ファウラーが述《の》べたように、「私たちは皆《みな》、子どもの時から精神的遍《へん》歴《れき》を開始《かいし》する」のです。すべての人間が、超越的《ちょうえつてき》なものと関《かか》わる内在的《ないざいてき》な能力《のうりょく》と可能《かのう》性《せい》をもって生まれてくるのです。

池田　その一青年が、やがて〝マハトマ（偉大《いだい》なる魂《たましい》）〟と呼《よ》ばれる民衆《みんしゅう》指導者《しどうしゃ》へと成長《せいちょう》していった。その大きな転換点《てんかんてん》となったのが、南アフリカでの体験《たいけん》でしたね。

ラダクリシュナン　おっしゃるとおりです。

モハンダス・カラムチャンド・ガンジーの南アフリカでの経験《けいけん》は、彼が「マハトマ」へと成長していく〝長途《ちょうと》の旅《たび》〟の重要《じゅうよう》な一里塚《いちりづか》でした。

ガンジーは、イギリスで弁護士《べんごし》の資格《しかく》を取った後《のち》、まずはインドに戻《もど》りました。この若く、遠慮《えんりょ》がちな法廷《ほうてい》弁護士が南アフリカに渡《わた》ったのは、一八九三年の五月、二十四歳《さい》の時でした。

南アフリカ時代《じだい》は、ガンジーにとっての「社会的実験室《しゃかいてきじっけんしつ》あるいは育児室《いくじしつ》」の時代と言われています。

池田　それは、まさしく目を瞠《みは》る実験でした。当時《とうじ》の南アフリカは、イギリス人やオランダ人などが支配《しはい》する白人政府《はくじんせいふ》のもと、多くのインド出身《しゅっしん》の人々が働《はたら》いていました。
当初《とうしょ》、ガンジーは、何か大きな理想《りそう》に向かってというよりも、弁護士《べんごし》として活躍《かつやく》し、いわば〝一旗《ひとはた》あげよう〟として南アフリカに渡《わた》ったわけですね。
ラダクリシュナン　そうです。ところが、南アフリカにおけるインド人の社会的《しゃかいてき》・政治的状況《せいじてきじょうきょう》は、かなり屈辱的《くつじょくてき》なもので、公然《こうぜん》とした差別《さべつ》がまかり通《とお》っていました。ガンジーは、南アフリカに到着《とうちゃく》してまもなく、猛烈《もうれつ》な人種差別《じんしゅ》の残忍性《ざんにんせい》と無情《むじょう》さを経験《けいけん》します。
当時《とうじ》、南アフリカで、インド人は「クーリー（苦力）」という差別語で呼《よ》ばれていました。ガンジーは、ほかのインド人と同様《どうよう》、何度も繰《く》り返《かえ》し屈辱を被《こうむ》ったのです。
池田　「クーリー」という差別用語《ようご》は、中国語に由来《ゆらい》し、「人夫《にんぷ》」や「人足《にんそく》」という意味《いみ》ですね。インドの人々が差別されたのは、単《たん》なる「肌《はだ》の色」の違《ちが》いからだけではなかった。勤勉《きんべん》で、有能《ゆうのう》なことから、白人が競争相手《きょうそうあいて》として脅威《きょうい》を感じていたとも言われています。
ラダクリシュナン　そのとおりです。南アフリカでのさまざまな経験は、ガンジーの人生行路《じんせいこうろ》を大きく変《か》えました。しかし、南アフリカの歴史《れきし》にとっても、それは大きな意義《いぎ》

ガンジー関連略年譜

1869年　10月２日、インド西部・現グジャラート州の港町ポールバンダルで、ポールバンダル藩王国の宰相カラムチャンド・ガンジーとプタリーバーイ夫人の子として生まれる。

1883年　５月、当時の習慣に従い、13歳でカストゥールバと結婚。

1888年　イギリス留学。ロンドン大学で法律を学ぶ。

1891年　弁護士資格を取得し、帰国。

1893年　南アフリカへ渡り、弁護士として活動。

その後、インド人差別法の撤廃を目指す人権闘争に献身。

1915年　帰国。シャンティニケタンに詩人タゴールを訪ねる。アフマダーバードの郊外に最初のアーシュラム（道場）を創設。

以後、国民会議派のリーダーとしてインド独立を目指し、各地で非暴力・不服従運動を指導。

1930年　「塩の行進」を行い、インドの独立、インド人の権利をアピール。

1931年　国民会議派の代表として、イギリス政府が主宰するロンドンでの円卓会議に出席。

1943年　「クイット・インディア（インドを出てゆけ）運動」決議案を提唱。

1946年　イギリス政府、インド人への統治権移譲の交渉開始。コルカタ、続いてノーアカーリーでヒンズー・イスラム教徒間の大規模騒乱。ガンジー、ノーアカーリーへ向かう。

1947年　最後のインド総督マウントバッテン卿、着任。ガンジーと会談。８月15日、インド・パキスタンが分離・独立。

1948年　１月30日、デリーでヒンズー至上主義者に暗殺される。

をもつものでした。

ずっと後になって、ネルソン・マンデラ元大統領《もとだいとうりょう》[*25]は、「ガンジーは、南アフリカとインドの両方《りょうほう》の歴史《れきし》に深大《しんだい》な影響《えいきょう》を残《のこ》した」と述《の》べています。マンデラ氏《し》は、ガンジーを「インドと南アフリカ――二つの国の父」とまで言っています。


池田　マンデラ元大統領とは、氏が出獄《しゅつごく》した年の秋（一九九〇年十月）に、多くの青年《せいねん》たちとともに、東京でお迎《むか》えし、語《かた》り合《あ》いました。

獄中《ごくちゅう》では、私のエッセイにも目を通してくださっていたようです。

大統領に就任《しゅうにん》されてから、東京の迎賓館《げいひんかん》で再会《さいかい》した思い出も忘れられません（九五年七月）。後継者《こうけいしゃ》の問題《もんだい》も、率直《そっちょく》に語ってくださいました。

マンデラ氏は、「ガンジーと私との間《あいだ》には、ひとつの絆《きずな》がある。それは共通《きょうつう》の獄中体験《たいけん》であり、不当《ふとう》な法律《ほうりつ》への抗議《こうぎ》であり、平和《へいわ》と和解《わかい》への私たちの志《こころざし》が、暴力《ぼうりょく》によって脅《おびや》かされたという事実《じじつ》である」（『インディアン・ホライズン』特別号）と論《ろん》じておられました。

二人《ふたり》の〝人権《じんけん》の巨人《きょじん》〟の不思議《ふしぎ》な絆が、南アフリカには刻《きざ》まれています。

南アフリカ共和国のネルソン・マンデラ氏（当時、アフリカ民族会議副議長）と会見（1990年10月31日、東京）　©Seikyo Shimbun

「私の非暴力《ひぼうりょく》は、その日から始まった」

ラダクリシュナン　南アフリカに到着《とうちゃく》して数日後《すうじつご》、初《はじ》めてダーバンの裁判所《さいばんしょ》を訪《おとず》れたガンジーは、「クーリー法廷弁護士《ほうていべんごし》」と呼《よ》ばれ、かぶっていたターバンを取るように命《めい》じられました。

しかしガンジーは、その命令《めいれい》を受け入れず、抗議の表明《ひょうめい》をして法廷を立《た》ち去《さ》りました。そして、新聞《しんぶん》に投書《とうしょ》して、大きく世《せ》論《ろん》を喚起《かんき》したのです。

池田　ガンジーの人生観《じんせいかん》を大きく変《か》えた出《で》来事《きごと》の一つに、有名《ゆうめい》な「マリッツバーグ事《じ》件《けん》」がありますね。

ガンジーが、一等車《いっとうしゃ》の切符《きっぷ》をもっていた

にもかかわらず、列車《れっしゃ》から放《ほう》り出《だ》されたという屈辱的《くつじょくてき》な事件《じけん》です。

ラダクリシュナン　マリッツバーグ事件は、ガンジーの生涯《しょうがい》にとって、大きな転換点《てんかんてん》となりました。訴訟《そしょう》事件の法廷《ほうてい》に出席《しゅっせき》するため、プレトリアに向かっている途中《とちゅう》のことでした。その時、ガンジーが手にしていた切符《きっぷ》は、依頼人《いらいにん》が用意《ようい》してくれた一等車《いっとうしゃ》のものです。

ところが、マリッツバーグ駅《えき》で乗《の》り合《あ》わせてきた白人《はくじん》が、ガンジーを見るや、「有色《ゆうしょく》人種《じんしゅ》がいる」と、駅員《えきいん》に抗議《こうぎ》したのです。

ガンジーは貨物室《かもつしつ》に移《うつ》ることを命《めい》じられましたが、この不当《ふとう》な仕打《しう》ちに対《たい》して、断固《だんこ》、拒否《きょひ》しました。その結果《けっか》、荷物《にもつ》といっしょに、車外《しゃがい》に放り出されてしまったのです。

列車は出発《しゅっぱつ》してしまい、ガンジーは、明《あ》かりもない暗く寒い駅の待合室《まちあいしつ》の中で、怒《いか》りに身《み》を震《ふる》わせながら自問自答《じもんじとう》しました。

「権利《けんり》のために戦《たたか》うべきか、それともインドへ帰《かえ》るべきか」と――。

この出来事《できごと》は、あのローザ・パークスさん[*26]が味《あじ》わった屈辱的な経験《けいけん》と見事《みごと》に対応《たいおう》しています。

パークスさんは、バスの中で、白人の乗客《じょうきゃく》のために席《せき》を譲《ゆず》るように命じられます。

弁護士事務所でのガンジー（中央）（1905年、南アフリカ・ヨハネスブルク）
［提供＝PPS通信社］

彼女《かのじょ》は拒否し、罰金《ばっきん》を科《か》せられますが、この出来事が発火点《はっかてん》となって、マーチン・ルーサー・キング博士[*27]が指導《しどう》する公民権運動《こうみんけんうんどう》へと発展《はってん》していきました。

池田　有名《ゆうめい》な「バス・ボイコット運動」ですね。

パークスさんとは、アメリカ創価大学や東京で語《かた》らいを重《かさ》ねました。歴史的《れきしてき》な公民権運動の模様《もよう》についても、さまざま、うかがいました。勇気《ゆうき》ある一歩《いっぽ》を踏《ふ》み出《だ》すことによって、歴史《れきし》を変《か》えた誇《ほこ》りが光《ひか》っていました。

ラダクリシュナン　マリッツバーグ事件での屈辱は、まるで電流《でんりゅう》のようにガンジーの身心《しんしん》に衝撃《しょうげき》を与《あた》えました。しかし、この青年《せいねん》は望《のぞ》みを失《うしな》いませんでした。

彼《かれ》はのちに、『自伝《じでん》』に次《つぎ》のように記《しる》しています。

「わたしは、義務《ぎむ》について考え始めた。わたしは権利《けんり》のために闘《たたか》うべきか。それともインドに帰るべきか。それとも、侮辱《ぶじょく》を気にしないで、このままプレトリアにおもむき、そして事件《じけん》のすみしだい、インドに帰るべきか」（『ガンジー自伝』蝋山芳郎訳、中公文庫）

ガンジーは、〝勇気《ゆうき》ある一歩《いっぽ》〟を踏《ふ》み出《だ》すかどうか、思《おも》い悩《なや》んだのです。

池田　ガンジーは、マリッツバーグ事件の際《さい》の心のなかの葛藤《かっとう》を、さらに自伝にこう綴《つづ》っていますね。

「わたしが責務《せきむ》をはたさずに、インドに逃《に》げ帰ったら、それこそ卑怯《ひきょう》というものである。わたしのこうむった艱難《かんなん》は皮相《ひそう》にすぎなかった。——人種偏見《じんしゅへんけん》という根深《ねぶか》い病気《びょうき》の一つの症状《しょうじょう》にすぎなかった。できることなら、わたしはこの病気の根絶《ねだ》やしをやってみるべきだし、そしてそのための苦難《くなん》は甘受《かんじゅ》すべきである」（同前）

当時《とうじ》、南アフリカにいたインド人は、皆《みな》、同《おな》じような屈辱的《くつじょくてき》な経験《けいけん》をしていました。

しかし多くの人は〝石の壁《かべ》に頭をぶつけてもしょうがない〟と黙《だま》って耐《た》えていました。

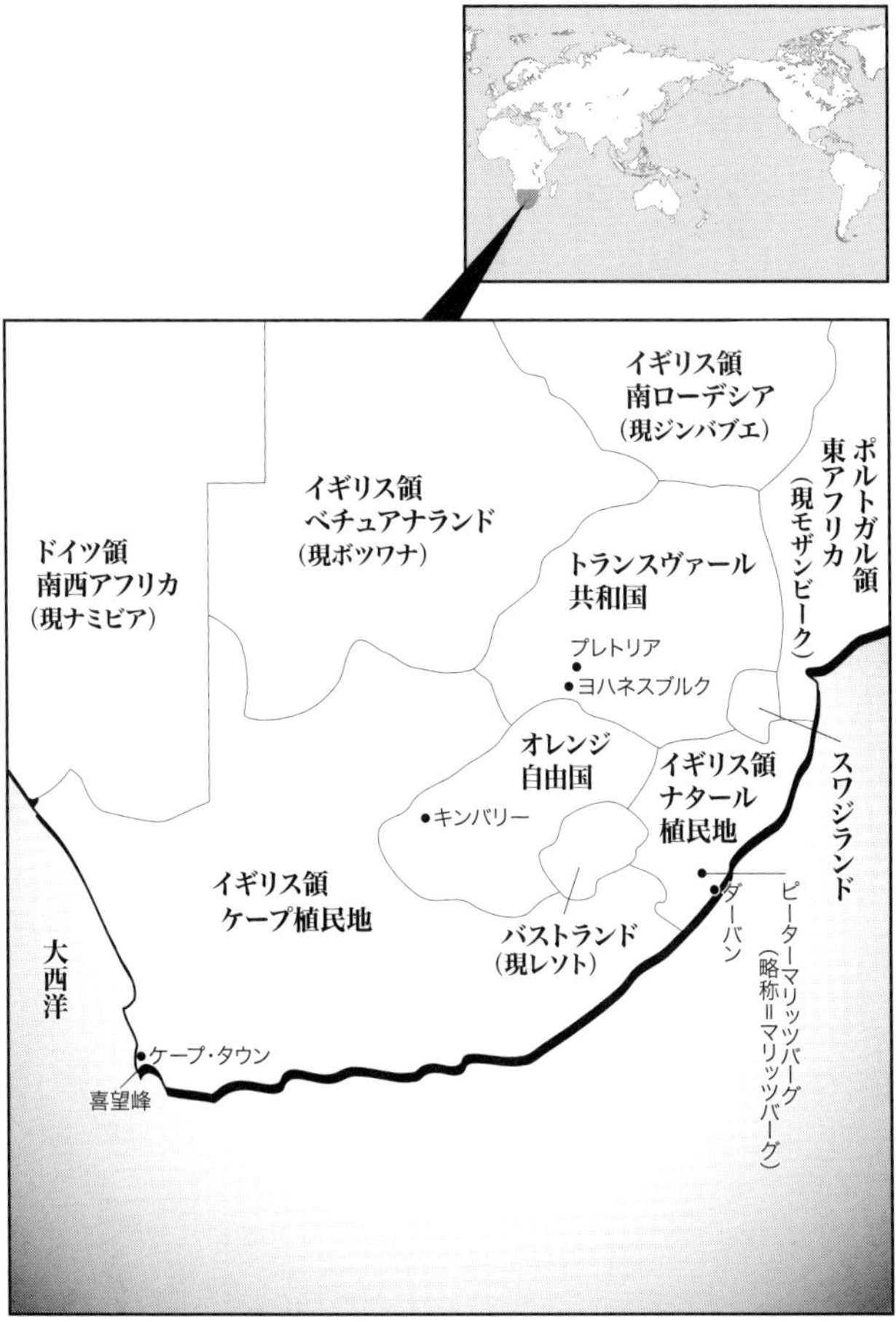
イギリス領
南ローデシア
（現ジンバブエ）
ポルトガル領
東アフリカ
（現モザンビーク）
イギリス領
ベチュアナランド
（現ボツワナ）
ドイツ領
南西アフリカ
（現ナミビア）
トランスヴァール
共和国
プレトリア
ヨハネスブルク
オレンジ
自由国
イギリス領
ナタール
植民地
スワジランド
キンバリー
イギリス領
ケープ植民地
ダーバン
ピーターマリッツバーグ
（略称＝マリッツバーグ）
バストランド
（現レソト）
大西洋
ケープ・タウン
喜望峰

1900年ごろの南アフリカ

だが、ガンジーは逃《に》げなかった。また、あきらめなかった。同《おな》じ苦《くる》しみを受《う》けている多くの同胞《どうほう》のために、敢然《かんぜん》と立ち上がったのです。

平凡《へいぼん》な一人《ひとり》のインドの青年《せいねん》が、〝マハトマ（偉大《いだい》なる魂《たましい》）〟への第一歩《だいいっぽ》を踏《ふ》み出《だ》した瞬間《しゅんかん》でした。

後年《こうねん》、「あなたの人生《じんせい》で、いちばん創造的《そうぞうてき》な経験《けいけん》は何でしたか」と聞かれた時に、ガンジーはマリッツバーグでの出来事《できごと》を挙《あ》げ、こう語《かた》っています。

「わたしの実際的《じっさいてき》な非暴力《ひぼうりょく》は、その日から始《はじ》まった」（『ガンディーの生涯』K・クリパラーニ著、森本達雄訳、第三文明社）

人間の精神《せいしん》を陶冶《とうや》し、偉大にするのは、順境《じゅんきょう》ではなく逆境《ぎゃっきょう》です。なんの苦難《くなん》も闘争《とうそう》もない、安逸《あんいつ》の環境《かんきょう》では、人間は堕落《だらく》してしまうものです。

苦労《くろう》が、人間を成長《せいちょう》させる。

苦難が、人間を鍛《きた》え上《あ》げる。

そのことを、ガンジーの青春《せいしゅん》は、雄弁《ゆうべん》に物語《ものがた》っています。

ラダクリシュナン　このマリッツバーグでの出来事をきっかけとして、ガンジーはインド人による組織《そしき》をつくり、差別的《さべってき》な法律《ほうりつ》に抵抗《ていこう》する運動《うんどう》を率《ひき》いていきます。

当時《とうじ》、ガンジーは、このほかにも数多くの屈辱的《くつじょくてき》な体験《たいけん》をしています。馬車《ばしゃ》の御者《ぎょしゃ》に鞭《むち》で打《う》たれたり、ホテルでの宿泊《しゅくはく》を断《ことわ》られたりしました。総督《そうとく》の邸宅《ていたく》の近くの公道《こうどう》を歩いていて衛兵《えいへい》に突《つ》き飛《と》ばされ、殴《なぐ》られるなどの仕打《しう》ちも受けました。さらには、白《はく》人《じん》の床屋《とこや》から散髪《さんぱつ》を断られたりもしました。

しかしガンジーは、それらによって気力《きりょく》が萎《な》えたり、挫折《ざせつ》を感じたりすることはなかった。むしろ南アフリカに留《とど》まり、悪《あく》と戦《たたか》うべきだとの確信《かくしん》を強めていくのです。

ここで忘《わす》れてはならないことは、人権《じんけん》闘争に身《み》を投《とう》じたガンジーが、弱冠《じゃっかん》二十四歳《さい》の若《わか》さであったということです。

青年の戦いが波動《はどう》を巻《ま》き起《お》こす

池田　重要《じゅうよう》な点を指摘《してき》してくださいました。古今東西《ここんとうざい》を問《と》わず、歴史《れきし》の変革期《へんかくき》には、必《かなら》ず青年が決然《けつぜん》と立ち上がります。

先ほど話題《わだい》になったキング博士も、人権闘争の若きリーダーでした。キング博士が、「バス・ボイコット運動」のリーダーに選《えら》ばれた時、彼《かれ》はまだ二十六歳の青年でした。

ラダクリシュナン　ガンジー、キングといえば、池田会長のことを抜《ぬ》きに語《かた》るわけにはいきません！

会長もまた、非常《ひじょう》に若《わか》くして、傑出《けっしゅつ》した師匠《ししょう》の感化《かんか》を受け、社会的《しゃかいてき》に有益《ゆうえき》な運動《うんどう》のために青年《せいねん》たちを糾合《きゅうごう》する活動《かつどう》を開始《かいし》されました。

会長は、十九歳《さい》で戸田第二代会長と出会《であ》われて以来《いらい》、師匠と同志《どうし》のために、全生命《ぜんせいめい》を賭《と》して戦《たたか》ってこられました。

戸田会長が逝去《せいきょ》された後《のち》、第三代会長に就任《しゅうにん》されたのも、三十二歳という若さでした。

そしていかなる艱難《かんなん》の峰《みね》をも悠然《ゆうぜん》と乗《の》り越《こ》え、ＳＧＩの正義《せいぎ》の連帯《れんたい》を、世界《せかい》百九十二カ国・地域《ちいき》にまで発展《はってん》させてこられたのです。

池田会長の傑出した勇気《ゆうき》、すべての事業《じぎょう》に注《そそ》ぎ込《こ》まれた非凡《ひぼん》なまでのエネルギー、そして会長が先駆的《せんくてき》に行《おこな》ってこられた事業を特徴《とくちょう》づけている〝すべてを包《つつ》み込《こ》む勝利《しょうり》のための楽観主義《らっかんしゅぎ》〟――これらは、今日《こんにち》の世界の多くの人々によって受け入れられています。

池田　私のことはともあれ、若さは力《ちから》です。若さには無限《むげん》の可能性《かのうせい》があります。

ラダクリシュナン博士も、若き日の誓《ちか》いのままに、ガンジーの掲《かか》げた〝非暴力《ひぼうりょく》〟と〝人道《じんどう》〟の信念《しんねん》を貫《つらぬ》き、悪《あく》と戦い、多くの青年を育成《いくせい》してこられた。その闘争《とうそう》の軌跡《きせき》は不滅《ふめつ》です。

　南アフリカでは、青年ガンジーが立ち上がったことで、同胞《どうほう》の間《あいだ》に大きな精神的支《せいしんてきし》柱《ちゅう》が生まれたようですね。

ラダクリシュナン　ええ。ガンジーは、たちまちのうちに、インド人社会の老若男女《ろうにゃくなんにょ》に影響《えいきょう》を与《あた》えました。

　彼《かれ》の簡素《かんそ》な生活《せいかつ》、用《もち》いた言葉《ことば》、および生き方が伝《つた》えるメッセージは、無秩序《むちつじょ》だったインド人移民《いみん》や労働者《ろうどうしゃ》、実業家《じつぎょうか》たちの間に、「自信《じしん》」と「勇気《ゆうき》」という新しい波動《はどう》を巻《ま》き起《お》こしたのです。

　当時《とうじ》、ガンジーが取《と》り組《く》まねばならなかった最大《さいだい》の敵《てき》は、民衆《みんしゅう》の非識字《ひしきじ》や無知《むち》でした。そして、人々の心のなかにある「恐怖《きょうふ》」であり、「自信と勇気の欠如《けつじょ》」でした。

　ガンジーは、そのことを訴《うった》え、それらと戦うことで、「民衆のエンパワーメント」――民衆の自立《じりつ》と社会的地位《ちい》の向上《こうじょう》のための諸要素《しょようそ》を導《みちび》き入《い》れたのです。

「民衆のエンパワーメント」は、説教《せっきょう》やパンフレットを通して達成《たっせい》できるものではありません。具体的《ぐたいてき》な諸活動《しょかつどう》が、宗教的《しゅうきょうてき》・哲学的《てつがくてき》・倫理的要素《りんりてきようそ》によって強化《きょうか》され、彼《かれ》が取《と》り組《く》むすべての事業《じぎょう》のなかに、ちょうど〝織物《おりもの》の糸〟のように組《く》み込《こ》まれていかなければならない、とガンジーは考えたのです。

ピンチをチャンスに変《か》えた獄中闘争《ごくちゅうとうそう》

池田　そうです。大事《だいじ》なことは、民衆《みんしゅう》が強くなることです。民衆が賢《かしこ》くなることです。

ではなぜ、多くの人々が、ガンジーとともに勇敢《ゆうかん》に戦《たたか》ったのか。

それはガンジーが、〝口先《くちさき》だけの指導者《しどうしゃ》〟ではなかったからです。自《みず》らが模範《もはん》となって、先頭《せんとう》に立って戦った。さまざまな迫害《はくがい》も、まず自分が矢面《やおもて》に立って受け切ったからです。

だからこそ人々は、ガンジーを尊敬《そんけい》し、心から信頼《しんらい》した。「臆病《おくびょう》の壁《かべ》」を乗《の》り越《こ》え、苦難《くなん》をともにすることができた。私は、そう思っています。

ところで、ガンジーは生涯《しょうがい》のなかで何度も投獄《とうごく》されていますが、初《はじ》めて牢獄《ろうごく》に入ったのも南アフリカでしたね。

ラダクリシュナン　そうです。

南アフリカの獄中でのガンジー
［提供＝PPS通信社 Dinodia Images/Alamy］

ガンジーは、生涯を通《つう》じて、十二年二ヵ月と六日間の投獄を言《い》い渡《わた》されました。

しかし、実際《じっさい》に投獄されたのは六年四ヵ月と二十四日間でした。このうち、七ヵ月と八日間は南アフリカでのことであり、残《のこ》りの五年九ヵ月と十六日間はインドでのことでした。

ガンジーが初めて投獄されたのは、一九〇八年一月のことです。指定《してい》された期限内《きげんない》に植民地《しょくみんち》を去《さ》れとの命令《めいれい》に従《したが》わなかったためでした。そして、禁固《きんこ》二ヵ月の刑《けい》を言い渡されました。

ガンジーの極《きわ》めて興味深《きょうみぶか》い側面《そくめん》として、投獄に対《たい》する彼の態度《たいど》があります。彼は、監獄《かんごく》をマンディール（寺院《じいん》）と表現《ひょうげん》し、検察官《けんさつかん》や看守《かんしゅ》を呪《のろ》うのではなく、彼《かれ》らと友だちになりました。彼は、模範的《もはんてき》な囚人《しゅうじん》だったのです。

池田　偉大《いだい》な人物《じんぶつ》というものは、どんな劣悪《れつあく》な環境《かんきょう》であろうと、前に進《すす》むことを止《や》めない。そして、強靭《きょうじん》な精神《せいしん》の力《ちから》で、「ピンチ」をも「チャンス」へと変《か》えていくものです。

ガンジーの場合《ばあい》も、刑務所《けいむしょ》の環境は劣悪だったようですが、獄中《ごくちゅう》で読書《どくしょ》をしたり、仲間《なかま》に英語《えいご》を教えたり、翻訳《ほんやく》をしたりなどして過《す》ごした。やがて刑務所は、ガンジーとともに戦《たたか》う同志《どうし》たちでいっぱいになったといいます。

「幸福《こうふく》への真《しん》の道は国のため宗教《しゅうきょう》のために刑務所へ行き、苦痛《くつう》と不自由《ふじゆう》を忍《しの》ぶことにある」（『ガンジー』フィッシャー著、古賀勝郎訳、紀伊國屋書店）――このガンジーの言葉《ことば》に、私は深《ふか》い感銘《かんめい》を受けました。

ラダクリシュナン博士も、若《わか》き日から、獄中闘争《とうそう》を耐《た》え抜《ぬ》かれた人道《じんどう》の闘士《とうし》です。

創価学会の初代《しょだい》・牧口会長も、わが師匠《ししょう》・戸田第二代会長も、権力《けんりょく》によって投獄《とうごく》されました。そして、三代の私も、その後に続《つづ》きました。

ガンジーの言葉は、深く、鋭《するど》く、私の胸《むね》に迫《せま》ってきます。

ラダクリシュナン　創価の三代の師弟《してい》に流れる崇高《すうこう》な魂《たましい》の継承《けいしょう》のドラマに、私は敬《けい》服《ふく》しています。

この輝《かがや》かしく豊《ゆた》かな精神の継承は、おそらく栄光《えいこう》に満《み》ちた「師弟の絆《きずな》」を表《あらわ》す、最《もっと》も感動的《かんどうてき》な生きた模範であると言えるでしょう。

後年《こうねん》、ガンジーはアフリカを、「私が神《かみ》を見出《みいだ》した、神に見離《みはな》された大陸《たいりく》」と評《ひょう》しました。

彼の政治活動《せいじかつどう》は、とくに攻撃《こうげき》を受けやすい立場《たちば》に置《お》かれていたインド人社会《しゃかい》に関《かん》するものに限《かぎ》られていましたが、その影響力《えいきょうりょく》は、南アフリカだけではなく、全《ぜん》アフリカ大《たい》陸《りく》、さらにその外へと及《およ》んでいきました。

彼は、当時《とうじ》、アフリカ大陸で育ち始めていたナショナリズム[*28]に生命《せいめい》を吹《ふ》き込《こ》んだのです。

ガンジーは、インド人たちが、アフリカの人々を犠牲《ぎせい》にしてまで、アフリカで繁栄《はんえい》することを決《けっ》して望《のぞ》みませんでした。

そして、そのことは、インド人とアフリカ人の間《あいだ》に友好的《ゆうこうてき》で協調的《きょうちょうてき》な関係《かんけい》を生み出すことに役立《やくだ》ったのです。

池田　よくわかります。ガンジーの戦いは、「自分のため」という利己的《りこてき》なものではなかった。また「インド人のため」という狭《せま》い範囲《はんい》に限《かぎ》られたものでもなかった。いわば、「人間のため」「正義《せいぎ》のため」「真理《しんり》のため」に戦《たたか》った。だからこそ、広範《こうはん》な支持《しじ》を獲得《かくとく》できたのでしょう。

彼《かれ》は人々の心に勇気《ゆうき》を吹《ふ》きこんだ

ラダクリシュナン　南アフリカで人種差別《じんしゅさべつ》に対抗《たいこう》する武器《ぶき》として生まれた非暴力《ひぼうりょく》の抵《てい》抗運動《こううんどう》「サティヤーグラハ」[*10]の哲学《てつがく》は、当時《とうじ》「暗黒大陸《あんこくたいりく》」と呼《よ》ばれたアフリカに、光と生命《せいめい》をもたらしました。

アフリカの人々が受《う》け継《つ》いだ輝《かがや》かしい遺産《いさん》、そして内《うち》に秘《ひ》められた偉大《いだい》な力《ちから》を、彼ら自身《じしん》に気づかせたのです。

ガンジーは、南アフリカを「眠《ねむ》れる巨人《きょじん》」と称《しょう》しました。そして、彼らがひとたび〝くしゃみ〟をしたら、悪事《あくじ》を働《はたら》いている者《もの》どもは吹《ふ》き飛《と》ばされてしまうだろう、と断《だん》言《げん》したのです。

アフリカの指導者《しどうしゃ》たちは、南アフリカの「自由《じゆう》への闘争《とうそう》」と、世界中《せかいじゅう》の抑圧《よくあつ》された人々との団結《だんけつ》をもたらす活動《かつどう》に国際的《こくさいてき》な支持を獲得するうえで、インドが果《は》たした役割《やくわり》を高く評価《ひょうか》しました。

ロシアの大文豪《だいぶんごう》トルストイ*18も、南アフリカにおけるガンジーの活動は、当時の世界において最《もっと》も重要《じゅうよう》な活動であると記述《きじゅつ》しています。

池田　**偉大なる魂《たましい》**は、偉大なる魂と共鳴《きょうめい》し合《あ》うものです。

トルストイは死の直前《ちょくぜん》、一九一〇年の九月に、ガンジーに宛《あ》てて、次《つぎ》のような手紙《てがみ》を書き送っています。

「われわれには世界の涯《はて》のように思われるトランスヴァール*29でのあなたがたの活動が、今日《こんにち》世界でおこなわれているすべての活動のなかで最も不可欠《ふかけつ》、かつ重要なものとなるのです。そして、キリスト教徒《きょうと》の国民《こくみん》ばかりではなく、世界のすべての国民が、いやおうなしに、その活動に参加《さんか》することになるでしょう」（前掲『ガンディーの生涯』）

国境《こっきょう》を越《こ》え、世代《せだい》を超《こ》え、文化《ぶんか》を超え、宗教《しゅうきょう》を超えて、ガンジーの実践《じっせん》は共感《きょうかん》を広げていきました。

ラダクリシュナン　そのとおりです。

ガンジーは、当初《とうしょ》は一年間だけ、南アフリカに滞在《たいざい》するつもりでした。ところが、それが徐々《じょじょ》に長引《ながび》き、最終的《さいしゅうてき》には二十二年にも及《およ》びました。南アフリカの地を簡単《かんたん》に離《はな》れるわけにはいかなくなったのです。

ガンジーのリーダーシップのもと、民衆《みんしゅう》が団結《だんけつ》し、不屈《ふくつ》の闘争《とうそう》を重《かさ》ねて、ついに一九一四年、連邦議会《れんぽうぎかい》で「インド人救済法《きゅうさいほう》*30」が可決《かけつ》しました。二十二年に及《およ》ぶ「サティヤーグラハ」運動《うんどう》は、見事《みごと》な勝利《しょうり》で幕《まく》を閉《と》じたのです。

ガンジーは、インドおよび南アフリカの人々の心のなかに、勇気《ゆうき》を吹《ふ》き込《こ》みました。そして正義《せいぎ》のために立ち上がり、戦《たたか》うように訴《うった》えたのです。

彼《かれ》は、生涯《しょうがい》にわたり、人々の間《あいだ》に調和《ちょうわ》をもたらし、人々を団結させることに優《すぐ》れた人でした。

池田　一つの戦いの勝利は、新《あら》たな戦いへの「幕開《まくあ》け」でもありました。

一九一四年七月十八日、ガンジーは南アフリカを去《さ》ります。その際《さい》、ガンジーは、政府《せいふ》の交渉相手《こうしょうあいて》だったスマッツ将軍《しょうぐん》*31に、獄中《ごくちゅう》で自《みずか》らこしらえたサンダルを贈《おく》りました。

スマッツ将軍は、いわば〝敵側《てきがわ》〟でしたが、じつは、ガンジーに深《ふか》い敬意《けいい》を抱《いだ》いていました。

将軍はのちに、ガンジーの贈り物について、「私はこれほどの偉人《いじん》のはき物をはく資《し》格《かく》はないと感じながらも、それ以来幾夏《いらいいくなつ》もこのサンダルをはいてきている」（前掲『ガンジー』）と記《しる》しています。

ラダクリシュナン　有名《ゆうめい》なエピソードです。

池田　ガンジーは、南アフリカでの苦闘《くとう》を通して、自分を鍛《きた》え、自分をつくりかえ、人間として大きく成長《せいちょう》していきました。

ガンジーはある時、〝どうして自分のような「不完全《ふかんぜん》な人間」が、この戦いに選《えら》ばれたのか〟と自問《じもん》しています。

この疑問《ぎもん》に対《たい》し、彼は次《つぎ》のような答《こた》えを出しました。

――もしも「完全な人」が選ばれていたなら、人々は絶望《ぜつぼう》してしまっただろう。「同《おな》じ欠点《けってん》をもった人間」が、非暴力《ひぼうりょく》の闘争に進《すす》むのを見て、人々は〝自分たちにもできる〟と自信《じしん》をもったのだ、と。（前掲『抵抗するな・屈服するな〈ガンジー語録〉』）

偉大な人間だから偉大な仕事を成《な》し遂《と》げられるのではない。偉大な目的を目指すから、人間は偉大になれる。

南アフリカにおける〝マハトマ（偉大なる魂《たましい》）〟の誕生《たんじょう》は、今もなお世界《せかい》に、そのことを語《かた》りかけています。

2　非暴力《ひぼうりょく》の精神《せいしん》の継承《けいしょう》

民衆《みんしゅう》の光明《こうみょう》――ガンジー

池田　「一書《いっしょ》の人を恐《おそ》れよ」といいます。生涯《しょうがい》を支《ささ》える「一書」に巡《めぐ》りあえた人生《じんせい》は強い。精神《せいしん》の大国《たいこく》インドには、それこそ無数《むすう》の名著《めいちょ》が光っています。

そのなかで、あえて「この一書」という著作《ちょさく》を挙《あ》げるとすれば、何でしょうか。

ラダクリシュナン　やはり、ネルー初代首相《しょだいしゅしょう》*22の書いた『インドの発見《はっけん》』でしょうか。インド文明《ぶんめい》の全体像《ぜんたいぞう》を、明快《めいかい》に伝《つた》えた名著です。

池田　ネルー首相が独立闘争《どくりつとうそう》の最中《さなか》に、獄中《ごくちゅう》で書き上げた千ページにも及《およ》ぶ大作《たいさく》ですね。

インド文明が、歴史《れきし》の淘汰《とうた》を生き抜《ぬ》き、優《すぐ》れた文明として後世《こうせい》に影響《えいきょう》を及ぼし、啓《けい》発《はつ》を与《あた》えてきたのはなぜか。また、その光り輝《かがや》く伝統《でんとう》精神は何かを誇《ほこ》り高く論《ろん》じていますね。

ラダクリシュナン　ええ。この書はまた、釈尊《しゃくそん》やアショカ大王《だいおう》[*32]のような〝人類《じんるい》の教師《きょうし》〟たちが建設《けんせつ》に貢献《こうけん》した、インドの文明や文化《ぶんか》を構成《こうせい》している本質的《ほんしつてき》要素《ようそ》は何かについて、極《きわ》めて重要《じゅうよう》な洞察《どうさつ》を提供《ていきょう》しています。

さらに、ガンジーの指導《しどう》による民族主義《みんぞくしゅぎ》の拡大《かくだい》と、ガンジーがどのようにしてインドの国民《こくみん》に感化《かんか》を与《あた》え、独立を勝《か》ち取《と》っていったかを、ネルーは偏見《へんけん》を交《まじ》えないで論じています。

池田　ガンジーの偉大《いだい》さについても、次《つぎ》のように綴《つづ》っていますね。

「彼《かれ》は暗闇《くらやみ》にさし込《こ》む一条《いちじょう》の光明《こうみょう》に似《に》ており、われわれの目からくもりが消《き》えた。そしてまた旋風《せんぷう》のごとくであり、多くのものをくつがえし、とくに民衆《みんしゅう》の心の持ち方を一変《いっぺん》させた」（『インドの発見〈下〉』辻直四郎・飯塚浩二・蝋山芳郎訳、岩波書店〈現代表記に改めた〉）

苛烈《かれつ》な植民地支配《しょくみんちしはい》に苦《くる》しんでいた民衆にとって、南アフリカから帰国《きこく》した非暴力《ひぼうりょく》の闘士《とうし》・ガンジーの存在《そんざい》は、まさに〝一条の光明〟であったに違《ちが》いありません。

ラダクリシュナン　そのとおりです。ガンジーの哲学《てつがく》は、多くの人々の心を惹《ひ》きつけました。熱烈《ねつれつ》で忠実《ちゅうじつ》な弟子《でし》となるために、自《みずか》らのライフスタイルさえ変《か》える人も多くいました。ゆえにガンジーは、大きな魅力《みりょく》をもつ〝磁石《じしゃく》〟に譬《たと》えられるのです。

社会変革《へんかく》に戦《たたか》う女性《じょせい》たちを賞讃《しょうさん》

池田　ガンジーは「民衆《みんしゅう》の心の持ち方を一変《いっぺん》」させていった。そして、いかなる権力《けんりょく》の横暴《おうぼう》にも決《けっ》して恐《おそ》れない「勇気《ゆうき》」の炎《ほのお》を、人々の胸中《きょうちゅう》に灯《とも》していった。

その思想《しそう》への共鳴《きょうめい》は、国を超《こ》え、民族《みんぞく》を超えました。ガンジーの弟子となった人々のなかには、外国《がいこく》からの青年《せいねん》も数多くいました。

前にも話題《わだい》となったマドレーヌ・スレイドという女性も、その一人《ひとり》ですね。

ラダクリシュナン　彼女《かのじょ》は、イギリス海軍《かいぐん》の総督《そうとく》の娘《むすめ》で、裕福《ゆうふく》な家庭環境《かていかんきょう》に育《そだ》ちました。ところが、インドでのガンジーの活動《かつどう》を耳にして、深《ふか》い感銘《かんめい》を受《う》けると、両親《りょうしん》の反対《はんたい》を振《ふ》り切《き》ってインドに渡《わた》り、ガンジーのアーシュラム（道場《どうじょう》）に加《くわ》わったのです。

彼女にミラ・ベーンというインド名をつけたのは、ガンジーでした。

池田　フランスの文豪《ぶんごう》ロマン・ロラン[*33]が、彼女をガンジーに紹介《しょうかい》したことは有名《ゆうめい》ですね。

ロンドンでの会議の帰路、ロマン・ロランを訪ねてスイスに滞在するガンジーとミラ・ベーン（1931年12月）　［提供＝PPS通信社］

のちに彼女は、ロランに、こう礼状《れいじょう》を書き送《おく》っています。

「バプー[*34]〈ガンジー〉の指導《しどう》のもとに生きる浄《きよ》らかなよろこびが大きければ大きいほど（そのよろこびは増大《ぞうだい》するばかりですが）、その道を私に見いださせてくださったお方《かた》〈ロラン〉に対《たい》する感謝《かんしゃ》の念《ねん》は、ますます深まりかつ忘《わす》れがたいものになるのです」（『ロマン・ロラン全集42』蛯原徳夫訳、みすず書房）

ラダクリシュナン　彼女の人生《じんせい》は、後世《こうせい》に残《のこ》る極《きわ》めて感銘深い「変身《へんしん》」と「献身《けんしん》」の例《れい》です。彼女は、高価《こうか》な衣装《いしょう》を脱《ぬ》ぎ捨《す》て、頭髪《とうはつ》を剃《そ》り、貧《まず》しい人々と暮《く》らす生活《せいかつ》に没《ぼっ》頭《とう》していきました。

そして、次第《しだい》にガンジーに深《ふか》く信頼《しんらい》されるようになりました。ガンジーが暗殺《あんさつ》されるまでの約《やく》二十三年間、彼女《かのじょ》はガンジーの一番弟子《いちばんでし》として忠実《ちゅうじつ》に仕《つか》え、また最《もっと》も頼《たよ》れる補佐役《ほさやく》として活躍《かつやく》したのです。

池田　「一番弟子」とは、誠《まこと》に重要《じゅうよう》な評価《ひょうか》です。ミラ・ベーンは、ガンジーの身《み》の回《まわ》りの世話役《せわやく》のみならず、有能《ゆうのう》な秘書兼通訳《ひしょけんつうやく》として、さらには各国《かっこく》の指導者《しどうしゃ》と渡《わた》り合《あ》うガンジーの代理《だいり》として、師匠《ししょう》に仕え抜《ぬ》いています。

投獄《とうごく》されても、恐《おそ》れるどころか、むしろ試練《しれん》を誇《ほこ》りとして戦《たたか》い続《つづ》けた。

彼女は、書いています。

「私にもとうとう名誉《めいよ》が与《あた》えられることになりました。通知《つうち》が送《おく》られてきて、明朝《みょうちょう》の逮捕《たいほ》を待つ身《み》となりました」

「心から愛《あい》する国は恐《おそ》ろしい抑圧《よくあつ》の締《し》めつけの下《もと》で闘《たたか》っています。しかし決意《けつい》の精神《せいしん》は強くかつ深いのです」（同前）

ガンジーの独立闘争《どくりつとうそう》には、こうした、勇気《ゆうき》ある女性《じょせい》たちの姿《すがた》が躍動《やくどう》していました。

ラダクリシュナン　ガンジーは、女性に対《たい》して限《かぎ》りない敬意《けいい》を払《はら》いました。非暴力《ひぼうりょく》闘争を行《おこな》ううえで、女性たちが優《すぐ》れた能力《のうりょく》をもっていると考えたからです。

実際《じっさい》、南アフリカやインドで行った覚醒運動《かくせいうんどう》や、差別《さべつ》に反対《はんたい》する政治《せいじ》闘争において、女性たちが目覚《めざ》ましい活躍をしたのです。

ガンジーは、女性を尊敬《そんけい》し、社会変革《しゃかいへんかく》のための活動《かつどう》の表舞台《おもてぶたい》に、女性が出るべきであると考えていました。

私は、女性を尊敬し、女性を時代《じだい》の表舞台に押《お》し出《だ》そうとされる池田会長にも、ガンジーと同じ姿を見いだすのです。私は今まで、会長が進《すす》めてこられた世界平和《せかいへいわ》の運動に大いなる関心《かんしん》を示《しめ》す女性たちの姿を見てきました。

女性の教育、女性のエンパワーメントを強調《きょうちょう》される会長の姿勢《しせい》は、ガンジーに極《きわ》めてよく似《に》ています。ガンジーは、女性を取《と》り巻《ま》く環境《かんきょう》の向上《こうじょう》こそ、私たちのすべての活動のなかで最《もっと》も優先《ゆうせん》すべき努力目標《どりょくもくひょう》であると考えていました。

ラマチャンドラン青年《せいねん》の信念《しんねん》の行動《こうどう》

池田　女性が幸福《こうふく》で生き生きと活躍できる社会には、無限《むげん》の可能性《かのうせい》がある――。私も、そう確信《かくしん》しています。

さらにまた、ガンジーのもとに集《つど》った青年のなかに、忘《わす》れてはならない人物《じんぶつ》がいます。

のちにガンジーの高弟《こうてい》の一人《ひとり》となった、若《わか》き日のラマチャンドラン博士です。[*7]

一九八八年一月、私は光栄《こうえい》にも、インドの「開発《かいはつ》教育ナショナルセンター」より、博士の名前《なまえ》を冠《かん》した「G・ラマチャンドラン賞《しょう》」を賜《たまわ》りました。その時は、どうしても都合《つごう》がつかず、長男《ちょうなん》が代理《だいり》で拝受《はいじゅ》させていただきました。

式典《しきてん》に、ラマチャンドラン博士がわざわざ駆《か》けつけてくださり、祝辞《しゅくじ》を賜ったことは、私の大いなる誉《ほま》れです。

この偉大《いだい》なる博士こそ、ラダクリシュナン博士の師匠《ししょう》であられます。マハトマ・ガンジーから、ラマチャンドラン博士へ、そしてラダクリシュナン博士へ——この師弟《してい》の絆《きずな》のなかに、ガンジーの精神《せいしん》が脈々《みゃくみゃく》と受《う》け継《つ》がれています。師弟とは、まさしく不《ふ》二《に》の精神闘争《とうそう》です。

ラダクリシュナン　ガンジーの精神を体現《たいげん》しているという点では、池田会長もまったく同《おな》じです。

九年前、わが国《くに》において、ラマチャンドラン博士と池田会長、二人《ふたり》の名を冠した「ラマチャンドラン・イケダ賞」が創設《そうせつ》されたのも、二人の偉大な平和《へいわ》指導者《しどうしゃ》の魂《たましい》を継《けい》承《しょう》する青年《せいねん》の育成《いくせい》を目的《もくてき》としたものです。

ラマチャンドラン博士（池田SGI会長へのG・ラマチャンドラン賞授賞式にて、1988年1月7日、インド、ガンジーグラム・ルーラル大学）　©Seikyo Shimbun

池田　身《み》に余《あま》る光栄《こうえい》です。同賞《どうしょう》の制定《せいてい》に尽力《じんりょく》いただいた博士のご厚情《こうじょう》に、あらためて感謝《かんしゃ》いたします。

ここで、私たちが心から尊敬《そんけい》するラマチャンドラン博士について、日本の読者《どくしゃ》の方々《かたがた》のために、少々、ご紹介《しょうかい》いただけますでしょうか。

ラダクリシュナン　ええ、喜《よろこ》んで！

ラマチャンドラン青年が、社会正義《しゃかいせいぎ》を求《もと》めるマハトマ・ガンジーの運動《うんどう》に触発《しょくはつ》されたのは、まだ十四、五歳《さい》のころでした。

彼《かれ》は、故郷《こきょう》の南インドを離《はな》れ、インド東部《とうぶ》のベンガル地域《ちいき》で行《おこな》われていた自由《じゆう》主義的《しゅぎてき》な教育実験《じっけん》に加《くわ》わったのです。それは、詩人《しじん》タゴール*6が、「シャンティニケタン」で始《はじ》めた〝平和《へいわ》の学園《がくえん》〟でした。

ラマチャンドラン青年《せいねん》のとった行動《こうどう》は、当時《とうじ》では思いもよらない、極《きわ》めて革命的《かくめいてき》な一歩《いっぽ》でした。その勇気《ゆうき》と自主《じしゅ》の思想《しそう》を、タゴールは高く評価《ひょうか》しました。


池田　「シャンティニケタン」の学園は、のちに幾多《いくた》の逸材《いつざい》を輩出《はいしゅつ》した「タゴール国際《こくさい》大学《だいがく》」（ヴィシュヴァ・バーラティ大学）の源流《げんりゅう》となったことで有名《ゆうめい》です。

ラマチャンドラン博士は、詩聖《しせい》タゴールに師事《しじ》し、そしてガンジーにも薫陶《くんとう》を受《う》けました。まさに、インドの崇高《すうこう》な精神《せいしん》と英知《えいち》を受け継がれた、偉大《いだい》な方《かた》でした。

ガンジーとタゴールといえば、互《たが》いの立場《たちば》を超《こ》えて、深《ふか》く共感《きょうかん》し、尊敬《そんけい》し合《あ》っていたことでも有名です。「マハトマ（偉大なる魂《たましい》）」というガンジーの尊称《そんしょう》は、タゴールが名づけたものでした。

一方、ガンジーはタゴールを「グルデブ（神聖《しんせい》な師匠《ししょう》）」と呼《よ》び、敬意《けいい》を表《あらわ》した。人類史《じんるいし》に傑出《けっしゅつ》する二人《ふたり》が、互いに深《ふか》い敬愛《けいあい》の念《ねん》を寄《よ》せていたことは、特筆《とくひつ》すべきことですね。

ラダクリシュナン　ええ。二人は「平和《へいわ》」と「非暴力《ひぼうりょく》」の盟友《めいゆう》でした。生涯《しょうがい》にわたり、お互いを讃《たた》え、友情《ゆうじょう》を結《むす》んだ同志《どうし》でした。

ただし、ラマチャンドラン青年がこの学園で学《まな》んでいた当時《とうじ》、ガンジーは外国製品《がいこくせいひん》をボイコットするという「非協力運動《ひきょうりょくうんどう》」を展開《てんかい》し、タゴールはこの点については賛同《さんどう》していませんでした。学園でもタゴールの見解《けんかい》をめぐり、議論《ぎろん》が紛糾《ふんきゅう》していたようです。

当時、ラマチャンドラン青年自身《じしん》も、高名《こうめい》な詩人《しじん》とは異《こと》なる意見《いけん》をもっていて、勇気を出して自身《じしん》の信念《しんねん》を述《の》べました。するとタゴールは、彼《かれ》を叱責《しっせき》するのではなく、正しく評価したのです。そして、ラマチャンドラン青年が同学園で文学修士号《しゅうしごう》を取得《しゅとく》した後《のち》、ガンジーの運動に加《くわ》わることを勧《すす》めました。

師弟《してい》の出会《であ》いと厳《きび》しき薫陶

池田　タゴールの人格《じんかく》の大きさをうかがわせる逸話《いつわ》です。そこから、ガンジーとラマチャンドラン博士との出会いが生まれたわけですね。

一九二四年十月、師《し》・ガンジーが五十五歳《さい》、若き弟子《でし》・ラマチャンドラン博士が二十《はた》歳《ち》になったばかりのことでした。

ガンジーに初《はじ》めて会った時、博士は、次《つぎ》のような質問《しつもん》をされたそうですね。

「芸術《げいじゅつ》における真《しん》と美《び》」「機械《きかい》に対《たい》する反対《はんたい》について」「手紡《てつむ》ぎについて」「結婚《けっこん》の制度《せいど》

について」――。

ラダクリシュナン　わが師《し》とガンジーとの出会《であ》いについて、よくご存《ぞん》じで驚《おどろ》きました。質問《しつもん》は五つか六つあったと聞いています。

池田会長も恩師《おんし》・戸田第二代会長と出会われた時、同《おな》じように質問されていますね。

池田　ええ。私が十九歳《さい》、戸田会長が四十七歳の時でした。私は、それまで心に抱《いだ》き続《つづ》けていたことを率直《そっちょく》にうかがいました。

「正しい人生《じんせい》とは」「真《しん》の愛国者《あいこくしゃ》とは」「天皇制《てんのうせい》について」の三点でした。

当時《とうじ》は、敗戦《はいせん》で社会《しゃかい》の価値観《かちかん》が一変《いっぺん》し、精神《せいしん》の混乱《こんらん》と荒廃《こうはい》に、人々は苦《くる》しんでいました。私自身も、将来《しょうらい》を思案《しあん》し、思《おも》い悩《なや》んでいました。その私の疑問《ぎもん》に対《たい》して、戸田会長は確信《かくしん》に満《み》ちた言葉《ことば》で明快《めいかい》に答えてくださった。その感動《かんどう》は、今でも忘《わす》れられません。

何よりも、信念《しんねん》を曲《ま》げず戦時中《せんじちゅう》に獄中闘争《ごくちゅうとうそう》を貫《つらぬ》いた重《おも》みがありました。〝この人の言うことなら信《しん》じられる〟と、直感《ちょっかん》しました。

以来《いらい》、私は戸田会長を人生の師と仰《あお》ぎ、薫陶《くんとう》を受けることになったのです。

ラダクリシュナン　池田会長が、戸田会長の正義《せいぎ》と真実《しんじつ》を宣揚《せんよう》する一心《いっしん》で戦《たたか》ってこられたことは、よく存じ上げております。

池田　ガンジーとラマチャンドラン博士が出会われた時も、ガンジーは、若《わか》き博士の質問に対《たい》して、見下《みくだ》すような態度《たいど》は微塵《みじん》もなかった。むしろ、博士が心から納得《なっとく》がいくように、語《かた》り聞《き》かせたと言われていますね。

ラダクリシュナン　そのとおりです。その偉大《いだい》な師弟《してい》の絆《きずな》は、ガンジーが亡《な》くなる一九四八年まで続《つづ》きました。

博士はガンジーから厳《きび》しく訓練《くんれん》されました。例《たと》えば、「不可触民《ふかしょくみん》」*8が存在《そんざい》しない社会を打《う》ち立《た》てる運動《うんどう》の推進《すいしん》のために、自分の故郷《こきょう》に、ガンジーの代理《だいり》として派遣《はけん》されました。

ガンジーは、ラマチャンドラン博士を、教育を通して村落《そんらく》を復興《ふっこう》する専門家《せんもんか》にしたいと願《ねが》っていました。

池田　のちにラマチャンドラン博士が創立《そうりつ》された「ガンジーグラム・ルーラル大学」は、そうした教育運動が結実《けつじつ》したものですね。師の構想《こうそう》を、後継《こうけい》の弟子《でし》が見事《みごと》に実現《じつげん》した偉《い》業《ぎょう》です。

ラマチャンドラン博士が設立《せつりつ》されたこの大学で、ラダクリシュナン博士も二十年余《よ》にわたり活躍《かつやく》されました。

学部長《がくぶちょう》、試験監査官《しけんかんさかん》、教授《きょうじゅ》、ガンジー平和研究《へいわけんきゅう》センター所長《しょちょう》、臨時代理副総長《りんじだいりふくそうちょう》等々《とうとう》、多くの要職《ようしょく》を務《つと》められたとうかがっています。

ラダクリシュナン　ええ。ラマチャンドラン博士は、真《しん》の師匠《ししょう》として、大学経営《けいえい》、地方の開発《かいはつ》、若者《わかもの》たちの非暴力《ひぼうりょく》の訓練《くんれん》、渉外活動《しょうがいかつどう》、ガンジー思想《しそう》に関《かん》するすべての事柄《ことがら》について、私を訓練してくださいました。

　ガンジーグラム・ルーラル大学は、現在《げんざい》、インドにおける最《もっと》も大きなガンジー関連《かんれん》の複合《ふくごう》教育施設《しせつ》の一つとなっています。

池田　ラダクリシュナン博士は、この偉大《いだい》なラマチャンドラン博士から、どのような訓練を受《う》けましたか。

ラダクリシュナン　師《し》は大変《たいへん》に厳《きび》しい人でした。約束《やくそく》の時間に一分でも遅《おく》れたりすると、厳しく叱《しか》られました。

池田　私の師も、それはそれは厳しかった。ほめられた経験《けいけん》など、ほとんどありません。「青年《せいねん》は約束を守《まも》れ！」など、人間の基本《きほん》については、徹《てっ》して薫陶《くんとう》されました。

ラダクリシュナン　あれは、一九七一年ころのことでした。ガンジーグラム・ルーラル大学を、インディラ・ガンジー首相《しゅしょう》*35が訪問《ほうもん》されることになり、私が準備《じゅんび》にあたっていました。

その時、ラマチャンドラン博士は、私と壇上《だんじょう》などをいっしょに見て回り、一ヵ所、汚《よご》れているのを見つけました。すると「大切《たいせつ》な方《かた》を迎《むか》えるのです。少しでも不備《ふび》があったら、それはすべて、あなたの責任《せきにん》になってしまうのです」と、厳しく叱責《しっせき》されました。

師は完全主義者《かんぜんしゅぎしゃ》でしたから、どんな小さな事柄にも鋭《するど》い関心《かんしん》を払《はら》ったのです。偉大な師匠のもとで訓練を受けた、じつに啓発的《けいはつてき》な経験でした。

生涯《しょうがい》、師の教えを叫《さけ》び続《つづ》ける

池田　ラマチャンドラン博士は、「小事《しょうじ》が大事《だいじ》である」ことを、身《み》をもって教えられたのですね。博士が、どれほど偉大な師であり、どれほど卓越《たくえつ》した教育者であられたか、よくわかります。

また、その師の指導《しどう》を深《ふか》く受け止め、最大《さいだい》に感謝《かんしゃ》しゆくラダクリシュナン博士の心に、弟子《でし》のあるべき姿《すがた》を見ます。

戸田会長も、それはそれは細事《さいじ》にいたるまで、厳格《げんかく》でした。その厳しい薫陶を受け切ったことを、私は人生《じんせい》の最大の宝《たから》と思っています。

ところで、私もお会《あ》いしたガンジーの高弟《こうてい》・パンディ博士も、タゴールとガンジーの二人《ふたり》の偉大《いだい》な人物《じんぶつ》から学《まな》んだことを誇《ほこ》りとしておられました。

ラダクリシュナン　パンディ博士は、独立運動《どくりつうんどう》のため絞首刑《こうしゅけい》に処《しょ》せられた革命家《かくめいか》の孫《まご》でした。シャンティニケタンのタゴールの学園《がくえん》で学んだ後《のち》、セバグラムにあったガンジーのアーシュラムに加《くわ》わり、共同体《きょうどうたい》での奉仕《ほうし》、政治活動《せいじかつどう》、家庭《かてい》の福祉《ふくし》について訓練《くんれん》を受けました。

私は光栄《こうえい》にも、パンディ博士と親《した》しく交流《こうりゅう》を結《むす》ばせていただき、デリーのガンジー記念館《きねんかん》（ビルラ邸《てい》）では、いっしょに仕事をしたこともあります。

私には、パンディ博士の人柄《ひとがら》と、博士がガンジーの指揮《しき》のもと戦《たたか》われた姿《すがた》、また独立後には国会議員《こっかいぎいん》として、自由《じゆう》のための闘争《とうそう》に果《は》たされた偉大な貢献《こうけん》の記憶《きおく》が、なつかしく、また鮮明《せいめい》に思い起こされます。

パンディ博士は、ネルー初代首相《しょだいしゅしょう》の親しい友人《ゆうじん》であり、のちにはインディラ・ガンジー首相とも親交《しんこう》をもたれました。ラジブ・ガンジー首相[*4]も博士を尊敬《そんけい》し、助言《じょげん》を求《もと》めました。

タゴールが創設《そうせつ》したシャンティニケタンの学園で学ばれた博士は、自己犠牲《じこぎせい》、献身《けんしん》、

ガンジー記念館のパンディ副議長と会見（1992年２月13日、インド・ニューデリー）

学識《がくしき》、無私《むし》の奉仕《ほうし》という偉大《いだい》な伝統《でんとう》の体現者《たいげんしゃ》です。この偉大な人物《じんぶつ》を知り、ともに仕事をする光栄《こうえい》に恵《めぐ》まれたことは、私の人生《じんせい》のなかでも最大《さいだい》に幸運《こううん》なことであったと胸《むね》を張《は》って言うことができます。

池田　パンディ博士とは、一九九二年に二度、貴国《きこく》のガンジー記念館《きねんかん》(二月)と、東京(五月)で、語《かた》り合《あ》いました。また、一九九七年十月、私がインドのラジブ・ガンジー現代問題研究所《げんだいもんだいけんきゅうじょ》で講演《こうえん》した時にも駆《か》けつけてくださいました。

博士は、まさしくガンジーの〝直系《ちょっけい》の弟子《でし》〟であり、〝歴史《れきし》の証人《しょうにん》〟であられました。

博士は、「あと二十歳《さい》、私が若《わか》ければ、池田会長の世界不戦《せかいふせん》への戦《たたか》いを、もっとお手伝《てつだ》いできるのですが」とも語ってくださいました。闘争《とうそう》の魂《たましい》を赤々《あかあか》と燃《も》え上《あ》がらせながら、師《し》の理想《りそう》に挑戦《ちょうせん》しゆく高潔《こうけつ》で誠実《せいじつ》な人柄《ひとがら》に、深《ふか》く胸《むね》打《う》たれました。

ラダクリシュナン　深い含蓄《がんちく》のある言葉《ことば》です。まさに二人《ふたり》の〝偉人《いじん》の魂《たましい》〟が共鳴《きょうめい》した瞬間《しゅんかん》ですね。

パンディ博士は、ガンジーの価値観《かちかん》を宣揚《せんよう》することで、インドの政治《せいじ》の発展《はってん》に重要《じゅうよう》な役割《やくわり》を果《は》たしました。

かつて博士が、書き上げたばかりの自著《じちょ》を話題《わだい》にしながら、こう私に尋《たず》ねたことがあります。

「君《きみ》は、私がこの本を、誰《だれ》に捧《ささ》げたいと思っているか、わかりますか」

私は躊躇《ちゅうちょ》なく「マハトマ・ガンジーですね」と答えました。

すると博士は言いました。

「まったくの外《はず》れではありませんが、違《ちが》います。私はこの本を、私たちの共通《きょうつう》の友人《ゆうじん》である池田大作博士に捧げたいと思っています。池田博士は、ガンジーのメッセージを宣揚するとともに、釈尊《しゃくそん》が思《おも》い描《えが》いたような、すばらしい人生の生き方を広める、極《きわ》めて重要な活動《かつどう》を展開《てんかい》されているからです！」と。

池田　身《み》に余《あま》るお言葉です。

パンディ博士は私との語らいのなかで、「私の〝両目《りょうめ》が閉《と》じられる〟その最後《さいご》の日まで、師の教えを叫《さけ》び続《つづ》けます」と語られました。そして、その言葉どおりに、非暴力《ひぼうりょく》に生《い》き抜《ぬ》く尊《とうと》き精神《せいしん》闘争を貫《つらぬ》き、弟子としての崇高《すうこう》な姿《すがた》を、後世《こうせい》に示《しめ》してくださった。

私も、まったく同《おな》じ思いで、常《つね》にわが師・戸田会長の姿を胸《むね》に描《えが》きながら、世界の平《へい》和《わ》と民衆《みんしゅう》の幸福《こうふく》のために、全力《ぜんりょく》で走《はし》り続《つづ》けております。

ラダクリシュナン　ガンジーのもとには、ミラ・ベーン、ラマチャンドラン、パンディをはじめとする、数多くの弟子《でし》が集《つど》いました。

そして今、池田会長のリーダーシップのもと、全世界《ぜんせかい》に幾《いく》百万の戦《たたか》う青年《せいねん》の連帯《れんたい》が築《きず》かれています。皆《みな》、偉大《いだい》なる非暴力《ひぼうりょく》の闘士《とうし》です。

ゆえに私は、今後《こんご》の世界の動向《どうこう》は、ひとえに、これらの目覚《めざ》めた献身的《けんしんてき》なＳＧＩの青年の躍進《やくしん》にかかっていると確信《かくしん》してやみません。

３　非暴力《ひぼうりょく》は「勇気《ゆうき》」から生まれる

ガンジーの人格的魅力《じんかくてきみりょく》

池田　いかなる改革《かいかく》や運動《うんどう》であれ、その成否《せいひ》を決《けっ》する重要《じゅうよう》なカギは、それを担《にな》う人々の人間性《にんげんせい》にあると、私は思っております。

人は、楽《たの》しいところ、朗《ほが》らかなところに、自然《しぜん》と集《あつ》まってくるものです。崇高《すうこう》な思想《しそう》や理念《りねん》を、いくら掲《かか》げても、指導者《しどうしゃ》や運動自体《じたい》に魅力がなければ、成功《せいこう》は難《むずか》しい。

その点、ガンジーは、「よく笑《わら》う人」だったといいますね。

ラダクリシュナン　ええ。ガンジーの笑顔《えがお》には、人々を惹《ひ》きつけてやまない、不思議《ふしぎ》な魅力がありました。今日《こんにち》でも、私たちは、ガンジーが、じつに愉快《ゆかい》そうに笑っている多くの写真《しゃしん》を目にします。

彼《かれ》は、あの独特《どくとく》の微笑《ほほえ》みで、多くの子どもたちから慕《した》われました。

池田　ネルー初代首相《しょだいしゅしょう》[*22]は、そうしたガンジーの姿《すがた》を、次《つぎ》のように綴《つづ》っていますね。
「彼《かれ》の微笑《びしょう》は人の心を楽《たの》しくし、彼の笑《わら》いは人をつり込《こ》ませる。そして彼の身辺《しんぺん》には、快活《かいかつ》さがまき散《ち》らされている。彼には幼子《おさなご》に似《に》たものがあって、魅力《みりょく》に満《み》ちている。彼が部屋《へや》に入ってくると、彼といっしょにすがすがしい風のそよぎが起《お》こって、雰囲気《ふんいき》が軽《かろ》やかになるのである」（『ネルー自叙伝』蝋山芳郎訳、『世界の名著63』所収、中央公論社）
ガンジーには偉《えら》ぶったり、もったいぶったり、自分を飾《かざ》ったりするようなところは、まったくなかった。ユーモアに溢《あふ》れ、歯《は》の欠《か》けた口で笑い、人々をほっとさせる温《あたた》かな人であった。

ラダクリシュナン　ええ。ガンジーは、磁石《じしゃく》のように人々を惹《ひ》きつけ、人々を啓発《けいはつ》していきました。インド人だけでなく、イギリス人をはじめ欧米人《おうべいじん》にも、ガンジーの人柄《ひとがら》に魅《み》せられた人が多くいました。

私は、現代《げんだい》の世界《せかい》においては、池田会長こそガンジーのような人格的《じんかくてき》魅力に溢れた人物《じんぶつ》だと思います。

会長の優《やさ》しい動作《どうさ》や顔《かお》の表情《ひょうじょう》が、何とも言えない特別《とくべつ》な温かさを放《はな》っているのを、私は何度《なんど》か目にしました。

池田SGI会長の平和提言に関するラダクリシュナン博士の特別講演会（2005年9月23日、東京）　©Seikyo Shimbun

会長は、まるで発電所《はつでんしょ》のようにエネルギーを発《はっ》しておられます。人間の力《ちから》に溢れている。会長と対話《たいわ》するたびに、私は元気《げんき》になるのです！　エネルギーを注入《ちゅうにゅう》してもらって！

会長が理想《りそう》に向《む》かって献身《けんしん》されている姿を見ると、私自身《じしん》も大いに元気を得《え》て、生き生きとした心地《ここち》になります。

一九八四年、初《はじ》めて池田会長にお会《あ》いした時、私は思いました。

「ガンジーが立っている！　着《き》ている服《ふく》は違《ちが》う。だが、ガンジーと同《おな》じ非暴力《ひぼうりょく》の精《せい》神《しん》の人だ」と。

もしも、ガンジーが現代に生きていれば、会長と同じことをしたに違いありません。

人類《じんるい》の平和《へいわ》の道を開《ひら》く――それが会長の運命《うんめい》であり、使命《しめい》であられるのでしょう。
私にとって、池田会長は「生きたガンジー」です。すなわち、魂《たましい》の力《ちから》の源泉《げんせん》です。

池田　あまりに過分《かぶん》な評価《ひょうか》で恐縮《きょうしゅく》です。

私は青年時代《せいねんじだい》から、戸田第二代会長の弟子《でし》として、ただひたすら弟子の道を生《い》き抜《ぬ》いてきただけです。

師《し》の戸田会長は、本当に偉大《いだい》な指導者《しどうしゃ》でした。偉大な使命、偉大な誓《ちか》いをもっていた先生でした。「地球上《ちきゅうじょう》から、悲惨《ひさん》の二字をなくしたい」――これが、師の誓願《せいがん》でした。

弟子の私は、師との誓いを実現《じつげん》するために、全生命《ぜんせいめい》を捧《ささ》げて走《はし》り抜《ぬ》いてきました。

私の魂の力の源泉は、師との誓いです。師との誓いに生《い》き抜《ぬ》くかぎり、計《はか》り知《し》れない力を発揮《はっき》できる。そう私は実感《じっかん》しています。


ラダクリシュナン　戸田会長の願《ねが》いは、ガンジーの悲願《ひがん》にも通《つう》じますね。

「世界中《せかいじゅう》のすべての瞳《ひとみ》から、すべての涙《なみだ》をぬぐい去《さ》りたい」――ガンジーは、こう言っていました。

池田会長の姿《すがた》を見れば、牧口初代《しょだい》会長、戸田第二代会長の偉大さ、身命《しんみょう》を賭《と》した献《けん》身的《しんてき》な人生《じんせい》がわかります。

池田　今のお言葉《ことば》は、弟子として、最高《さいこう》の誉《ほま》れの言葉です。私は、自分がどう評価されようとかまいません。信念《しんねん》に生き抜けば、必《かなら》ず悪口罵詈《あっくめり》されることは、わかりきったことです。

師の偉大さを、なんとしても全世界に証明《しょうめい》したい。弟子として、私の心にあるのは、ただその一点《いってん》です。

「心」の変革《へんかく》を目指《めざ》したガンジー

ラダクリシュナン　私は思うのです。世間《せけん》には嫉妬《しっと》と策略《さくりゃく》が渦巻《うずま》いている。あまりにも低次元《ていじげん》の争《あらそ》いに巻《ま》き込《こ》もうとしている。とんでもないことです。

池田会長に向《む》けられている迫害《はくがい》は、三つのカテゴリーからなる勢力《せいりょく》による圧力《あつりょく》の帰結《きけつ》です。

それは、「金《かね》の力」「政治《せいじ》の力」、さらに「既得権者《きとくけんしゃ》の力」です。「既得権者」とは、僧侶階級《りょかいきゅう》のことです。

彼《かれ》らは、会長のリーダーシップによって民衆《みんしゅう》勢力が台頭《たいとう》し、その運動《うんどう》が世界中から賛同《さんどう》されていることを快《こころよ》く思わず、さらに自分たちへの脅威《きょうい》と感《かん》じているのです。

ガンジーも同《おな》じく、僧侶階級《そうりょかいきゅう》から迫害《はくがい》を受《う》ける運命《うんめい》に遭遇《そうぐう》しました。彼《かれ》らは、正統《せいとう》派《は》を名乗《なの》り、自《みずか》らは安全《あんぜん》な場所《ばしょ》に身《み》を置《お》く人間たちです。

池田　正義《せいぎ》の民衆運動《みんしゅううんどう》は、必《かなら》ず迫害を受けます。ガンジーの非暴力《ひぼうりょく》運動も、同じでした。迫害は、むしろ誉《ほま》れです。

ガンジーの目指《めざ》したものは、大英帝国《だいえいていこく》からインドを独立《どくりつ》させるという、単《たん》に政治的《せいじてき》な目的《もくてき》だけではありませんでした。

それは、権威《けんい》や権力《けんりょく》に服従《ふくじゅう》していた民衆の心から「恐怖《きょうふ》」を吹《ふ》き払《はら》い、「勇気《ゆうき》」を吹《ふ》き込《こ》み、自らの足で立ち上がらせるという精神《せいしん》の戦《たたか》いでした。

「暴力」によってイギリスをインドから追《お》い払《はら》うのではなく、インドの民衆の心を変革《へんかく》することによって、「独立」を勝《か》ち取《と》ることでした。

ある意味《いみ》で、「人間の独立」こそが主眼《しゅがん》であり、「国家《こっか》の独立」は副次的《ふくじてき》な要素《ようそ》だったとすら言えるでしょう。

ネルーは「ガンジーはわれわれの姿勢《しせい》を正《ただ》し、背骨《せぼね》に筋金《すじがね》を入れた」（前掲『ガンジー』）と言いましたが、自立《じりつ》した民衆の連帯《れんたい》には、いかなる権力もかないません。

ラダクリシュナン　そのとおりです。ガンジーの運動は、政治運動として見られがちですが、その真髄《しんずい》は人間自身《じしん》の内面《ないめん》からの変革を目指した「人間革命《かくめい》」にありました。ガンジーの運動の成功《せいこう》の要因《よういん》は、第一に「誰《だれ》にでも実践《じっせん》できる哲学《てつがく》」を説《と》き、第二に「まず自らがその哲学を実践し、それを人々に勧《すす》めた」という点にあります。現代《げんだい》において、この二つの要素《ようそ》を基盤《きばん》に、世界的な非暴力の民衆運動を繰《く》り広《ひろ》げているのが、池田会長を中心《ちゅうしん》とするSGI運動だと思います。会長の提唱《ていしょう》した「人間革命」の運動は、非暴力運動の新しい潮流《ちょうりゅう》であり、焦点《しょうてん》です。

暴力の脅威《きょうい》が蔓延《まんえん》する世界《せかい》のなかで、非暴力の世紀《せいき》を照《て》らす光明《こうみょう》として輝《かがや》くSGIの姿《すがた》は、二十一世紀の大いなる希望《きぼう》です。会長の指導《しどう》されている「人間革命」の運動は、極《きわ》めて健全《けんぜん》な倫理的《りんりてき》・精神的・道徳的《どうとくてき》次元《じげん》の運動です。

池田　深《ふか》い、深いご理解《りかい》に感謝《かんしゃ》します。

ガンジーが目指したのは、「内側《うちがわ》からインドと世界を変革する」ことでした。つまり、人間の「心」の変革です。民衆の側《がわ》からの変革です。

暴力によって、社会《しゃかい》を本当《ほんとう》の意味《いみ》で変革することは可能《かのう》でしょうか。

答《こた》えは「ノー」です。

暴力《ぼうりょく》による変革《へんかく》は、憎悪《ぞうお》を生み、新《あら》たな暴力を生み出してしまう。流血《りゅうけつ》の革命《かくめい》は、さらなる流血の導火線《どうかせん》となる。報復《ほうふく》は、さらなる報復をもたらす。人類《じんるい》の歴史《れきし》は、そうしたあまりにも多くの例《れい》に満《み》ちています。

ゆえにガンジーは、あくまで「非暴力」によって、インドを変《か》えようとしたのです。

ガンジーは語《かた》っています。

「スワラージ〈自治《じち》〉は少数者《しょうすうしゃ》が権力《けんりょく》を獲得《かくとく》することによってではなく、すべての人が間違《まちが》っている権威《けんい》に抵抗《ていこう》する能力《のうりょく》を獲得したときに得《え》られよう」（前掲『ガンジー』）

すなわち「少数者による支配《しはい》」ではなく、「民衆《みんしゅう》が強く、賢《かしこ》くなる」ことによって、真《しん》の自治を達成《たっせい》しようとしたのです。ガンジーは、イギリスの権力者の代《か》わりに、インド人のエリートの権力者が代わるだけなら、何の意味《いみ》もないと考えました。

「私は底《そこ》から上へ向《む》かって働《はたら》きかけようとしているのだ」（同前）――これが、ガンジーの信念《しんねん》でした。

「上から下へ」ではなく、「下から上へ」変革の波動《はどう》を起《お》こしていく。これが非暴力による革命の方程式《ほうていしき》です。

「一瞬《いっしゅん》も無駄《むだ》にしたくはない」

ラダクリシュナン　池田会長の人間革命運動《うんどう》も、同《おな》じ方程式ではないでしょうか。

「人間革命」といえば、私は、会長が小説《しょうせつ》『新・人間革命』の執筆《しっぴつ》を開始《かいし》したその日に、すばらしい自然《しぜん》に包《つつ》まれて語《かた》り合《あ》ったことが忘《わす》れられません。

じつは、あの日、私は会長との語らいが始《はじ》まった時、それが歴史的な大河《たいが》小説『新・人間革命』の執筆を開始された日であることには、ほとんど気づきませんでした。


池田　あれは、一九九三年の八月六日でしたね。場所《ばしょ》は、軽井沢《かるいざわ》にある長野研修道場《けんしゅうどうじょう》でした。

軽井沢は、戸田先生が亡《な》くなられる前年《ぜんねん》（一九五七年）の夏《なつ》、ともに過《す》ごした思い出の地です。この時、私は、恩師《おんし》の真実《しんじつ》を誤《あやま》りなく後世《こうせい》に伝《つた》えゆく小説を、いつの日か必《かなら》ず書こうと決意《けつい》したのです。

その結実《けつじつ》である小説『人間革命』は、十二巻《かん》で完結《かんけつ》しました。そして、一九九三年の八月六日、新《あら》たな決意で『新・人間革命』の執筆を開始しました。

私は今も、毎日《まいにち》、毎日、書いて、書いて、書き続《つづ》けています。未来《みらい》のために。後継《こうけい》の青年《せいねん》たちのために。そして、平和《へいわ》のために。

ラダクリシュナン　ガンジーもそうでした。機関誌《きかんし》に載《の》せる文章《ぶんしょう》や、友人《ゆうじん》たちへの手紙《てがみ》などを、休《やす》むことなく書き続《つづ》けました。

私も自分に言い聞かせています。悪魔《あくま》は休まない。だからこそ、善《ぜん》のスクラムである我《われ》らが、どこまでやるかが、常《つね》に試《ため》されていると。

池田　おっしゃるとおりです。

ガンジーは長年《ながねん》にわたって、一日平均《へいきん》百通《つう》の手紙を書いたと言われています。「書く」ことも、大変《たいへん》に速かったようですね。

ラダクリシュナン　ええ。「書く」ことへの挑戦《ちょうせん》は、幼《おさな》いころから始《はじ》まっていました。ガンジーが書いた、有名《ゆうめい》な本があります。ロンドンからヨハネスブルクに旅行《りょこう》した際《さい》に書いたものです。

ガンジーは、ふつう右手《みぎて》で書きましたが、疲《つか》れてくると左手で書きました。ロンドンを出て、南アフリカのヨハネスブルクに着《つ》いたら、その原稿《げんこう》は全部《ぜんぶ》書き上がっていたのです。

『真《しん》の独立《どくりつ》への道――ヒンドゥ・スワラージ』という本です。

池田　編集者《へんしゅうしゃ》であるガンジーと、急進的《きゅうしんてき》な若者《わかもの》との対話形式《たいわけいしき》で、真《しん》の文明《ぶんめい》のあり方と、インドの独立について論《ろん》じた著作《ちょさく》ですね。

ラダクリシュナン　ええ。ガンジーの哲学《てつがく》をまとめた「聖書《せいしょ》」と呼《よ》ばれています。これは当時《とうじ》のインド政府《せいふ》から発禁処分《はっきんしょぶん》にされました。

ガンジーは、たくさん読み、たくさん書きました。どうして、そんなにたくさん書いたのか。しかも、多忙《たぼう》を極《きわ》めるなかで——。

ガンジーは、毎朝三時半に起《お》きました。それから夜の十時まで、ずっと仕事《しごと》をしたのです。

人との会話《かいわ》も、チャルカ[*21]（糸車《いとぐるま》）を回《まわ》して糸を紡《つむ》ぎながら話をする。そして一度《いちど》に二つの仕事をしました。

「どうして、チャルカを回しながら話をするのか」と文句《もんく》を言う人に、ガンジーは言いました。

——私は耳を使《つか》って、あなたの言うことを聞いている。口を使って、あなたと話をしている。しかし、私の手は自由《じゆう》なのですから、こうして手を使っているのです、と。

この偉大《いだい》な人物《じんぶつ》は、一瞬《いっしゅん》一瞬を、すべて生産的《せいさんてき》に使おうとしたのです。書いて、話して、読んで、歩《ある》いて、会《あ》って、次々《つぎつぎ》に人と交流《こうりゅう》を広げていきました。

その行動《こうどう》は、こんな様子《ようす》でした。当時《とうじ》、不治《ふじ》の病《やまい》とされていたハンセン病《びょう》の患者《かんじゃ》のもとへ足を運《はこ》び、激励《げきれい》する。そして台所《だいどころ》へ行って、食事《しょくじ》をどうするか相談《そうだん》に乗《の》る。その後《あと》は、政治的《せいじてき》な戦略《せんりゃく》を打《う》ち合《あ》わせする――。

ガンジーは、常《つね》に忙《いそが》しかったのです。

池田　ガンジーの姿《すがた》が、目に浮《う》かぶようです。また「一瞬《いっしゅん》も無駄《むだ》にしたくはない」との思いは、私にも痛《いた》いほど、よくわかります。

「恐《おそ》れ」を「勇気《ゆうき》」に変《か》える戦《たたか》い

ラダクリシュナン　じつは私は、池田会長と長野でお会《あ》いしたのが「八月六日」だったことに、深《ふか》い意味《いみ》を感《かん》じています。

この日は、広島に原爆《げんばく》が投下《とうか》された日です。人類《じんるい》の歴史《れきし》のなかで、一番の暗黒《あんこく》の日とも言えます。

ガンジーは、広島のニュースを聞いた時、しばし目を閉《と》じ、沈黙《ちんもく》したと言われます。

一瞬にして、数十万の人間の生命《せいめい》を奪《うば》ってしまうような、破滅的《はめつてき》な暴力《ぼうりょく》を前に、非暴力は何ができるのか。

ガンジーは、「世界《せかい》が今、非暴力を選《えら》び取《と》らなければ、それは間違《まちが》いなく、人類の自《じ》殺《さつ》を意味《いみ》するだろう」と自《みずか》らに語《かた》りました。

しかし、それと同時《どうじ》に、ガンジーはこう主張《しゅちょう》しました。

「魂《たましい》の力《ちから》は、原爆よりも強い」と。

だれもがもつ「魂の力」を引き出し、平和《へいわ》を生《う》み出《だ》していく――これこそ、池田会長が世界に広げている運動《うんどう》です。

池田　ガンジーの非暴力の哲学《てつがく》の核心《かくしん》、それは〝心がもつ力は、物理的《ぶつりてき》な力よりも、はるかに大きく、永遠性《えいえんせい》をもつ〟という信念《しんねん》にあります。これは、仏法《ぶっぽう》を基調《きちょう》とした、私どもSGI運動の哲学とも深く響《ひび》き合《あ》うものです。

ガンジー自身《じしん》、友人《ゆうじん》への手紙《てがみ》で、「私はブッダの教えを知るようになり、非暴力の無《む》限《げん》の可能性《かのうせい》へと目を開《ひら》かれました」と綴《つづ》っていますね。

仏法では「一念三千《いちねんさんぜん》＊36」といって、人間の生命には、宇宙《うちゅう》をも包《つつ》み込《こ》む壮大《そうだい》な世界の広がりがあると説《と》いています。

そうした、限《かぎ》りない人間の力を発揮《はっき》していくために、必要《ひつよう》なものは何か。その一つは

「勇気《ゆうき》」です。逆《ぎゃく》に人間の力《ちから》を萎縮《いしゅく》させ、封《ふう》じ込《こ》めてしまうものは何か。それは「恐怖《きょうふ》」であり「臆病《おくびょう》」です。

ガンジーは、その点を鋭《するど》く指摘《してき》しています。

「人が恐怖に屈服《くっぷく》しているかぎり、真理《しんり》も愛《あい》も求《もと》めることはできない」（前掲『ネルー自叙伝』）

ガンジーは何よりも暴力《ぼうりょく》を憎《にく》みましたが、それ以上《いじょう》に「臆病」と「卑怯《ひきょう》」を憎んだ。暴力は肉体《にくたい》を損《そこ》ないますが、臆病は魂《たましい》を損なうからです。

「怯懦《きょうだ》は暴力以上に憎むべきものである」（同前）とのガンジーの言葉《ことば》は、彼《かれ》の哲学《てつがく》の真髄《しんずい》を表《あらわ》しているのではないでしょうか。

暴力は、恐怖から生まれる。

非暴力は、勇気から生まれる。

非暴力は、弱者《じゃくしゃ》の盾《たて》ではなく、勇者《ゆうしゃ》の魂の剣《けん》なのです。

ラダクリシュナン　ガンジーが、なぜ偉大《いだい》な歴史《れきし》を残《のこ》せたのか――それは、恐《おそ》れを知らなかったからです。

歴史とは、勇気ある人間が、行動《こうどう》を起《お》こした時に創《つく》られていくものです。

ガンジーは、〝恐れる心〟こそが、すべての人間のなかにある大きな〝敵《てき》〟であることに気づいていました。ゆえに、恐れから自《みずか》らを解放《かいほう》しないかぎりその人の未来《みらい》はない、と教えたのです。恐れを勇気に変《か》えていかねばならない。勇気ある人間の、勇気ある行動が、人類《じんるい》の共通《きょうつう》の意識《いしき》に働《はたら》きかけ、歴史として形成《けいせい》されていくのです。

ガンジーが示《しめ》した〝魂の力〟の勝利《しょうり》

池田　ガンジーの勇気――それは、独立闘争《どくりつとうそう》の渦中《かちゅう》で何度《なんど》もすばらしい輝《かがや》きを放《はな》ちますが、最《もっと》も劇的《げきてき》な一場面《いちばめん》は、インド独立の前後《ぜんご》、ヒンズー教とイスラムの激《はげ》しい対立《たいりつ》のなかに飛《と》び込《こ》み、自らの命《いのち》を投《な》げ出《だ》して和解《わかい》をもたらした行動にあると、私は思っています。

ラダクリシュナン　当時《とうじ》、インドの国家《こっか》を、二つに分割《ぶんかつ》する要求《ようきゅう》が起《お》こりました。紛争《ふんそう》の地では、人々の心から誠意《せいい》と善意《ぜんい》が消《き》え去《さ》り、恐怖と猜疑心《さいぎしん》が支配《しはい》して、ヒンズー教徒《きょうと》とイスラム教徒が憎しみ合《あ》い、殺《ころ》し合っていました。

ガンジーは、人生最後《じんせいさいご》の二年間、その紛争地域《ちいき》で、平和《へいわ》と友好《ゆうこう》を促進《そくしん》するための活動《かつどう》を展開《てんかい》したのです。

池田　残念《ざんねん》なことに、インドの独立《どくりつ》の混乱《こんらん》のなかで、五十万人にも及《およ》ぶ人々が犠牲《ぎせい》になったと言われていますね。

ラダクリシュナン　ええ。なかでも、東ベンガルのノーアカーリーは、文字《もじ》どおり「死《し》の口」であり、社会《しゃかい》の「毒《どく》の大釜《おおがま》」であり、残忍《ざんにん》で大規模《だいきぼ》な殺戮《さつりく》の場《ば》となりました。軍《ぐん》隊《たい》ですら、混乱を収束《しゅうそく》させることはできなかった。

その最悪《さいあく》の地帯《ちたい》に、七十七歳《さい》のガンジーは、護衛《ごえい》もつけず、武器《ぶき》ももたず、和解《わかい》のための巡礼《じゅんれい》に向《む》かったのです。

そうすることが、自分が重要《じゅうよう》と考え、大切《たいせつ》にしてきたすべての理想《りそう》に向けての挑戦《ちょうせん》であると、彼《かれ》は考えました。〝善意《ぜんい》〟と〝愛《あい》〟が、この前代未聞《ぜんだいみもん》の偉大《いだい》な行動《こうどう》の原動力《げんどうりょく》でした。

彼《か》の地で、ガンジーは毎朝四時に起《お》き、村から村へと、彼のトレードマークのサンダルすら履《は》かず、裸足《はだし》で歩き、休《やす》む間《ま》もなく住民《じゅうみん》たちと対話《たいわ》し、ともに祈《いの》りました。

池田　当時《とうじ》の新聞は、ガンジーは一日二十時間も働《はたら》いていると報《ほう》じていますね。

その東ベンガルのノーアカーリーでは、敵意《てきい》を抱《いだ》く人々が、ガラスの破片《はへん》やいばら、汚物《おぶつ》を道路《どうろ》にまき散《ち》らして、ガンジーに嫌《いや》がらせをしたといいます。

それでも、ガンジーは、彼らを非難《ひなん》することもなく、ただひたすら歩き続《つづ》けた。そういう行動をする人間たちは、結局《けっきょく》のところ政治家《せいじか》たちに扇動《せんどう》されているのだ、そうガンジーは見抜《みぬ》いていたからでしょう。民衆《みんしゅう》のなかに入って、民衆に直接《ちょくせつ》、語《かた》りかける。

ここに、ガンジーの指導者《しどうしゃ》としての偉大《いだい》さを見ます。

ラダクリシュナン　それは、壮大《そうだい》な実験《じっけん》でした。〝非暴力《ひぼうりょく》〟を行動に移《うつ》す実験であり、人間は本質的《ほんしつてき》に〝善《ぜん》〟であるという自《みずか》らの信念《しんねん》の正しさを証明《しょうめい》するための挑戦でした。

ガンジーは、人々のなかに飛《と》び込《こ》んで、調和《ちょうわ》と信頼《しんらい》のメッセージを送《おく》り、和解をもたらし、敵意と殺戮の嵐《あらし》を終息《しゅうそく》させていきました。

このほとんど奇跡《きせき》とも言える成功《せいこう》を、インド総督《そうとく》であったマウントバッテン卿《きょう》[*37]は、こう表現《ひょうげん》しています。

「数万の軍人《ぐんじん》から成《な》る軍隊がなしえなかったことを、たった一人《ひとり》の国境警備軍《こっきょうけいびぐん》が成し遂《と》げた」

「たった一人の国境警備軍」とは、ガンジーのことです。これは、野蛮《やばん》な力《ちから》に対《たい》する〝魂《たましい》の力〟の勝利《しょうり》であり、恐怖《きょうふ》、臆病《おくびょう》、猜疑《さいぎ》に対する勇気《ゆうき》の勝利でした。

池田　ガンジーは、当時《とうじ》、「もし世界《せかい》が一つにならぬのであれば、この世《よ》に生きていたくはありません」（前掲『ガンジー』）と語《かた》っていました。

この大いなる理想《りそう》のために、ガンジーは生きて生きて生き抜《ぬ》いた。最後《さいご》の最後の一瞬《いっしゅん》まで、命《いのち》を民衆《みんしゅう》に捧《ささ》げました。

弱肉強食《じゃくにくきょうしょく》の冷酷《れいこく》な世界には、人間の尊厳《そんげん》はありません。しかし、それを傍観《ぼうかん》していては、人間性《にんげんせい》の敗北《はいぼく》となってしまう。ガンジーの挑戦《ちょうせん》は、まさに今日《こんにち》の私たちに突《つ》きつけられた、深刻《しんこく》な課題《かだい》でもあるのです。

勇敢《ゆうかん》なる〝善《ぜん》〟の連帯《れんたい》を世界に

ラダクリシュナン　今、世界は、非常《ひじょう》に暗《くら》くなってきているように感《かん》じます。戦争《せんそう》や飢餓《きが》、さまざまな惨事《さんじ》――心配《しんぱい》は尽《つ》きません。

公的暴力《こうてきぼうりょく》と私的《してき》暴力を含《ふく》んだあらゆる暴力が、恐《おそ》るべき速《はや》さで全《ぜん》世界に拡大《かくだい》しつつあり、衝撃《しょうげき》を与《あた》えています。

人類《じんるい》は、過去《かこ》にもいくつかの重大《じゅうだい》な脅威《きょうい》を乗《の》り越《こ》えてきましたが、今や、暴力という悪魔《あくま》と、いかに戦《たたか》うかが課題《かだい》になっているのです。

最後のインド総督マウントバッテン伯爵（左）との会談に臨んだガンジー
（1947年３月31日、インド・デリー）　［提供＝PPS通信社］

池田　まったく同感《どうかん》です。

人類は、明るい未来《みらい》を展望《てんぼう》し、念願《ねんがん》して二十一世紀《せいき》を迎《むか》えました。ところが逆《ぎゃく》に、暗闇《くらやみ》の方向《ほうこう》へ、一歩《いっぽ》一歩、進《すす》む道を選《えら》んでしまったのではないか。そう危惧《きぐ》する人は少なくありません。

ラダクリシュナン　だからこそ、精神的《せいしんてき》、道徳的《どうとくてき》なリーダーシップが必要《ひつよう》です。

池田会長は、百九十二ヵ国・地域《ちいき》のＳＧＩのメンバーとともに人間主義《しゅぎ》を広めておられる。

全人類に対して、「この暗黒《あんこく》の世界に沈《しず》んでいるだけではなく、これから行動《こうどう》を開《かい》始《し》しよう！」と呼《よ》びかけることが必要です。

我々《われわれ》は人間の機械化《きかいか》に反対《はんたい》します。非暴

力を支持《しじ》します。信念《しんねん》をもち、勇気《ゆうき》をもち、わが身《み》を賭《と》して、あらゆる形《かたち》の暴力《ぼうりょく》に反《はん》対《たい》すべきです。

会長は、それを「対話《たいわ》」によって実行《じっこう》しておられます。会長は、すばらしい教師《きょうし》であり、哲学者《てつがくしゃ》であり、思想家《しそうか》です。歴史《れきし》を創《つく》る人です。

たとえばゴルバチョフ*38元《もと》ソ連大統領《れんだいとうりょう》や南アフリカのマンデラ*25元大統領は、世界史《せかいし》を大きく転換《てんかん》した人と言えるでしょう。そのどちらとも、会長は対話を重《かさ》ねられている。そして、対話の相手《あいて》から最高《さいこう》の人間性《にんげんせい》を引き出しておられる。そうやって世界を正しい道へと向《む》かわせておられます。

〝対話の王者《おうじゃ》〟である池田会長！　この混沌《こんとん》とした世界に「平和《へいわ》の橋《はし》」を架《か》けていただきたい――これが、私の切《せつ》なる願《ねが》いです。

会長は、重要《じゅうよう》な諸機関《しょきかん》の創設者《そうせつしゃ》、新《あら》たな時代《じだい》の〝エートス*39〟の上に立ち大乗仏教《だいじょうぶっきょう》を解釈《かいしゃく》した人、卓越《たくえつ》した教育者、非凡《ひぼん》なビジョンを備《そな》えた詩人《しじん》・哲学者《てつがくしゃ》、そして世界の人々の間《あいだ》に善意《ぜんい》・希望《きぼう》・勇気の架け橋を築《きず》いた人として、歴史のなかで語《かた》り継《つ》がれていくでしょう。

池田　私への評価《ひょうか》はともあれ、人間を不幸《ふこう》に陥《おとしい》れ、人間の尊厳性《そんげんせい》を脅《おびや》かす〝悪《あく》〟の存在《そんざい》とは、いかなるものであれ、徹底《てってい》して戦《たたか》い抜《ぬ》いていく以外《いがい》にありません。

ガンジーの思想《しそう》に深《ふか》く影響《えいきょう》を与《あた》えた、アメリカ・ルネサンスの哲人《てつじん》ソロー*40が、「善《ぜん》と悪のあいだには一瞬《いっしゅん》の休戦《きゅうせん》もない」（『森の生活〈下〉』ソロー著、飯田実訳、岩波文庫）と洞察《どうさつ》したように、悪との戦いは永遠《えいえん》に続《つづ》くものです。

ゆえにその〝悪〟と、間断《かんだん》なく戦い、〝悪〟を打《う》ち破《やぶ》りゆく、勇敢《ゆうかん》なる〝善〟の連帯《れんたい》を世界に築き、広げていく以外にありません。

4　弟子《でし》の勝利《しょうり》が「師弟《してい》」の勝利

「人間の可能性《かのうせい》」を行動《こうどう》で示《しめ》したガンジー

池田　「一人《ひとり》の人に可能なことは、万人《ばんにん》に可能である」（前掲『ガンジー自伝』）

これは、マハトマ・ガンジーの自伝《じでん》に記《しる》された、まことに有名《ゆうめい》な言葉《ことば》です。

ガンジーは、一個《いっこ》の人間には、計《はか》り知《し》れない可能性があると信《しん》じました。

ガンジーは、この信念《しんねん》を、自《みずか》らの〝行動〟によって証明《しょうめい》しようとしました。そこにガンジーの〝人類《じんるい》の教師《きょうし》〟としての偉大《いだい》さがあります。

ラダクリシュナン　おっしゃるとおりです。

「一人の人間における偉大な人間革命《かくめい》は、やがて一国《いっこく》の宿命《しゅくめい》の転換《てんかん》をも成《な》し遂《と》げ、さらに全《ぜん》人類の宿命の転換をも可能にする」――。

池田会長は、「人間革命」の思想《しそう》を、こう端的《たんてき》に表現《ひょうげん》されていますね。ガンジーの思想とも深《ふか》く響《ひび》き合《あ》う哲学《てつがく》です。

池田　ガンジーの偉大さは、民衆《みんしゅう》に勇気《ゆうき》を与《あた》えたことです。ガンジーの叫《さけ》びに呼応《こおう》して、多くの青年《せいねん》たちが勇敢《ゆうかん》に立ち上がり、陸続《りくぞく》と続《つづ》きました。

これまでにも話題《わだい》になった、ネルー*22初代首相《しょだいしゅしょう》も、その一人です。

師《し》の戸田第二代会長も、ネルー首相に深く注目《ちゅうもく》しておりました。

「一度、会《あ》ってみたいな。会えば、すぐに話が通《つう》じるだろう」とおっしゃっていたことが、鮮明《せんめい》に思い出されます。

ラダクリシュナン　そうでしたか。ネルーは、ガンジーの政治的《せいじてき》な後継者《こうけいしゃ》と言える人物《じんぶつ》です。

池田　戸田先生は、逝去《せいきょ》の二年前に当たる一九五六年の年頭《ねんとう》から、アジア諸国《しょこく》の指導者《しどうしゃ》に、創価学会の理念《りねん》を訴《うった》える機関紙《きかんし》『聖教新聞』の贈呈《ぞうてい》を開始《かいし》されました。その折《おり》、中国の毛沢東主席《もうたくとうしゅせき》*41、周恩来総理《しゅうおんらいそうり》*42らとともに、ネルー首相にも贈《おく》っておられました。

それは、動乱《どうらん》や紛争《ふんそう》に苦《くる》しむ、当時《とうじ》のアジアの平和《へいわ》と幸福《こうふく》を心から願《ねが》ってのものでした。

私は、ネルーの令孫《れいそん》である故《こ》ラジブ・ガンジー*4首相と交友《こうゆう》を結《むす》び、そのご家族《かぞく》とも、深《ふか》い交誼《こうぎ》を重《かさ》ねてきました。師《し》もきっと喜《よろこ》んでくれていると思います。

ラダクリシュナン　池田会長は、戸田会長の言われたことを、一つひとつ実現《じつげん》してこられた。峻厳《しゅんげん》な師弟《してい》のドラマを垣間見《かいまみ》る思いです。

ネルーもまた、ガンジーの主要《しゅよう》な弟子《でし》の一人《ひとり》として、インド独立《どくりつ》の理想《りそう》のために、最《さい》前線《ぜんせん》で戦《たたか》いました。

息子《むすこ》を心配《しんぱい》したネルーの父

池田　ネルーがガンジーと出会《であ》ったのは、一九一六年の暮《く》れのことですね。当時《とうじ》、ガンジーは四十七歳《さい》、ネルーは二十七歳。

ちなみに、戸田先生が師である牧口先生と初《はじ》めて出会ったのは、一九二〇年ころ、十九歳の時でした。

ネルーは、ガンジーに初めて出会った時、どのような印象《いんしょう》を抱《いだ》いたのでしょうか。

ラダクリシュナン　二人《ふたり》が出会ったのは、ガンジーが南アフリカから帰国《きこく》した翌年《よくねん》でした。

ネルーは、南アフリカで英雄的《えいゆうてき》な人権闘争《じんけんとうそう》を行《おこな》ったガンジーを深《ふか》く尊敬《そんけい》していました。

たが、初めて会った時は、ガンジーを身近《みぢか》な存在《そんざい》と感《かん》じられなかったようです。
ネルーの目にガンジーは、どこか他人行儀《たにんぎょうぎ》で、一風変《いっぷうか》わった人物《じんぶつ》として映《うつ》りました。
しかし、ガンジーが、インドの民衆《みんしゅう》のなかに分け入って、圧制《あっせい》に苦《くる》しんでいる人々のための運動《うんどう》を始《はじ》めると、若《わか》きネルーは喜《よろこ》び勇《いさ》んで、その運動に参加《さんか》するようになります。

池田　当初《とうしょ》、ネルーは、父親からの反対《はんたい》を受けたようですね。

ラダクリシュナン　ええ。ネルーの父親であるモーティーラール・ネルー氏《し》は、有能《ゆうのう》な弁護士《べんごし》として成功《せいこう》した人です。進歩的《しんぽてき》な指導者《しどうしゃ》で、人々から深い尊敬を集《あつ》めていました。
しかし、それまで優雅《ゆうが》な生活《せいかつ》を送《おく》っていた最愛《さいあい》の息子《むすこ》が、激《はげ》しい独立闘争に参加して、投獄《とうごく》されたり、苦痛《くつう》を受けたりするなど、想像《そうぞう》を絶《ぜっ》することでした。それは、途方《とほう》もなく現実離《げんじつばな》れしたことのように思われたのです。

池田　実際《じっさい》、ネルーの父は、もしも息子が牢獄《ろうごく》に入ったらどうなるだろうかと、硬《かた》い床《ゆか》の上に、じかに寝《ね》てみたといいますね。
しかし、その父も、やがてインドの独立闘争に立ち上がっていった。ガンジーの人格《じんかく》に深く魅了《みりょう》されての決断《けつだん》でした。

ラダクリシュナン　そうです。

ネルーの父も、やがて革命的《かくめいてき》な独立《どくりつ》の闘士《とうし》となりました。弁護士《べんごし》の仕事《しごと》もやめ、全力《ぜんりょく》で非暴力闘争《ひぼうりょくとうそう》に献身《けんしん》するようになり、のちには息子《むすこ》とともに投獄《とうごく》されています。

ガンジーの影響《えいきょう》は、ネルー父子《おやこ》の生活《せいかつ》スタイルにも大きな影響をもたらしていきました。それは、偉大《いだい》な変化《へんか》でした。

異《こと》なる見解《けんかい》をもちながら信頼《しんらい》で結《むす》ばれていたガンジーとネルー

池田　崇高《すうこう》な父子《ふし》の姿《すがた》です。父モーティーラールは、息子のネルー、そして孫娘《まごむすめ》に当たるインディラ・ガンジー[*35]にも、大きな影響を与《あた》えたと言われています。このネルー父子を、ガンジーもまた、深《ふか》く信頼してやみませんでした。

ところで、ガンジーとネルーは、人物的《じんぶつてき》にはかなり違《ちが》ったタイプだったようですが、これは生まれ育った環境《かんきょう》の違いが大きかったのでしょうか。

ラダクリシュナン　そうですね。ガンジーとネルーは、幼少期《ようしょうき》に受けた教育や育った環境、人生観《じんせいかん》、思想《しそう》などにかなりの相違《そうい》があり、気質的《きしつてき》にも二人《ふたり》は異なっていました。

全インド議会委員会の会合の合間に談笑するガンジーとネルー
（1946年７月６日、インド・ムンバイ）　［提供＝PPS通信社］

ネルーが傲慢《ごうまん》でせっかちに見えたのに対《たい》して、ガンジーは静《しず》かで忍耐強《にんたいづよ》く見えました。

また、ネルーがインドを工業化《こうぎょうか》によって、一夜《いちや》のうちに変革《へんかく》したいと望《のぞ》んだのに対し、ガンジーは決《けっ》して急《いそ》がず、秩序立《ちつじょだ》った発展《はってん》という伝統的《でんとうてき》な知恵《ちえ》を信《しん》じていました。

彼《かれ》らは、いくつかの問題《もんだい》においては異なる見解《けんかい》をもっていたようですが、互《たが》いに抗《こう》しがたいほどの魅力《みりょく》を感《かん》じ、補足《ほそく》し合《あ》う関係《かんけい》にありました。

ネルーは物質的《ぶっしつてき》な繁栄《はんえい》を望み、インドの人々に物質的な満足感《まんぞくかん》を満喫《まんきつ》してほしいと思っていました。一方《いっぽう》、ガンジーは、人々が簡素《かんそ》な生活と高度《こうど》な思索《しさく》を身《み》につけることのできる、正しい価値観《かちかん》に基《もと》づいた道徳的《どうとくてき》に強い国をつくるために努力《どりょく》しました。

さらにネルーは、国家全体《こっかぜんたい》の発展《はってん》のために、科学技術《かがくぎじゅつ》を用《もち》いた迅速《じんそく》な成長《せいちょう》を主張《しゅちょう》しましたが、ガンジーは、大量生産《たいりょうせいさん》の代《か》わりに大衆《たいしゅう》による生産が国家の指導原理《しどうげんり》となり、豊富《ほうふ》な人的資源《じんてきしげん》が十分《じゅうぶん》に活用《かつよう》されることを望《のぞ》んだのです。

池田　目的《もくてき》を成就《じょうじゅ》させるための考え方や手段《しゅだん》においては、二人《ふたり》の間《あいだ》には、正反対《せいはんたい》と言えるほどの違《ちが》いがあった。

しかし、祖国《そこく》の独立《どくりつ》と民衆《みんしゅう》の幸福《こうふく》のためには命《いのち》も惜《お》しまない――この烈々《れつれつ》たる覚悟《かくご》と決心《けっしん》のうえでは、深《ふか》く一致《いっち》していましたね。

ラダクリシュナン　そのとおりです。ガンジーとネルーの間には、年齢《ねんれい》や考え方などの違いを超《こ》えて、深い関係《かんけい》が育《はぐく》まれていったのです。

なぜ、かくも違う二人が信頼《しんらい》し、賞讃《しょうさん》し合《あ》うことができたのか――。

それは両者《りょうしゃ》の偉大《いだい》さの所以《ゆえん》であり、二人が道徳的な人間であったからに、ほかなりません。

彼《かれ》らは、決《けっ》して自分の権力《けんりょく》や影響力《えいきょうりょく》を求《もと》めて争《あらそ》ったことはありませんでした。そして、いつまでも相手《あいて》への尊敬《そんけい》や信頼を失《うしな》うことはなかったのです。

ガンジーは、ネルーを「クリスタル（水晶《すいしょう》）の如《ごと》く純粋《じゅんすい》」で「選《えら》ばれた神《かみ》の道具《どうぐ》」と称《しょう》しました。ガンジーの物事《ものごと》に対《たい》するアプローチが、実現可能《じつげんかのう》で、概《がい》して人々の総《そう》意《い》に基づいたものであったとするなら、ネルーのそれは合理的《ごうりてき》で論理的《ろんりてき》でした。

ガンジーが、発想《はっそう》の源泉《げんせん》を宗教《しゅうきょう》に求《もと》めたのに対し、ネルーの精神的基盤《せいしんてききばん》は、インド古来《こらい》の歴史《れきし》と文化《ぶんか》にありました。

池田　よくわかります。

ガンジーは南アフリカやインドで、長きにわたって獄中闘争《ごくちゅうとうそう》を繰《く》り広《ひろ》げました。ネルーもまた、のべ九年もの間、獄中生活《せいかつ》を送《おく》っています。ガンジーは、そうしたネルーの姿《すがた》を、誰《だれ》よりも高く評価《ひょうか》していましたね。

ラダクリシュナン　そうです。ガンジーは、思想的《しそうてき》には彼に近く、有能《ゆうのう》で信頼のおける他の弟子《でし》たちをさしおいて、ためらうことなくネルーを政治的《せいじてき》な後継者《こうけいしゃ》に指名《しめい》しました。

ガンジーだからこそ、何のわだかまりもなく、愛情《あいじょう》をもって、それを行《おこな》うことができたのです。

また、ネルーの偉大さは、ガンジーといくつかの基本的《きほんてき》な問題《もんだい》では妥協《だきょう》しなかったにもかかわらず、インド解放《かいほう》のための長期《ちょうき》にわたる闘争においては、そのリーダーシップに無条件《むじょうけん》に従《したが》ったことにありました。

ガンジーの指導性《しどうせい》をそのまま受け入れたわけではありませんが、ネルーは生涯《しょうがい》にわたってガンジーの魅力《みりょく》のとりこになりました。

両者《りょうしゃ》は、ものの見方《みかた》や実践《じっせん》の方式《ほうしき》においては著《いちじる》しい違《ちが》いがあったにもかかわらず、独裁制《どくさいせい》への反対《はんたい》や、自由《じゆう》、人間の尊厳《そんげん》、民主主義《みんしゅしゅぎ》、現実世界《げんじつせかい》を重視《じゅうし》する世俗主義《せぞく》への献身《けんしん》、そしてあらゆる生命《せいめい》の尊重等《そんちょうとう》、共通《きょうつう》する心情《しんじょう》によって、固《かた》く結《むす》ばれていました。

〝私が去《さ》った時には弟子《でし》が私の言葉《ことば》を話すだろう〟

池田　重要《じゅうよう》なお話です。理知的《りちてき》なネルーにとって、ガンジーの行動《こうどう》は、時には極端《きょくたん》にも思え、理解不能《りかいふのう》に映《うつ》ることもあったようですね。

しかし、ガンジーが、自身《じしん》のすべてを犠牲《ぎせい》にし、インドの全民衆《ぜんみんしゅう》のために命《いのち》を捧《ささ》げていることには、一点の疑《うたが》いの余地《よち》もなかった。それは、「彼《かれ》〈ガンジー〉はほとんどインドそのものであった」（前掲『ネルー自叙伝』）とのネルーの言葉によく表《あらわ》れています。

ラダクリシュナン　ネルーとの相違点《そういてん》を指摘《してき》された時、ガンジーがこう語《かた》ったことを思い出します。

「言葉は、心の団結《だんけつ》を妨《さまた》げる障害《しょうがい》ではありません。私が去《さ》った時には、ジャワハルラル（ネルー）が私の言葉を話すであろうことを、私は知っています」

池田　絶対《ぜったい》の信頼《しんらい》に満《み》ちた言葉ですね。

ガンジーとネルーが、その根底《こんてい》において、深《ふか》い敬愛《けいあい》の念《ねん》で結ばれていたことがわかります。

ガンジーが、ヒンズー教徒《きょうと》とイスラム教徒の争《あらそ》いに抗議《こうぎ》して、最後《さいご》の断食《だんじき》を行《おこな》った時、ネルーはガンジーとともに、自《みずか》らも断食をする決意《けつい》をしたことがあります。そのことを知ったガンジーは、ネルーを気づかい、「あなたはいつまでもインドの宝石《ほうせき》であるように」（前掲『ガンジー』）と書《か》き送《おく》っています。

ネルーの名前「ジャワハルラル」には、「宝石」という意味《いみ》がありますね。ガンジーとネルーの交流《こうりゅう》に見られる深い尊敬《そんけい》と信頼は、まさに「宝石」と「宝石」が照《て》らし合《あ》っているかのようです。

ラダクリシュナン　ガンジーの予言《よげん》どおり、ネルーは生涯、ガンジーに忠実《ちゅうじつ》であり続《つづ》けました。

といっても、師《し》であるガンジーの〝控《ひか》え帳《ちょう》〟や〝コピー〟であったわけではありません。

一九四八年一月、ガンジーが、狂信的《きょうしんてき》なヒンズー教徒《きょうと》の手によって暗殺《あんさつ》された時、ネルーがインドの国営放送《こくえいほうそう》で国民《こくみん》に語《かた》った言葉《ことば》は、二人《ふたり》が宿命的《しゅくめいてき》な師弟《してい》の絆《きずな》で、精神《せいしん》的《てき》に深《ふか》く結《むす》びついていたことを示《しめ》しています。

悲《かな》しみにかき乱《みだ》され、息《いき》をつまらせながら、ネルーは語り始《はじ》めました。

「われわれの生命《せいめい》から明《あか》りは消《き》え去《さ》り、四方《しほう》は暗闇《くらやみ》に閉《と》ざされています。私は皆《みな》さんに何を語り、どのように告《つ》げればよいのか見当《けんとう》がつかずにいます。われわれの敬愛《けいあい》した指《し》導者《どうしゃ》、われわれがバープー[*34]と呼《よ》びなれたインドの父はもはやこの世《よ》にありません」（前掲『ガンジー』）

しかし、途中《とちゅう》から、こう国民に語りかけました。

「明りは消え去った、と申《もう》しましたが、私はやはり、間違《まちが》っていました。この国を照《て》らした、あの明りは、尋常《じんじょう》の明りではありませんでした。これほど久《ひさ》しい間《あいだ》この国を照らした明りはさらに幾久《いくひさ》しくこの国を照らしてくれることでしょうし、千年後もなお、この国に光を放《はな》っていることでしょう」（同前）――。

池田　歴史的《れきしてき》な不滅《ふめつ》の演説《えんぜつ》ですね。

師は、もういない。しかし、師の精神《せいしん》の光は、決《けっ》して消えることはない。千年後の未《み》来《らい》まで、わが同胞《どうほう》を照らしゆくだろう──ネルーの叫《さけ》びが、胸《むね》に迫《せま》ってきます。

その奥底《おうてい》には、「この精神の大光《たいこう》を、私は断《だん》じて消《け》さない！」という烈々《れつれつ》たる意志《いし》が漲《みなぎ》っていたと思います。

一九五八年四月二日に、私は、師の戸田城聖《じょうせい》先生を亡《な》くしました。逝去《せいきょ》の知らせを受けた時の心境《しんきょう》を、私は日記にこう記《しる》しました。

「この一瞬《いっしゅん》。われ、筆舌《ひつぜつ》に尽《つ》くし難《がた》し。愕然《がくぜん》たる憶念《おくねん》は表記《ひょうき》でき得《え》ず。永劫《えいごう》に、わが内証《ないしょう》の座《ざ》におく以外《いがい》なし」

「先生のご遺志《いし》は、清《きよ》らかに水の流《なが》れの如《ごと》く、広布達成《こうふたっせい》まで流れゆくことを祈《いの》る。強くなれ、と自分に叱咤《しった》」

ラダクリシュナン　会長の生命の奥底から発《はっ》せられた、これらの深遠《しんえん》な言葉から私は、ネルーの歴史的な演説と響《ひび》き合《あ》う、崇高《すうこう》な弟子《でし》の一念《いちねん》を感《かん》じます。

また、会長のお言葉には、師匠《ししょう》の遺志の松明《たいまつ》を掲《かか》げて前進《ぜんしん》しようとする、弟子の強い献身《けんしん》の心と不屈《ふくつ》の決意《けつい》が表《あらわ》れています。

師匠《ししょう》は弟子《でし》の行動《こうどう》のなかに生《い》き続《つづ》ける

池田　私は、師が亡《な》くなった瞬間《しゅんかん》から、師の思想《しそう》と行動を受《う》け継《つ》ぎ、全学会員《ぜんがっかいいん》の幸福《こうふく》と世界広布《せかいこうふ》の実現《じつげん》を、自《みずか》らの双肩《そうけん》に担《にな》うべき使命《しめい》を自覚《じかく》していました。

もとより次元《じげん》は異《こと》なりますが、初代首相《しょだいしゅしょう》として、インド数億《すうおく》の民衆《みんしゅう》の未来《みらい》を背負《せお》ったネルーが、どのような気持《きも》ちでガンジーの死《し》を受け止めたか――私には、その心中《しんちゅう》が深《ふか》く偲《しの》ばれてなりません。

そして、ラダクリシュナン博士もまた、〝ガンジーの魂《たましい》を、絶対《ぜったい》に風化《ふうか》させない〟との決意《けつい》で、真剣《しんけん》な行動を続けてこられました。

二〇〇二年の三月には、「暴力《ぼうりょく》のないインド」をテーマに掲《かか》げ、八百キロメートルにわたる平和《へいわ》の大行進《だいこうしん》を、二十七日間かけて成《な》し遂《と》げられました。その呼《よ》びかけに共鳴《きょうめい》して、のべ百五十万人の方《かた》が参加《さんか》されたとうかがっています。ガンジーの、あの有名《ゆうめい》な「塩《しお》の行進」＊43の精神《せいしん》を、現代《げんだい》に蘇《よみがえ》らせ、青年《せいねん》たちに継承《けいしょう》しゆく、まことに深い意義《いぎ》をもつ歩《あゆ》みでした。

ラダクリシュナン　「暴力のないインド」の行進は、ガンジーのもとで行《おこな》われた、あの

ガンジーを中心に行われた不服従運動「塩の行進」(1930年３月)

[提供＝PPS通信社]

地球《ちきゅう》を揺《ゆ》り動《うご》かすような偉大《いだい》な「塩の行進」とは比較《ひかく》にならないものですが、私たちの目的《もくてき》は、社会正義《しゃかいせいぎ》のために戦《たたか》ったガンジーの精神を継承し、行進に民衆《みんしゅう》が参《さん》加《か》することによって、人々が社会の再建《さいけん》に関《かか》わり続《つづ》けるよう促《うなが》すことにありました。

私は、この行進を、私の師匠《ししょう》であるラマチャンドラン博士[*7]の出生地《しゅっせいち》の近くから出発《しゅっぱつ》しました。その場所《ばしょ》は、独立運動《どくりつうんどう》が始《はじ》まった、人権《じんけん》を叫《さけ》ぶ象徴《しょうちょう》の地です。

この行進を、私の師匠を記念《きねん》するものにしたい。そう私は強く心に決《き》めていました。私の師ラマチャンドラン博士は、一九九五年一月十七日に亡くなりました。

博士は、全生涯《ぜんしょうがい》を通して、その一途《いちず》な

献身《けんしん》と行動《こうどう》によって、師匠《ししょう》であるガンジーの生涯《しょうがい》と思想《しそう》の意味《いみ》を、解釈《かいしゃく》し、実践《じっせん》する努力《どりょく》を続《つづ》けました。博士は決《けっ》して盲目的《もうもくてき》な模倣者《もほうしゃ》ではなく、その取《と》り組《く》みは、極《きわ》めて創造的《そうぞうてき》でした。博士は、ガンジーを博物館《はくぶつかん》に押《お》し込《こ》んでしまうようなことには反対《はんたい》しました。

博士は、池田会長と同《おな》じく、師匠は弟子《でし》の行動のなかに生き続けるとの考えに立っていました。永遠性《えいえんせい》に向《む》かって創造的に生きる時、師匠と弟子は不二《ふに》になる。私はそう信《しん》じています。

池田　まったく同感《どうかん》です。「弟子の行動」で一切《いっさい》は決《き》まります。「弟子の勝利《しょうり》」こそ、「師《し》の勝利」です。また、必《かなら》ず〝勝《か》つ力《ちから》〟を引き出してくれるのが師匠です。

ゆえに弟子は、どんな苦難《くなん》も乗《の》り越《こ》えて、断《だん》じて勝たねばならない。「師弟《してい》不二」の実践こそ、人間精神《せいしん》の最《もっと》も偉大《いだい》な発露《はつろ》であり、人間として最も崇高《すうこう》な姿《すがた》です。

ラダクリシュナン　私は、池田会長が、十九歳《さい》で戸田会長と出会《であ》って以来《いらい》、半世紀《はんせいき》以上《じょう》にわたって、すべてを師に捧《ささ》げ、師との誓《ちか》いを果《は》たし、その運動《うんどう》を大きく発展《はってん》させられたことに驚嘆《きょうたん》の念《ねん》を覚《おぼ》えます。

池田会長は、師の教えを胸《むね》に、何百万もの人々を励《はげ》まし、啓発《けいはつ》してこられました。今や会長のお名前《なまえ》は、非暴力思想《ひぼうりょくしそう》に基《もと》づく価値創造《かちそうぞう》と、世界平和《せかいへいわ》への弛《たゆ》まぬご尽力《じんりょく》とともに、多くの心ある世界の人々に知られています。インドでも、会長を敬愛《けいあい》する大勢《おおぜい》の人々がいます。

私は、会長を嫉妬《しっと》する人々を、気《き》の毒《どく》に思います。彼《かれ》らは、世界から暴力と憎悪《ぞうお》をなくそうとする会長の創造的なリーダーシップの価値に気づくことができないのです。・・・やきもちを焼《や》く虚栄《きょえい》の人間は、心が貧《まず》しい人間です。絶対的《ぜったいてき》に不幸《ふこう》な人間なのです。嫉妬の人間が中傷《ちゅうしょう》するのは、野犬《やけん》が吠《ほ》えるようなものです。彼らの声《こえ》も、そして彼らも、やがて消《き》え去《さ》ります。

しかし、池田会長の声は消えません。会長の声によって、平和が、正義《せいぎ》が、人間らしい世界が、常《つね》に蘇《よみがえ》るに違《ちが》いありません。

池田　恐縮《きょうしゅく》です。迫害《はくがい》は、むしろ誉《ほま》れであると思っています。博士のような賢人《けんじん》にご理解《りかい》いただけることこそ、何よりの喜《よろこ》びです。

青年《せいねん》と女性《じょせい》の活躍《かつやく》が新時代《しんじだい》創造《そうぞう》のカギ

ラダクリシュナン　私は、これまで、暴力《ぼうりょく》によって生じるさまざまな問題《もんだい》を解決《かいけつ》するには、どうしたらいいか考えてきました。しかし、考えるだけでなく、その現実《げんじつ》を自分の目で見なくてはいけません。

グローバリゼーションが進《すす》む現代《げんだい》の市場《しじょう》経済《けいざい》のなかで、いかに価値観《かちかん》が崩壊《ほうかい》しているか。いかに家族《かぞく》が押《お》しつぶされているか。

政治的《せいじてき》な暴力、宗教間《しゅうきょうかん》の暴力、異《こと》なる民族《みんぞく》間の暴力、男女《だんじょ》間の暴力、州《しゅう》や国を超《こ》えた暴力……。インドではこれらがふえ続《つづ》けています。

しかし今、インドには、ガンジーのようなリーダーはいません。ですから私たちは、自分が動《うご》いて、実際《じっさい》に人々に会って語《かた》り合《あ》わなくてはいけない。対話《たいわ》を通して、人々が自身《じしん》の内面《ないめん》を見つめる手助《てだす》けをしていきたい——これが、私どもの「行進《こうしん》」の一つの目的《もくてき》でした。

二〇〇二年の「平和《へいわ》行進」は、その後、各《かく》地方で、そして全国規模《ぜんこくきぼ》で、大小いくつかの自発的運動《じはつてきうんどう》を生み出し、今や「国民的《こくみんてき》な暴力反対《はんたい》運動」へと発展《はってん》しました。あらゆる特色《とくしょく》を備《そな》えた「平和と建設《けんせつ》のための活動《かつどう》」の連合体《れんごうたい》になったのです。現在《げんざい》、十八万七千世帯《せたい》以上《いじょう》の家庭《かてい》が「非暴力の使節《しせつ》」として登録《とうろく》されています。子ども、女性《じょせい》、そして家庭が、この運動の焦点《しょうてん》です。

池田　すばらしい！　見事《みごと》な運動の展開《てんかい》です。

博士の「平和行進」は、大勢《おおぜい》の青年《せいねん》たちの心に、「非暴力の世界《せかい》を建設《けんせつ》しよう！」との新《あら》たな〝使命《しめい》の炎《ほのお》〟を灯《とも》したに違《ちが》いありません。

ラダクリシュナン　そう望《のぞ》んでいます。私が「行進」を行《おこな》った二番目の目的《もくてき》は、若《わか》い青年たちの連帯《れんたい》を強めることでした。

そして、三番目の目的は、女性たちの意識《いしき》を高めることでした。社会《しゃかい》のさまざまな動《うご》きに女性が敏感《びんかん》になり、連帯を広げていけば、「今、何が起《お》こっているのか」がよくわかるようになるからです。

男性主導《だんせいしゅどう》の社会にあって、女性は受《う》け身《み》の立場を強《し》いられ、端《はし》のほうに追《お》いやられがちです。だからこそ、女性が社会で対等《たいとう》に力《ちから》を発揮《はっき》し、自尊心《じそんしん》をもち、啓発《けいはつ》され、社会の変革《へんかく》と時流《じりゅう》の形成《けいせい》の担《にな》い手《て》として躍《おど》り出《で》てほしい。何としても、そういう時代《じだい》をつくりたい。これが私たちの運動です。二十一世紀《せいき》は、女性の世紀となるべきです。

池田　まさに、そのとおりです。
ガンジーの独立闘争《どくりつとうそう》において、やむにやまれぬ情熱《じょうねつ》に燃《も》えて立ち上がり、波動《はどう》を広げていったのは、青年《せいねん》たちでした。また、ガンジーの思想《しそう》を理解《りかい》し、民衆運動《みんしゅううんどう》の最前線《さいぜんせん》に勇敢《ゆうかん》に躍《おど》り出《で》ていったのは、女性《じょせい》たちでした。「青年」の育成《いくせい》と、「女性」のエンパワーメントこそ、人類《じんるい》の新《あら》たな可能性《かのうせい》を開《ひら》き、調和《ちょうわ》と共生《きょうせい》の時代《じだい》を創造《そうぞう》しゆくカギであると、私も確信《かくしん》しております。

◆第3章◆

非暴力の源流

1 インドの伝統精神《でんとうせいしん》――仏教《ぶっきょう》と慈悲《じひ》の哲学

インドと日本の精神の象徴《しょうちょう》――「蓮《はす》」

池田 インドは広大《こうだい》な国であるため、地域《ちいき》によって違《ちが》いがありますが、おおむね六月から九月にかけて雨期《うき》に入《はい》りますね。インドでは、この雨期に入る前が、猛烈《もうれつ》に暑《あつ》いようですが、日本では、この間《かん》、梅雨《つゆ》を経《へ》て夏の到来《とうらい》となります。

この季節《きせつ》になると、関西《かんさい》創価学園では、インドの友人《ゆうじん》から贈《おく》られた「インド蓮《はす》」や、「古代蓮《こだいはす》」として有名《ゆうめい》な「大賀蓮《おおがはす》」*44などが見事《みごと》な花を咲《さ》かせます。

また、創価大学の「文学の池《ぶんがくのいけ》」でも、約《やく》二十種類《しゅるい》の蓮が華麗《かれい》に咲き薫《かお》ります。

この妙《たえ》なる蓮は、貴国《きこく》インドの国花《こっか》ですね。

ラダクリシュナン そのとおりです。インドにおいて蓮は、「知識《ちしき》」「繁栄《はんえい》」「幸福《こうふく》」を象徴《しょうちょう》します。それで国花に選《えら》ばれたのです。

関西創価学園で蓮が開花（大阪・交野）　©Seikyo Shimbun

歴史的《れきしてき》には「円満《えんまん》な悟《さと》り」や「解脱《げだつ》の*45境地《きょうち》」を象徴すると考えられてきました。

蓮はまた、〝花の女王《じょおう》〟とも考えられています。多くの「徳《とく》」を象徴する花です。

私は、これまで、創価大学を訪問《ほうもん》し、「文学の池」に咲くさまざまな蓮の花を見るたびに、大きな興奮《こうふん》を味わい、啓発《けいはつ》を受《う》けてきました。

「文学の池」に咲く蓮の花々は、創価大学を訪《おとず》れる人々の目を楽しませ、喜《よろこ》びを与《あた》えてくれるものです。

池田　蓮の花――「蓮華《れんげ》」は古来《こらい》、世界的《せかいてき》に尊《とうと》ばれ、愛《あい》されてきた不思議《ふしぎ》な花です。中国でも「君子《くんし》の花」として讃《たた》えられてきました。

蓮華《れんげ》は、泥中《でいちゅう》より出《い》でて、しかも泥水《でいすい》にも染《そ》まらず、清浄《せいじょう》無比《むひ》な花を咲《さ》かせます。さらにまた、花と実《み》が、同時《どうじ》に大きく育《そだ》っていきます。仏法上《ぶっぽうじょう》、こうした蓮華の特質《とくしつ》は、「如蓮華在水《にょれんげざいすい》」*46また「因果倶時《いんがぐじ》」*47という深甚《じんじん》の法門《ほうもん》の比喩《ひゆ》として用《もち》いられております。

日本では、仏教《ぶっきょう》などの影響《えいきょう》もあり、人々は蓮華について尊貴《そんき》なイメージを抱《いだ》いてきました。

ラダクリシュナン　インドの神話《しんわ》では、蓮華はヴィシュヌ*48の「へそ」から生《しょう》じたとされています。

やがて釈尊《しゃくそん》が現《あらわ》れ、仏教を説《と》くなかで、「蓮華」に多くの新しい意味《いみ》が付《つ》け加《くわ》えられました。『法華経《ほけきょう》』はまさに、その象徴《しょうちょう》と言えるでしょう。

蓮華は、〝純粋《じゅんすい》さ〟と、周囲《しゅうい》に影響《えいきょう》されずに無垢《むく》な状態《じょうたい》を保《たも》つ〝強固《きょうこ》な決意《けつい》〟を連想《れんそう》させる花です。ある意味では、人生《じんせい》において誰《だれ》もが堅持《けんじ》すべき多くの大切《たいせつ》な資質《ししつ》を、私たちに示《しめ》していると言えますね。

インドと日本は、長い歴史《れきし》のなかで、異《こと》なる「文化《ぶんか》の伝統《でんとう》」を育《はぐく》んできましたが、その一方《いっぽう》で、両国《りょうこく》には「蓮華」に象徴される強い「絆《きずな》」があります。

それは「仏教」という精神《せいしん》の「絆」です。

池田　おっしゃるとおりですね。

仏教発祥《はっしょう》の地である貴国《きこく》インドは〝精神の大国《たいこく》〟であり、日本にとっても、かけがえのない〝大恩《だいおん》の国〟です。

その思想《しそう》と哲学《てつがく》は、世界《せかい》を燦然《さんぜん》と照《て》らしてきました。人類《じんるい》は、今ふたたび、悠久《ゆうきゅう》なるインドの智慧《ちえ》に学《まな》んでいくべきです。

ラダクリシュナン　釈尊が生まれたのは古代《こだい》インドですが、その思想と行動《こうどう》は、今なお世界のすみずみで、生き生きとした生命《せいめい》を保《たも》っています。

現代《げんだい》世界の人々にとって、また未来《みらい》の人類にとって、仏教の思想が、どれほど力強《ちからづよ》くダイナミックな希望《きぼう》を与《あた》えていくか、その影響と力は、計《はか》り知《し》れません。

現在のインドは世俗国家《せぞくこっか》であり、その意味では仏教国ではありませんが、釈尊はインドの大多数の人々によって尊崇《そんすう》され、厳然《げんぜん》たる存在感《そんざいかん》をもっています。

限《かぎ》りなき向上《こうじょう》の道を示《しめ》した釈尊

池田　世界の多くの識者《しきしゃ》も、仏教思想の卓越性《たくえつせい》に注目《ちゅうもく》していますね。

著名《ちょめい》な宗教学者《しゅうきょうがくしゃ》であるハーバード大学のハービー・コックス博士も、私との対談《たいだん》のなかで、異《こと》なる「宗教」と「宗教」を結《むす》ぶ〝橋渡《はしわた》し〟の役割《やくわり》を、ぜひ仏教《ぶっきょう》に担《にな》ってほしいと、強く願《ねが》っておられました。

「暴力《ぼうりょく》」と「憎悪《ぞうお》」の嵐《あらし》が吹《ふ》き荒《あ》れる現代世界《げんだいせかい》において、「平和《へいわ》」と「調和《ちょうわ》」を重《おも》んじる仏教思想《しそう》への関心《かんしん》と期待《きたい》は、ますます高まっています。

ラダクリシュナン　私は、仏教を基盤《きばん》にすることによってのみ、世界は「一つ」になれると思っています。まさしく、釈尊《しゃくそん》の精神《せいしん》は「全人類共通《ぜんじんるいきょうつう》の財産《ざいさん》」なのです。

マハトマ・ガンジーは、仏教について、こう語《かた》っています。

「見かけ上《じょう》のものを否定《ひてい》せよ、そして真理《しんり》と愛《あい》の究極的《きゅうきょくてき》な勝利《しょうり》を信《しん》ぜよと、釈尊は説《と》いた。（中略《ちゅうりゃく》）釈尊はまた、それをいかになすべきかを説いた。というのも彼《かれ》（釈尊）は、自《みずか》らの教えを生きたからである。もっともすぐれた宣伝《せんでん》は、パンフレットを書くことではなく、私たち一人《ひとり》一人が、世界の人々に生きてもらいたいと思うような人《じん》生《せい》を自ら生きようと、努《つと》めることなのである」

池田　徹底《てってい》した「行動《こうどう》の人」ガンジーならではの洞察《どうさつ》ですね。

たしかに釈尊は、広大《こうだい》なインド大陸《たいりく》を自らが歩き、語《かた》り、行動することで民衆《みんしゅう》を覚《かく》醒《せい》していきました。そして、形骸化《けいがいか》し民衆を抑圧《よくあつ》していた当時《とうじ》の既成《きせい》宗教や、人々を圧《あっ》迫《ぱく》していたさまざまな制度《せいど》の悪弊《あくへい》に、敢然《かんぜん》と正義《せいぎ》の声《こえ》を上げて戦《たたか》いを挑《いど》んでいったのです。

ラダクリシュナン　そうです。当時のバラモン教は、形式的《けいしきてき》な儀式《ぎしき》中心《ちゅうしん》の宗教に堕落《だらく》していました。動物《どうぶつ》の「いけにえ」の儀式[*49]などもそうです。

　釈尊は、そのような慣習《かんしゅう》をつくり出した人々を諫《いさ》めました。そして、極《きわ》めて忌《い》み嫌《きら》うべき無意味《むいみ》な儀礼《ぎれい》や迷信《めいしん》によって、真実《しんじつ》の宗教の精神と良心《りょうしん》が失《うしな》われてしまうと厳《きび》しく批判《ひはん》したのです。

　バラモン教の聖職者《せいしょくしゃ》たちは、形式的な儀式の上にあぐらをかき、精神的にも怠惰《たいだ》になってしまった。真理の探究《たんきゅう》よりも、外面的《がいめんてき》な形《かたち》に心を奪《うば》われるようになってしまったと、釈尊は考えたのです。

池田　よくわかります。詩聖《しせい》タゴール[*6]も、釈尊がカースト[*50]を認《みと》めず犠牲《ぎせい》を強《し》いる儀式から人々を解放《かいほう》したことを高く評価《ひょうか》しました。

　そして、こう論《ろん》じています。

「釈尊は人間自身《じしん》の中にある力《ちから》を明《あき》らかになさり、恩恵《おんけい》とか幸福《こうふく》といったものを天から求《もと》めようとせず、人間の内部《ないぶ》から引き出そうとなさった。かくのごとく尊敬《そんけい》の念《ねん》をもって、信愛《しんあい》の心をもって、人間の内《うち》にある知慧《ちえ》、力《ちから》、熱意《ねつい》といったものを釈尊《しゃくそん》は大いに讃美《さんび》なさり、人間とは惨《みじ》めな、運命《うんめい》に左右《さゆう》される、つまらぬ存在《そんざい》ではないということを宣言《せんげん》なさった」（「仏陀」奈良毅訳、『タゴール著作集7』所収、第三文明社）

人間は平等《びょうどう》であり、その生命《せいめい》は尊極《そんごく》です。そして、それ自体《じたい》が目的《もくてき》なのです。人間を、決《けっ》して手段《しゅだん》や道具《どうぐ》にしてはならない。この深遠《しんえん》な哲理《てつり》に徹《てっ》し、人々の幸福《こうふく》のために法《ほう》を説《と》き、戦《たたか》ったのが釈尊です。

ラダクリシュナン　そうですね。

また釈尊は、人間がおかれた状態《じょうたい》は、人間自身《じしん》に責任《せきにん》があるという教えを説きました。つまり、釈尊の教えの真髄《しんずい》は、「自助《じじょ》できる人間」――自身を高めていくことのできる人間を形成《けいせい》することでした。

釈尊は、人間主義《しゅぎ》の思想《しそう》の先駆《さきが》けとなる新しい一波《いっぱ》を投《とう》じたのですが、それは広がりを増《ま》して、やがて多くの人々の覚醒《かくせい》を促《うなが》し、新《あら》たな洞察《どうさつ》を与《あた》えゆく力強い潮流《ちょうりゅう》となっていきました。

池田　人間を最高《さいこう》の境涯《きょうがい》へと高めていく――釈尊の願《ねが》いは、その一点に向《む》けられたも

釈尊が法華経を説法したとされる王舎城《おうしゃじょう》郊外の霊鷲山《りょうじゅせん》（インド・ラージギール）
［提供＝amanaimages］

のですね。

法華経《ほけきょう》の寿量品《じゅりょうほん》には、仏は常《つね》に人々が向上《こうじょう》の道を歩《あゆ》んでいるかどうかに心を砕《くだ》いていく、と説かれています。そして、釈尊と同じ高みに何としても到達《とうたつ》させたいと願い続《つづ》けていく、[*51]と明《あ》かされています。

釈尊は、人類《じんるい》に平等に、限《かぎ》りなき向上の道を示《しめ》しました。

仏教は聖職者《せいしょくしゃ》の特権《とっけん》を否定《ひてい》

ラダクリシュナン　釈尊はまた、人々を〝生まれ〟によってのみ、優《すぐ》れた階級《かいきゅう》であると考える慣習《かんしゅう》を、断固否定《だんこひてい》しました。人はバラモンの徳《とく》を具《そな》えてはじめて、バラモンと認《みと》められるのです。

釈尊《しゃくそん》は、人間の価値《かち》はその人格《じんかく》と振《ふ》る舞《ま》いによって決《き》まる。そして、すべての人に具《そな》わる仏性《ぶっしょう》は精神的《せいしんてき》・道徳的《どうとくてき》・倫理的《りんりてき》な宝庫《ほうこ》であり、それが目覚《めざ》めた連帯意識《れんたいいしき》を生み出すと、優《やさ》しく力強《ちからづよ》く説《と》きました。

相互《そうご》の尊敬《そんけい》と寛容《かんよう》の心は、その人の生まれといった狭《せま》い料簡《りょうけん》を超《こ》えて、人々を互《たが》いに永遠《えいえん》の友情《ゆうじょう》へと結《むす》ぶための基盤《きばん》を生み出すのです。

池田　ご指摘《してき》のとおりです。人は、生まれによってバラモンになるのではない。行《おこな》いによってバラモンになるのだ（『ブッダのことば』中村元訳、岩波文庫〈趣意〉）――とは有名《ゆうめい》な釈尊の師子吼《ししく》でした。

特別《とくべつ》な人間などいない。皆《みな》、平等《びょうどう》である。ゆえに、誰人《たれびと》たりとも傲慢《ごうまん》に威張《いば》らせてはならない。とともに人間は誰《だれ》もが、その行動《こうどう》によって、尊極《そんごく》な生命《せいめい》を誇《ほこ》り高く輝《かがや》かせていくことができる。何ものにも隷従《れいじゅう》などする必要《ひつよう》はない。

釈尊は、人間の尊厳《そんげん》と平等を厳《おごそ》かに叫《さけ》び切《き》ったのです。

ラダクリシュナン　ガンジーは、その点について、次《つぎ》のように書いています。

「（釈尊が教えたことは）今日《こんにち》においても、釈尊の在世《ざいせ》と同《おな》じく、カースト制度《せいど》の意味《いみ》するものは、完全《かんぜん》に誤《あやま》りであるということである。すなわち釈尊は、当時《とうじ》ですら、ヒューマニズムの大切《たいせつ》な核心《かくしん》を腐食《ふしょく》しつつあった、優劣《ゆうれつ》の区別《くべつ》をつける考え方を廃《はい》したのである」と。

釈尊は、宗教《しゅうきょう》の名のもとに行われる残酷《ざんこく》さと暴力《ぼうりょく》が、周囲《しゅうい》にはびこっているのを見て、心を痛《いた》めました。

愛の教えと残酷な行いとが、調和《ちょうわ》することはありません。ゆえに釈尊は、人々が心を純粋《じゅんすい》にして、あらゆる形《かたち》の「暴力」を放棄《ほうき》することを望《のぞ》んだのです。

池田　すべての人々の幸福《こうふく》を願《ねが》い、自他《じた》ともの幸福を実現《じつげん》するのが、宗教の目的《もくてき》です。権威《けんい》をかさに着《き》て、人間を差別《さべつ》したり、また暴力を正当化《せいとうか》したりするなど、いかなる理《り》由《ゆう》があろうとも、許《ゆる》されるべきことではありません。

ラダクリシュナン　仏教《ぶっきょう》は、ある意味《いみ》で、既成《きせい》宗教の腐敗堕落《ふはいだらく》を否定《ひてい》した「革命運動《かくめいうんどう》」「改革運動《かいかくうんどう》」として登場《とうじょう》しました。そこに仏教の原点《げんてん》があると、私は思っています。

当時、特権的《とっけんてき》な立場《たちば》にあったバラモン教の聖職者《せいしょくしゃ》たちは、大きな富《とみ》と力《ちから》を手にしていました。そこで、既成の権利《けんり》や権威に固執《こしつ》する彼《かれ》らは、変革《へんかく》に立ち上がった釈尊や弟《で》子《し》たちを弾圧《だんあつ》しようとしたのです。

釈尊は、礼拝《らいはい》の場《ば》が、権力《けんりょく》に取《と》り憑《つ》かれ、信者《しんじゃ》たちを軽蔑《けいべつ》する傲慢な僧侶《そうりょ》たちが独《どく》占《せん》する〝特権《とっけん》の場《ば》〟となっていることを痛感《つうかん》していました。

僧侶《そうりょ》たちは、自《みずか》らを「優《すぐ》れた階級《かいきゅう》の人間である」と吹聴《ふいちょう》していました。自分たちに異議《いぎ》を唱《とな》えることを許《ゆる》さず、人々が絶対《ぜったい》の忠誠《ちゅうせい》をもって従《したが》うべき存在《そんざい》であるかのごとく振《ふ》る舞《ま》ったのです。

それに対《たい》して釈尊《しゃくそん》は、勇気《ゆうき》をもって立ち上がった。堕落《だらく》した僧侶やその支持者《しじしゃ》たちを指弾《しだん》したために、改革者《かいかくしゃ》の常《つね》である激《はげ》しい試練《しれん》と迫害《はくがい》に遭《あ》ったのです。

池田　おっしゃるとおり、釈尊と弟子《でし》は「九横《くおう》の大難《だいなん》」[*52]をはじめ、さまざまな迫害に遭っています。

しかし釈尊は、あらゆる試練に勇敢《ゆうかん》に立《た》ち向《む》かい、敢然《かんぜん》と勝《か》ち越《こ》えていった。

その力《ちから》の源泉《げんせん》は、「すべての民衆《みんしゅう》を、等《ひと》しく幸福《こうふく》にしたい」という無限《むげん》の「慈悲《じひ》」と「勇気」の心にあったと言えます。

悪《あく》の連鎖《れんさ》を断《た》つ「アヒンサー」の実践《じっせん》

池田　いかなる人にも、よりよく生きる権利《けんり》がある。幸福になる権利がある。そして、その権利を侵《おか》すことは、誰《だれ》にも許《ゆる》されるものではありません。

釈尊は、古代《こだい》インドで、この「人間が人間らしく生きる」不可侵《ふかしん》の生得《せいとく》の権利を、高らかに宣言《せんげん》したのです。

ラダクリシュナン　釈尊は、その意味《いみ》において、人権闘争《じんけんとうそう》の偉大《いだい》なる先駆者《せんくしゃ》と言えますね。

釈尊の教えを、しばしば悲観的《ひかんてき》であると考える学者《がくしゃ》がいますが、それは釈尊の生涯《しょうがい》や教えを間違《まちが》って解釈《かいしゃく》しているからです。

池田　その点については、ネルー[*22]も鋭《するど》く反駁《はんばく》し、仏教がもし厭世的《えんせいてき》で消極的《しょうきょくてき》な宗教《しゅうきょう》であったなら、人類《じんるい》にかくも大きな影響《えいきょう》を与《あた》えることができたであろうか、と述《の》べています。

釈尊の教えには、悲観的どころか、どこまでも人間の無限の可能性《かのうせい》を信じ、人間の魂《たましい》を鼓舞《こぶ》する逞《たくま》しき〝楽観主義《らっかんしゅぎ》〟が脈打《みゃくう》っています。

釈尊の戦《たたか》いは、人間を不幸《ふこう》にするあらゆる暴力《ぼうりょく》との戦い、すなわち民衆救済《きゅうさい》の慈悲の実践《じっせん》であり、闘争でした。そして、人間の「魂の自由《じゆう》」を踏《ふ》みにじる〝精神的《せいしんてき》暴力〟との戦いだったのです。

ラダクリシュナン　まさにそのとおりですね。

また釈尊《しゃくそん》は、「アヒンサー」（不殺生《ふせっしょう》、非暴力《ひぼうりょく》）の概念《がいねん》を、「慈悲《じひ》」と「愛《あい》」の精神《せいしん》の発現《はつげん》であると捉《とら》えることで、その内実《ないじつ》を豊《ゆた》かにし高めようとしました。

釈尊によって、「アヒンサー」とは、ネガティブ（消極的《しょうきょくてき》）な態度《たいど》ではなく、ポジティブ（積極的《せっきょくてき》）な徳《とく》となったのです。

池田　「アヒンサー」はインド古来《こらい》の伝統精神《でんとうせいしん》ですね。

しかし、それは当初《とうしょ》、単《たん》に「いけにえの動物を殺《ころ》さない」ことを意味《いみ》したにすぎなかったようですね。

ラダクリシュナン　ええ。それに対《たい》して、釈尊は、消極的な「不殺生」ではなく、積極的な愛と慈悲こそ、アヒンサーの真《しん》の精神であると考えたのです。

池田　釈尊は、仏典《ぶってん》で、「己《おの》が身《み》にひきくらべて、殺してはならぬ。殺さしめてはならぬ」（『ブッダの真理のことば　感興のことば』中村元訳、岩波文庫）とも明言《めいげん》していますね。

自分だけではなく、他者《たしゃ》に対《たい》しても明確《めいかく》に、非暴力を貫《つらぬ》くことを訴《うった》えた釈尊の教えは、「平和《へいわ》」という概念《がいねん》を考えるうえで、極《きわ》めて積極的な価値《かち》をもっています。

ラダクリシュナン　あらゆる形《かたち》の暴力を絶《た》つことが、「平和」な社会《しゃかい》を創造《そうぞう》するための積極的な指導原理《しどうげんり》となるべきなのです。

釈尊は語《かた》っています。「暴力による勝利《しょうり》は憎《にく》しみを生《う》む。征服《せいふく》されたものは不幸《ふこう》だからである」と。

暴力は、怒《いか》りと憎しみ、そして報復《ほうふく》の連鎖《れんさ》を生み出します。そして、その連鎖はどこまでも続《つづ》いていく。ゆえに、釈尊は非暴力による愛や慈悲の精神で、憎しみや怒りの心を克服《こくふく》し、悪の連鎖を断《た》つことを力説《りきせつ》したのです。

そして、人生《じんせい》における最《もっと》も高い徳《とく》として、「非暴力」を内面化《ないめんか》し、実践《じっせん》することの重要性《じゅうようせい》を訴え、さらに自《みずか》らの行動《こうどう》で示《しめ》したのです。

池田　しかも、その闘争《とうそう》は、粘《ねば》り強《づよ》い「対話《たいわ》」を通《とお》しての実践でした。

その思想《しそう》と精神こそが、時代《じだい》を超《こ》えて、現代《げんだい》のガンジーの非暴力の実践に、生き生きと脈《みゃく》打っていると言ってよいでしょう。

民衆救済《みんしゅうきゅうさい》への旅立《たびだ》ち

ラダクリシュナン　釈尊が心中《しんちゅう》に秘《ひ》めていた動機《どうき》とほとんど同《おな》じ動機を、私は池田会長の行動のなかにも見いだすのです。

それは、腐敗《ふはい》を正《ただ》し、民衆の生活《せいかつ》を社会的・政治的《せいじてき》に刷新《さっしん》し、向上《こうじょう》させようとする決意《けつい》です。また、その達成《たっせい》を呼《よ》びかけられる会長の力強《ちからづよ》い声《こえ》は、日蓮大聖人《だいしょうにん》の厳然《げんぜん》たる決意を思《おも》い起《お》こさせます。

池田　あまりにも過分《かぶん》なお言葉《ことば》です。

日蓮大聖人は、十三世紀《せいき》の日本にあって、戦乱《せんらん》や飢饉《ききん》をはじめ、社会《しゃかい》の混乱《こんらん》と国土《こくど》の荒廃《こうはい》に苦《くる》しむ民衆《みんしゅう》の救済《きゅうさい》のために、敢然《かんぜん》と立ち上がりました。

大聖人は「立正安国論《りっしょうあんこくろん》」を著《あらわ》し、誤《あやま》った思想《しそう》や宗教《しゅうきょう》などが、一切《いっさい》の不幸《ふこう》の根源《こんげん》であると喝破《かっぱ》しました。そして、腐敗《ふはい》した聖職者《せいしょくしゃ》や為政者《いせいしゃ》を諫《いさ》め、現実《げんじつ》社会の変革《へんかく》に挑《いど》んだのです。

民衆救済という大聖人の根本精神《こんぽんせいしん》と行動《こうどう》を現代《げんだい》に蘇《よみがえ》らせたのが、創価学会の牧口初《しょ》代《だい》会長であり、戸田第二代会長です。

私は、十九歳《さい》で戸田先生に巡《めぐ》りあって以来《いらい》、弟子《でし》として、その心を受《う》け継《つ》ぎ行動《こうどう》を続《つづ》けてきました。

ラダクリシュナン　現実の社会のなかで、あらゆる暴力《ぼうりょく》や不正《ふせい》と戦《たたか》っている創価学会こそ、釈尊《しゃくそん》の精神を受け継ぐ真《しん》の仏教団体《ぶっきょうだんたい》です。

池田会長に出会《であ》い、互《たが》いに理解《りかい》し合《あ》い、友情《ゆうじょう》の花が咲《さ》くようになって、私は池田会長のなかに、まざまざと〝勇敢《ゆうかん》なる冒険者《ぼうけんしゃ》〟の姿《すがた》を見ました。会長は、机上《きじょう》の、口先《くちさき》だけの理屈《りくつ》や演説《えんぜつ》によるのではなく、人々の日常生活《にちじょうせいかつ》の問題《もんだい》に具体的《ぐたいてき》な指針《ししん》を示《しめ》すことで、「生命《せいめい》の輝《かがや》き」を広めようと努《つと》めてこられました。私が、池田会長を、深《ふか》く尊敬《そんけい》し、信頼《しんらい》する理由《りゆう》の一つもそこにあります。

ガンジーは語《かた》っています。

「私の行動はすべて、人類《じんるい》に対《たい》するやむにやまれぬ愛《あい》から起《お》こっている。私には、縁者《えんじゃ》と他人《たにん》、同国《どうこく》の人と異国《いこく》の人、白人《はくじん》と有色人《ゆうしょくじん》、ヒンズー教徒《きょうと》と他《た》の信仰《しんこう》をもったインド人等《とう》の区別《くべつ》は存在《そんざい》しない」と。

日蓮大聖人も、「末法《まっぽう》において妙法蓮華経《みょうほうれんげきょう》の五字を弘《ひろ》める者《もの》は、男女《だんじょ》は問《と》わない」と述《の》べていますね。

池田　まったくそのとおりです。仏教は本来《ほんらい》、一切の差別《さべつ》を排除《はいじょ》しています。

あらゆる多様性《たようせい》を尊重《そんちょう》しつつ、またあらゆる差別や偏見《へんけん》と戦いながら、すべての人間と人間を結《むす》びゆく平和《へいわ》と共生《きょうせい》の哲学《てつがく》――それが仏法《ぶっぽう》の教えの根幹《こんかん》です。

ラダクリシュナン　ガンジーのビジョンと創価学会の認識《にんしき》の間《あいだ》には、とくに宗教、教育、人生《じんせい》の役割《やくわり》、正義《せいぎ》、平和に関《かん》して、顕著《けんちょ》な類似性《るいじせい》を認《みと》めることができます。

それは、池田会長の信念《しんねん》——地球的《ちきゅうてき》な連帯《れんたい》を築《きず》く唯一《ゆいいつ》の道は、人類《じんるい》すべてが手を結《むす》び、それぞれが自分たちの地域《ちいき》の伝統《でんとう》を保持《ほじ》しながら、同時《どうじ》に他《た》の人々の習慣《しゅうかん》や伝統《でんとう》を尊重《そんちょう》し合《あ》えるような世界文明《せかいぶんめい》をつくることであるという確信《かくしん》にも表《あらわ》れています。

2　アショカ大王《だいおう》の政治《せいじ》と思想《しそう》

アショカ大王の回心《かいしん》

池田　世界《せかい》の知性《ちせい》との語《かた》らいのなかで、人類史《じんるいし》の傑出《けっしゅつ》した人物《じんぶつ》として、しばしば話題《わだい》になってきたのが、アショカ大王です。[*32] 言うまでもなく、紀元前《きげんぜん》三世紀《せいき》、貴国《きこく》インドで活躍《かつやく》した大指導者《だいしどうしゃ》です。

二十世紀を代表《だいひょう》する大歴史家《れきしか》トインビー博士[*53]や、「ヨーロッパ統合《とうごう》の父」クーデンホーフ=カレルギー伯《はく》[*54]も、アショカ大王を〝世界第一《だいいち》の国王《こくおう》〟として高く評価《ひょうか》されていました。

また、アメリカのキッシンジャー博士[*55]、そしてインドの哲人《てつじん》政治家・ナラヤナン[*56]元大《もとだい》統領《とうりょう》との語らいでも話題となりました。

ラダクリシュナン　インドのあらゆる重要《じゅうよう》な人物にとって、偉大《いだい》な〝啓発《けいはつ》の源泉《げんせん》〟となっている存在《そんざい》が四つあります。

それは、ヒマラヤ山脈《さんみゃく》、聖《せい》なるガンジス川、釈尊《しゃくそん》、そしてアショカ大王《だいおう》です。

アショカ大王は、インドのすべての時代《じだい》を通《つう》じて最《もっと》も偉大《いだい》で尊敬《そんけい》されている統治者《とうちしゃ》の一人《ひとり》です。大王は、インドの人々に多大《ただい》な影響《えいきょう》を与《あた》えただけでなく、優《すぐ》れた先見性《せんけんせい》と構想力《こうそうりょく》を備《そな》えた人道主義者《じんどうしゅぎしゃ》で、その深《ふか》い洞察力《どうさつりょく》、信念《しんねん》と勇気《ゆうき》は、彼《かれ》を不滅《ふめつ》の存在にしました。


池田　アショカ大王は、平和外交《へいわがいこう》と福祉国家《ふくしこっか》の建設《けんせつ》に、非常《ひじょう》に大きな功績《こうせき》を残《のこ》しております。大王の事跡《じせき》は、その石柱《せきちゅう》に刻《きざ》まれた碑文《ひぶん》でも知ることができますね。

私も、貴国《きこく》を初《はじ》めて訪問《ほうもん》した折《おり》（一九六一年二月）、デリーの遺跡《いせき》公園フィーローズ・シャー・コートラに聳《そび》える「トープラー石柱」を仰《あお》ぎ見《み》て、アショカ大王の精神《せいしん》と行動《こうどう》に思いを馳《は》せました。

有名《ゆうめい》な十四章《しょう》摩崖法勅《まがいほうちょく》[*57]には、かつて「暴虐阿育《ぼうぎゃくあそか》」と呼《よ》ばれた征服者《せいふくしゃ》が、〝これは、わが深き悔恨《かいこん》である〟との一節《いっせつ》とともに、人々の幸福《こうふく》に尽《つ》くす名君《めいくん》に回心《かいしん》した契機《けいき》が刻まれていますね。

ラダクリシュナン　アショカ大王は、紀元前《きげんぜん》二六八年に、マガダ国《こく》[*58]の王になります。彼は暴虐《ぼうぎゃく》で冷酷《れいこく》な王でした。彼の人生《じんせい》に決定的《けっていてき》な転機《てんき》をもたらした出来事《できごと》が、カリンガ王国《おうこく》の征服でした。この王国はインド東部《とうぶ》の海岸地域《かいがんちいき》にあり、長期《ちょうき》にわたりマウリア王朝《おうちょう》の拡張政策《かくちょうせいさく》に抵抗《ていこう》していました。

紀元前二六一年、アショカ大王はカリンガ地方を征服します。摩崖法勅の碑文には、その戦《たたか》いの悲惨《ひさん》さが刻まれています。十五万人が捕虜《ほりょ》として拉致《らち》され、十万人が戦争《せんそう》で命《いのち》を奪《うば》われ、さらに多くの人々が、その後、亡《な》くなっています。

しかし、アショカ大王は、仏教僧《ぶっきょうそう》との出会《であ》いによって、自《みずか》らの過《あやま》ちに気づき「正義《せいぎ》のアショカ」と言われる理想的《りそうてき》な王となったのです。

池田　人類《じんるい》が心に刻むべき大転換《だいてんかん》です。

アショカ大王は、そのあまりにも悲惨な戦禍《せんか》を目《ま》の当《あ》たりにして深く心を痛《いた》め、悔恨にさいなまれたと言われますね。

ラダクリシュナン　そうです。

アショカ大王は容赦《ようしゃ》なく自身《じしん》を責《せ》め、極限《きょくげん》の苦《くる》しみを味《あじ》わったと言われます。自分が犯《おか》した過ちが、いかに大きな影響《えいきょう》をもたらしたか。大王は深い悩《なや》みに直面《ちょくめん》し、人生の意味《いみ》を思索《しさく》するなかで、仏教に深く帰依《きえ》するようになったのです。

大王《だいおう》は、カリンガ戦争《せんそう》の二年後には、北インドのすべての仏教聖地《ぶっきょうせいち》を巡《めぐ》る二百五十六日の巡礼《じゅんれい》に赴《おもむ》いています。

そして、「力《ちから》による勝利《しょうり》は真実《しんじつ》の勝利ではない」「法《ほう》（ダルマ）による勝利のみが真《しん》の勝利である」と目覚《めざ》め、一切《いっさい》の暴力《ぼうりょく》を放棄《ほうき》する決断《けつだん》をしました。

当時《とうじ》の為政者《いせいしゃ》の一般的《いっぱんてき》な考え方は、〝戦争によって問題《もんだい》を解決《かいけつ》する〟というのがほとんどでした。ところがアショカ大王は、暴力は結局《けっきょく》、多くの問題を引《ひ》き起《お》こすということに気づいた。そして、勇気《ゆうき》をもって暴力を捨《す》て、その政策《せいさく》を大きく転換《てんかん》したのです。

「慈悲《じひ》」と「寛容《かんよう》」の政治《せいじ》への転換《てんかん》

池田　世界史《せかいし》に燦然《さんぜん》と輝《かがや》く精神《せいしん》の覚醒《かくせい》です。

マハトマ・ガンジーも繰《く》り返《かえ》し語《かた》っていますが、暴力の支配《しはい》する世界において、暴力を放棄《ほうき》し、「非暴力」を貫《つらぬ》くためには、どれほど大きな勇気を必要《ひつよう》とするか。

帝国《ていこく》の大王とはいえ、当時《とうじ》の常識《じょうしき》を覆《くつがえ》す革新的《かくしんてき》な諸政策《しょせいさく》の実現《じつげん》には、あまりにも多くの困難《こんなん》があったと思われます。

ラダクリシュナン　じつは、アショカ大王の勅令《ちょくれい》は、最初《さいしょ》からさまざまな抵抗《ていこう》にあったようです。彼《かれ》は、戴冠式《たいかんしき》の十三年後に作成《さくせい》した一連《いちれん》の新しい岩布告《いわふこく》において、そのことを間接的《かんせつてき》に認《みと》めています。

「有徳《うとく》の行為《こうい》は遂行《すいこう》しづらい。それを遂行しようとする人は、困難な仕事《しごと》に直面《ちょくめん》する」と。

彼は、そうした抵抗を打《う》ち破《やぶ》り、正しい行《おこな》いの教えを強めるために、「ダルマ・マハマトラ」と呼《よ》ばれる大王の法勅《ほうちょく》を遵守《じゅんしゅ》させる高官《こうかん》を任命《にんめい》するなど、さまざまな試《こころ》みを行っています。

池田　女性《じょせい》の要求《ようきゅう》に応《こた》えるための「女性のための奉仕者《ほうししゃ》」と呼ばれる地位《ちい》を設置《せっち》したことも先見的《せんけんてき》な取《と》り組《く》みでした。

一つひとつ現代《げんだい》にも通《つう》ずる、まことに示唆《しさ》に富《と》む手が打《う》たれています。

ネルー記念館《きねんかん》のクマール元館長《かんちょう》は、アショカ大王の偉業《いぎょう》を、こう評価《ひょうか》しておられました。

「アショカ王の帝国は、インド文明《ぶんめい》の精神史上《せいしんしじょう》の高い達成点《たっせいてん》であり、ブッダが示《しめ》した倫理的原理《りんりてきげんり》に基《もと》づいて広大《こうだい》な組織体《そしきたい》をまとめるという類《たぐい》のない実験《じっけん》であった。近代《きんだい》の夜明《よあ》けのはるか前に、アショカ王はこのように、寛容《かんよう》と非暴力の実践《じっせん》を通して『良《よ》き社《しゃ》

会《かい》』を実現《じつげん》できることを実証《じっしょう》した」（『アショカ・ガンジー・ネルー展図録』東京富士美術館）

大王《だいおう》は、仏教《ぶっきょう》の「慈悲《じひ》」と「寛容《かんよう》」の精神《せいしん》に基《もと》づいて広く善政《ぜんせい》を敷《し》きました。民衆《みんしゅう》への慈愛《じあい》に満《み》ちた、その偉大《いだい》な振《ふ》る舞《ま》いによって、「天愛喜見《てんあいきけん》（天から愛される者《もの》）」と自《みずか》ら称《しょう》したことは、よく知られるところです。

大王は、仏教の発展《はってん》に努《つと》め、第三回の仏典結集《ぶってんけつじゅう》を行《おこな》うとともに、シリアやエジプトなどの西方世界《せいほうせかい》にまで平和使節《へいわしせつ》を派遣《はけん》して、「ダルマ（法《ほう》）」の思想《しそう》を広めたことでも有《ゆう》名《めい》ですね。

自身《じしん》の王子《おうじ》や王女《おうじょ》をスリランカにまで派遣した、という伝承《でんしょう》もあります。

ラダクリシュナン　アショカ大王が「黒色《こくしょく》のアショカ」（彼はその冷酷《れいこく》な統治《とうち》ゆえに、しばしばそのように呼《よ》ばれました）から人道的《じんどうてき》で慈悲深《ぶか》い高徳《こうとく》の王に変《か》わった事実《じじつ》は、人類《じんるい》に興味《きょうみ》深い教訓《きょうくん》を提供《ていきょう》しています。

大王の偉大さは、革新的《かくしんてき》で遠大《えんだい》な多くの改革《かいかく》を行うなかで、軍鼓《ぐんこ》の響《ひび》きを「ダルマ」に基づくヒューマニズムの交響曲《こうきょうきょく》に変えたことにあると、私は思っています。

人類の長い歩《あゆ》みにあって、このようなことを成《な》し遂《と》げた例《れい》は、極《きわ》めて稀《まれ》であると言えるでしょう。

「アショカ、ガンジー、ネルー展」が開幕（1994年10月18日、東京富士美術館）
©Seikyo Shimbun

池田　そのとおりです。だからこそ現代社会《げんだいしゃかい》は、その偉大な思想《しそう》と足跡《そくせき》から学《まな》んでいかねばならない。そうした思いから私は、日本での「アショカ、ガンジー、ネルー展《てん》」の開催《かいさい》を提案《ていあん》しました。

ＩＣＲ（インド文化関係評議会《ぶんかかんけいひょうぎかい》）をはじめ、関係者の方々《かたがた》の多大《ただい》なご協力《きょうりょく》を得《え》て、一九九四年の十月、東京富士美術館《ふじびじゅつかん》で盛大《せいだい》に開催することができました。仙台《せんだい》や福岡《ふくおか》、名古屋《なごや》の各都市《かくとし》でも開催され、大きな反響《はんきょう》を呼《よ》びました。

オープニングには、ラダクリシュナン博士にも、ご出席《しゅっせき》いただきました。あらためて感謝申《かんしゃもう》し上《あ》げます。

ラダクリシュナン　私のほうこそ、池田会長に感謝《かんしゃ》しております。

同展《どうてん》のテーマは、「癒《いや》しの手（ヒーリング・タッチ）」でしたが、まさに民衆《みんしゅう》への〝慈《じ》悲《ひ》〟と〝非暴力《ひぼうりょく》〟の精神《せいしん》に貫《つらぬ》かれた、すばらしい展示会《てんじかい》でした。

同展には、さまざまな分野《ぶんや》から数多くの人々が訪《おとず》れましたが、見事《みごと》に企画《きかく》・考案《こうあん》された展示から新鮮《しんせん》な洞察《どうさつ》を得《え》ることができたと、皆一様《みないちよう》に、深《ふか》く感謝していました。

「まさに発想《はっそう》の饗宴《きょうえん》である」と言っていた人もいました。

池田 ありがとうございます。

アショカ大王《だいおう》は、釈尊《しゃくそん》の寛容《かんよう》と慈悲の精神を帝国《ていこく》の隅々《すみずみ》にまで広めるため、多くの法《ほう》勅《ちょく》を各地《かくち》の石や岩《いわ》などに刻《きざ》ませました。

展示会に出品《しゅっぴん》された「マハースタンの石片《せきへん》」（レプリカ）も、その一つです。石片には、地方で飢饉《ききん》が起《お》きた場合《ばあい》には、たとえ国の財政《ざいせい》が困窮《こんきゅう》しても民衆を救《すく》うように、との勅令《ちょくれい》が刻まれていて、アショカ大王が民衆の福祉《ふくし》に尽《つ》くした様子《ようす》を垣間見《かいまみ》ることができます。

展示会のテーマを「アショカ、ガンジー、ネルー展」とさせていただいたのは、貴国《きこく》の歴史《れきし》を貫く、偉大《いだい》な民衆奉仕《ほうし》のヒューマニズムが、この三人の生涯《しょうがい》に象徴《しょうちょう》されているからです。

マハトマ・ガンジーもネルー首相《しゅしょう》も、アショカ大王の思想《しそう》から大きな影響《えいきょう》を受《う》けたことで知られていますね。

非暴力の精神をアショカ大王に見いだしたガンジー

ラダクリシュナン　〝インドの父〟であるガンジーと、〝インド共和国《きょうわこく》の建設者《けんせつしゃ》〟であるネルーは、彼《かれ》らに先駆《さきが》けてインドの人々の生活《せいかつ》とビジョンを再構築《さいこうちく》しようとしたアショカ大王の事績《じせき》に、強い関心《かんしん》を寄《よ》せました。

ガンジーはアショカ大王に、理想的《りそうてき》な国家《こっか》の統治者《とうちしゃ》としての姿《すがた》を見いだしました。大王が、戦争《せんそう》が無益《むえき》であることを深く理解《りかい》していたこと、そして彼がのちに国家政策《せいさく》として戦争を放棄《ほうき》したことに、ガンジーは強く惹《ひ》きつけられたのです。

またインドの人々が、老《お》いも若《わか》きも、一般《いっぱん》の民衆も、指導者《しどうしゃ》たちも、何世代《なんせだい》にもわたり、程度《ていど》の差《さ》はあれ、アショカ大王の影響を受けてきた事実《じじつ》に心を留《と》めるべきでしょう。

ある意味《いみ》で、大王は、ちょうどガンジーのように、今もインドに生《い》き続《つづ》けているのです。

池田　よくわかります。

ガンジーは、あの独立闘争《どくりつとうそう》のなかで、「武力《ぶりょく》にもとづく世界連合《せかいれんごう》に対《たい》しても非暴力《ひぼうりょく》の抵抗《ていこう》をもって立《た》ち向《む》かうことはできると言えます。そのような実例《じつれい》に、アショーカ王《おう》の国家《こっか》があります」（『わたしの非暴力2』ガンディー著、森本達雄訳、みすず書房）と語《かた》っています。

ガンジーが、自《みずか》らの非暴力運動《うんどう》に対する自信《じしん》を、アショカ大王《だいおう》の偉大《いだい》な変革《へんかく》の姿《すがた》から得《え》ていたことに、私は貴国《きこく》の精神性《せいしんせい》の奥行《おくゆ》きの深《ふか》さを感《かん》じます。

ラダクリシュナン　おっしゃるとおりです。

最初《さいしょ》は暴君《ぼうくん》と恐《おそ》れられたアショカ大王でさえ、平和《へいわ》の指導者《しどうしゃ》へと変《か》わることができた。自己《じこ》を変革することができた。

つまり〝アショカ〟は、一人《ひとり》ひとりの心のなかにいる。誰《だれ》もが自分を変えることができる——そうガンジーは見たのです。

池田　まことに大事《だいじ》な点を、指摘《してき》してくださいました。

ガンジーは、アショカ大王が、仏教《ぶっきょう》の教えによって、いわば自身《じしん》の「人間革命《かくめい》」を成《な》し遂《と》げたことを高く評価《ひょうか》したわけですね。

ラダクリシュナン　そのとおりです。

ガンジーは、「征服王《せいふくおう》」が「平和の使者《ししゃ》」に変わったことは、仏教の教えの偉大な勝《しょう》利《り》であると言っています。

アショカ大王の偉大さは、彼《かれ》が仏教の教えのなかに、変革、啓発《けいはつ》、能力《のうりょく》の強化《きょうか》のための、合理的《ごうりてき》で倫理的《りんりてき》な原理《げんり》を見いだしたことにあります。

池田　その一つが、「生命尊厳《せいめいそんげん》」と「共生《きょうせい》」の思想《しそう》ですね。大王が、細《こま》かい規則《きそく》を定《さだ》め、無用《むよう》な殺生《せっしょう》を禁止《きんし》したことは知られていますが、人間はもちろんのこと、家畜《かちく》をはじめ、あらゆる生物《せいぶつ》にも慈愛《じあい》をもって接《せっ》することを命《めい》じています。

ラダクリシュナン　アショカ大王の統治《とうち》の中心《ちゅうしん》にあった「ダルマ」に基《もと》づくヒューマニズムは、「殺《ころ》さず」「互《たが》いに敬《うやま》う」ことに力点《りきてん》を置《お》いた、いわゆる「他者《たしゃ》を受容《じゅよう》するコスモロジー（宇宙論《うちゅうろん》）」の模範《もはん》であると言えます。

しかし大王にとって「非暴力」とは、他の存在《そんざい》を「傷《きず》つけない」こと、「害《がい》を与《あた》えない」こと、あるいは「殺さない」ことを超《こ》えて、より大きな意味《いみ》をもつものでした。

七章石柱法勅《ななしょうせきちゅうほうちょく》には、大王の関心事《かんしんじ》は、世界の人々の利益《りえき》と幸福《こうふく》であり、彼に近《ちか》い人も遠《とお》い人も、あたかも親族《しんぞく》であるかのように考慮《こうりょ》され、遇《ぐう》されねばならないと記《しる》されています。

池田　そうした大王《だいおう》の思想《しそう》は、有名《ゆうめい》な別刻摩崖法勅《べっこくまがいほうちょく》の一節《いっせつ》にも、よく表《あらわ》れています。

「われわれは人びとの信頼《しんらい》を得《え》なければならない。すべての人は私の子である。私は王《おう》子《じ》のためと同様《どうよう》に、〔かれらが〕現世《げんせ》と来世《らいせ》の、すべての利益《りえき》と安楽《あんらく》を得ることを願《ねが》う」

(『アショーカ王碑文』塚本啓祥著、第三文明社)

大王は、貧民救済《ひんみんきゅうさい》や街路樹《がいろじゅ》の植林《しょくりん》、人と家畜《かちく》のための療院《りょういん》の建設《けんせつ》など、現在《げんざい》でいう福祉《ふくし》や環境《かんきょう》の分野《ぶんや》でも、具体的《ぐたいてき》な事業《じぎょう》の推進《すいしん》に取《と》り組《く》んでいますね。

ラダクリシュナン　ええ。アショカ大王は、時々《ときどき》言われるような単《たん》なる夢想家《むそうか》や非現実《ひげんじつ》主義者《しゅぎしゃ》ではありませんでした。

「早く理想《りそう》を実現《じつげん》したい」との思いが、どれほど強く働《はたら》いている時も、常《つね》に究極的《きゅうきょくてき》な理想と、現在の自身《じしん》や社会《しゃかい》が直面《ちょくめん》している状況《じょうきょう》を、極《きわ》めて慎重《しんちょう》に識別《しきべつ》する指導者《しどうしゃ》でした。

ネルーはアショカ大王を理想的な指導者として尊敬《そんけい》

池田　そうです。その意味《いみ》で、大王は状況を鋭《するど》く見極《みきわ》め、的確《てきかく》な判断《はんだん》を下《くだ》した現実主義者であり、優《すぐ》れた第一級《だいいっきゅう》の政治家《せいじか》でもあったわけですね。

ネルー首相《しゅしょう》も、政治家として、アショカ大王を高く評価《ひょうか》していましたね。


ラダクリシュナン　ええ。ネルーは、アショカ大王の姿《すがた》のなかに、自《みずか》らがなすべき課《か》題《だい》を理解《りかい》している極めて現代的《げんだいてき》な指導者像《ぞう》を見いだしていました。

ネルーは、その著書《ちょしょ》『インドの発見《はっけん》』のなかで、次《つぎ》のように述《の》べています。

「ベナレースの近くのサールナートでは、あたかも最初《さいしょ》の説教《せっきょう》をしている仏陀《ぶっだ》が眼《ま》のあたりに見えるかのようであったし、記録《きろく》されている彼《かれ》の言葉《ことば》の幾《いく》つかが二千五百年の隔《へだ》たりを超《こ》えて、遠いこだまのように私に聞こえて来るような気がした。字の刻《きざ》まれたアショーカの石柱《せきちゅう》は、その荘重《そうちょう》な言葉で私に話しかけ、皇帝《こうてい》ではあったけれども、しかしどの王や皇帝よりも偉大《いだい》であった一人《ひとり》の人間について私に語《かた》ろうとした」（前掲『インドの発見〈上〉』〈現代表記に改めた〉）

池田　ネルー首相が仰《あお》ぎ見《み》た石柱は、アショカ大王が、釈尊《しゃくそん》の「初転法輪《しょてんぽうりん》（初《はじ》めて説法《せっぽう》を行《おこな》った）の地」サルナートを訪《おとず》れ、建立《こんりゅう》したものでしたね。
サルナートの石柱は、四頭《とう》の獅子《しし》が背中合《せなかあ》わせに座《すわ》る「獅子柱頭《ちゅうとう》」で有名《ゆうめい》です。この柱頭は新生《しんせい》インドの「国章《こくしょう》」となり、獅子の足元《あしもと》に位置《いち》する「法輪《ほうりん》」は、「国旗《こっき》」の中央《ちゅうおう》にも描《えが》かれています。

ネルー首相《しゅしょう》は、独立《どくりつ》を果《は》たしたインドが、アショカ大王《だいおう》の石柱《せきちゅう》の図柄《ずがら》を国家《こっか》の象徴《しょうちょう》に用《もち》いた意義《いぎ》を、次《つぎ》のように語《かた》っています。

「今もインド中至《じゅういた》る所《ところ》に、アソカ王が二千年以上《いじょう》前の人々に『正しくあれ』『忍耐強《にんたいづよ》くあれ』等々《とうとう》と呼びかけた碑文《ひぶん》を記《しる》した大きな塔碑《とうひ》がみられます。（中略）私共は今日《こんにち》の新しい動的《どうてき》な我《わ》がインドに於《お》いてこの象徴を忘《わす》れたくなかったのです。それは私共が古い文化的哲学的《ぶんかてきてつがくてき》なインドの姿《すがた》、その平和《へいわ》に満《み》ちた姿を今日の活動的《かつどうてき》な精神《せいしん》と出来《でき》るだけ結《むす》び付《つ》けたいと念願《ねんがん》するからに他《ほか》なりません」（『自由と平和への道』井上信一訳、社会思想研究会出版部）

ラダクリシュナン　多くの歴史家《れきしか》や評論家《ひょうろんか》たちは、ネルーが人間主義的《しゅぎてき》で寛容《かんよう》な、民衆《みんしゅう》に愛《あい》される指導者《しどうしゃ》へと成長《せいちょう》したのは、大いにアショカ大王のおかげであると論《ろん》じています。

ネルーは大王を尊敬《そんけい》し、民衆の敬愛《けいあい》と賞讃《しょうさん》を獲得《かくとく》できた〝理想的《りそうてき》な指導者像〟を、大王に見いだしたのです。

池田　重要《じゅうよう》なご指摘《してき》です。ネルー首相が、アショカ大王を深《ふか》く尊敬し、大きな影響《えいきょう》を

サルナートの四頭獅子柱頭（サルナート考古学博物館）。この柱頭の図柄がインドの国章となった。
©Seikyo Shimbun

受けた理由《りゆう》がよくわかりますね。

ともあれ、大王の法勅《ほうちょく》に刻《きざ》まれた言々《げんげん》句々《くく》からは、民衆への深い愛情《あいじょう》と、指導者としての強い責任感《せきにんかん》が伝《つた》わってきます。

大王は、自身《じしん》がいついかなる時も――食事中《しょくじちゅう》でも、就寝中《しゅうしんちゅう》でも、乗《の》り物《もの》の中においても、人民《じんみん》に関《かん》することは報告《ほうこく》せよと命《めい》じています。

そして法勅には、その理由《りゆう》を述《の》べた、アショカ大王の言葉《ことば》が、こう記されています。

「なぜならば、努力《どりょく》と政務《せいむ》の裁断《さいだん》において、私に満足《まんぞく》はないからである。なぜならば、私には、一切世間《いっさいせけん》の利益《りえき》がなされねばならないと、考えられるからである。そしてまた、その根本《こんぽん》はこれ、〔すなわち〕努力と政務《せいむ》の裁断《さいだん》とである。実《じつ》に、一切世間《いっさいせけん》の利益《りえき》よりも重要《じゅうよう》な事業《じぎょう》は存在《そんざい》しない」
（前掲『アショーカ王碑文』）

現代《げんだい》の政治家《せいじか》や指導者《しどうしゃ》が心して学《まな》ぶべき、崇高《すうこう》な民衆奉仕《みんしゅうほうし》の精神《せいしん》です。「ダルマ（法《ほう》）」による統治《とうち》――高い倫理性《りんりせい》と非暴力《ひぼうりょく》の思想《しそう》に基《もと》づいた人間社会《しゃかい》の創造《そうぞう》こそ、現代世界《せかい》がまさに目指《めざ》すべき姿《すがた》であることを、アショカ大王《だいおう》の治世《ちせい》は教えているからです。

ラダクリシュナン　アショカ大王は、没後数世紀《ぼつごすうせいき》を経《へ》て、インド社会のあらゆる分野《ぶんや》の人々にとって、最《もっと》も偉大《いだい》で永続的《えいぞくてき》な精神的滋養《せいしんてきじよう》の源泉《げんせん》の一つとなりました。

大王の布告《ふこく》は、人々にとって、信頼《しんらい》に値《あたい》する「励《はげ》まし」と「指針《ししん》」の源泉となったのです。

ゆえに、この偉大な統治者の影響《えいきょう》を受《う》けなかったインドの指導者は、ほとんどいないのであり、現実《げんじつ》に今なお尊敬《そんけい》と賞讃《しょうさん》を集《あつ》めているのです。

池田　アショカ大王は、釈尊《しゃくそん》を源流《げんりゅう》とする仏教《ぶっきょう》思想に基づき、後世《こうせい》の模範《もはん》となる人道《じんどう》的《てき》政治を行《おこな》いました。その影響は、現代のアジアのみならず、西洋《せいよう》社会にも広く及《およ》んでいます。

大王の治世は、「宗教《しゅうきょう》」が人類《じんるい》社会の発展《はってん》にどのような役割《やくわり》を果《は》たすことができるのか、平和《へいわ》と調和《ちょうわ》の社会の創造に、どのように寄与《きよ》できるのか、そうした重要な課題《かだい》について、貴重《きちょう》な示唆《しさ》を与《あた》えてくれます。

◆第4章◆

世界を変えたガンジー思想

1 君《きみ》よ、わが道を一人往《ひとりゆ》け

他者《たしゃ》のために働《はたら》く人生《じんせい》の尊《とうと》さ

池田 「どんな人でも立派《りっぱ》な人間になれる。なぜなら、だれでも奉仕《ほうし》をすることができるからである」（『キング牧師の言葉』C・S・キング編、梶原寿・石井美恵子訳、日本基督教団出版局）

これは、マハトマ・ガンジーの精神《せいしん》を受《う》け継《つ》ぎ、アメリカの人権闘争《じんけんとうそう》に命《いのち》を捧《ささ》げたキング博士[*27]の信念《しんねん》の叫《さけ》びです。

――人間としての偉大《いだい》さは、学歴《がくれき》や地位《ちい》、肩書《かたがき》で決《き》まるのではない。人々の幸福《こうふく》のために、どれだけ苦労《くろう》し、どれだけ貢献《こうけん》したかで決まる――

人間としての真《しん》の幸福も、まさにここにあると、私は思ってきました。

ラダクリシュナン おっしゃるとおり、ガンジーやキング博士は、人々のことを思い、人々のために働《はたら》いた人でした。
人生《じんせい》において、金《かね》を稼《かせ》いで使《つか》うこと、権力《けんりょく》を獲得《かくとく》して維持《いじ》すること、さまざまな形《かたち》で他者《たしゃ》を支配《しはい》すること、そういうことが重要《じゅうよう》なのではない。そんなことより、もっと尊《とうと》い生き方があるのだ。彼《かれ》らは、そう教えてくれます。

二十世紀《せいき》は、二つの世界大戦《せかいたいせん》や大量《たいりょう》破壊兵器《はかいへいき》の開発《かいはつ》をはじめ、多くの悲劇《ひげき》が生まれた時代《じだい》でした。しかし同時《どうじ》に、マハトマ・ガンジー、マーチン・ルーサー・キング、ローザ・パークス*26、マザー・テレサ*59、ネルソン・マンデラ*25、そして池田大作博士という偉大な人物《じんぶつ》を輩出《はいしゅつ》した時代でもありました。

こうした人物のおかげで、私たちは、〝すべてが失《うしな》われたわけではない。遅《おそ》すぎるわけではない〟という希望《きぼう》を抱《いだ》くことができるのです。

そうした人々の戦《たたか》いには、「希望と楽観主義《らっかんしゅぎ》」「勇気《ゆうき》」「人々への愛情《あいじょう》」という三つの要素《ようそ》が備《そな》わっています。それらは、深《ふか》い洞察《どうさつ》と未来《みらい》への展望《てんぼう》をもつ、預言者《よげんしゃ》や哲学者《てつがくしゃ》のみに見いだされる資質《ししつ》です。

池田会長は、それらの資質によって、すべての時代の最《もっと》も偉大な人物に連《つら》なっておられるのです。

池田　恐縮《きょうしゅく》です。私へのあまりにも過分《かぶん》な評価《ひょうか》はともあれ、博士が挙《あ》げられた偉大《いだい》な人々の人生《じんせい》の軌跡《きせき》は、今なお大いなる輝《かがや》きを放《はな》っております。

日々《ひび》の生活《せいかつ》のなかで、私たちが、常《つね》に自分自身《じしん》に問《と》いかけるべきことは何か。

キング博士は、それは「他人《ひと》のために、いまお前は何をしているか」（前掲『キング牧師の言葉』）であると教えております。

自分のためだけに生きる人生には、真《しん》の喜《よろこ》びも充実《じゅうじつ》もありません。小さな利己《りこ》の殻《から》を打《う》ち破《やぶ》り、人々のため、大いなる目的《もくてき》に生きてこそ、新しい人生の地平《ちへい》は、広々と開《ひら》かれていきます。

日蓮仏法《ぶっぽう》では「人のために火をともせば・我《わ》がまへ明《あきらか》なるがごとし」（前掲『日蓮大聖人御書全集』一五九八ページ）と説《と》かれています。他者《たしゃ》を照《て》らすこと、他者に貢献《こうけん》することは、じつは自《みずか》らの未来《みらい》を、明々《あかあか》と照らしていくことになる。これが、生命《せいめい》の法《ほう》則《そく》です。

ラダクリシュナン　本当《ほんとう》に、そのとおりですね。

人生は「どう生きたか」によって、大きな違《ちが》いが生まれます。その足跡《そくせき》は、わが人生の物語《ものがたり》に、明確《めいかく》に刻印《こくいん》されていくのです。

公民権獲得を訴える「ワシントン大行進」（1963年８月28日）に参加したキング博士（中央）
［提供＝PPS通信社］

生命は貴重《きちょう》な宝《たから》であります。それは、否応《いやおう》なしにすべての人々を至高《しこう》の存在《そんざい》と結《むす》びつけ、その至高の栄光《えいこう》のなかで、人間は「自己《じこ》の完成《かんせい》」と「人生の目的」を実現《じつげん》するのです。

かつて、ある人が、ガンジーに尋《たず》ねました。

「あなたが世界《せかい》に伝《つた》えたいメッセージを教えてください」

その時、ガンジーは、こう答《こた》えました。

「私の人生が、私のメッセージです」

池田　〝行動《こうどう》の人〟であったガンジーの哲《てつ》学《がく》を凝縮《ぎょうしゅく》した有名《ゆうめい》な言葉《ことば》ですね。

ラダクリシュナン　ええ。ガンジーにとって、「哲学」と「行動」は一致《いっち》すべきものでした。

机上《きじょう》で事実《じじつ》を分析《ぶんせき》するだけの人ならば、数多くいます。しかし、自《みずか》らの行動《こうどう》によって現実《げんじつ》を変《か》えようとする人は稀《まれ》であり、その変革《へんかく》に成功《せいこう》する人は、さらに稀です。

かつて、ガンジーの弟子《でし》であるネルー*22は成功の理由《りゆう》を問《と》われて、「それは、二十四時間働《はたら》いたからだよ」と答えました。「人のために働いて、働いて、眠《ねむ》れぬ夜を何日過《す》ごすかが大切《たいせつ》だ」と。

この世界《せかい》に「平和《へいわ》」と「調和《ちょうわ》」をもたらすためには、どれほどの夜を眠らずに過ごせばよいのでしょうか。

池田　世界の指導者《しどうしゃ》が、深《ふか》く胸《むね》に刻《きざ》むべき信念《しんねん》です。人々の生命《せいめい》と生活《せいかつ》を支《ささ》え、護《まも》らねばならない国家《こっか》や社会《しゃかい》の指導者ならば、なおさらのことです。

「ガンジー、キング、イケダ」展《てん》に世界が注目《ちゅうもく》

ラダクリシュナン　池田博士は、さまざまな次元《じげん》と角度《かくど》から、世界の平和と人々の幸福《こうふく》のために努力《どりょく》を続《つづ》けてこられました。
SGI（創価学会インタナショナル）のメンバーにも、またそうでない人々にも配慮《はいりょ》を

巡《めぐ》らせ、小グループの会合《かいごう》でのきめ細《こま》かな指導や、数限《かずかぎ》りない人々への心温《こころあたた》まる激励《げきれい》を行《おこな》ってこられました。

池田会長が、SGI以外《いがい》の多くの人々にも影響《えいきょう》を及《およ》ぼし、大いなる支持《しじ》と賞讃《しょうさん》を勝《か》ち取《と》ってこられた事実《じじつ》は、これまで極《きわ》めてわずかな指導者や思想家《しそうか》しか、なし得《え》なかったことです。

非人間的《ひにんげんてき》な風潮《ふうちょう》が顕著《けんちょ》になりつつある現代《げんだい》において、まさにここに、父や母しか与《あた》えることのできない限りない温かさ、そして人間的な思いやりを満身《まんしん》にたたえた卓越《たくえつ》した指導者が存在《そんざい》しているのです。

一九三〇年に、わずかな会員《かいいん》から出発《しゅっぱつ》した創価学会の運動《うんどう》が、今や世界の百九十二カ国・地域《ちいき》に会員を擁《よう》するまでに大発展《だいはってん》したことは、極めて注目《ちゅうもく》すべきことです。

池田　寛大《かんだい》なご理解《りかい》に、深く感謝《かんしゃ》します。

かつて私は、ある海外《かいがい》のジャーナリストから、「学会が大発展《だいはってん》した理由《りゆう》は何ですか?」という質問《しつもん》を受けたことがあります。

その時、私は、一言《ひとこと》、こう答《こた》えました。

「それは『一生懸命《いっしょうけんめい》に』やったからです」と。

どんなに哲学《てつがく》が優《すぐ》れていても、「一生懸命《いっしょうけんめい》」でなければ、そして「誠実《せいじつ》」でなければ、その哲学がもつ力《ちから》を引き出すことはできません。

ラダクリシュナン　ガンジー、キング、そして池田博士――民衆《みんしゅう》に非暴力《ひぼうりょく》の勇気《ゆうき》を贈《おく》った、この三人の人物《じんぶつ》に、今、世界的《せかいてき》に大きな注目《ちゅうもく》が集《あつ》まり始《はじ》めています。

キング博士の母校《ぼこう》であるモアハウス大学のキング国際《こくさい》チャペルが主催《しゅさい》する「ガンジー・キング・イケダ――平和建設《へいわけんせつ》の遺産《いさん》」展《てん》が、世界中《じゅう》で行《おこな》われていますが、インドの各都市《かくとし》でも開催《かいさい》されました。

二〇〇五年に、デリー大学で開催された時には、私もシンポジウムに参加《さんか》し、講演《こうえん》させていただきました。

私はまた、アメリカのロードアイランドやデトロイト、アトランタ、インドのトリヴァンドラム*60やシンガポール等《とう》で開催された展示《てんじ》の開幕式《かいまくしき》にも出席《しゅっせき》する栄誉《えいよ》に浴《よく》しました。

各地《かくち》で開催された展示には、数多くの人々が訪《おとず》れました。アトランタ展の開幕式で、コレッタ・キング夫人《ふじん》と、子息《しそく》のマーチン・ルーサー・キング三世《せい》が、私に示《しめ》してくださった温《あたた》かな心情《しんじょう》も忘《わす》れることはできません。

インド・デリー大学で行われた「ガンジー・キング・イケダ」展を記念するシンポジウム（2005年10月17日）　©Seikyo Shimbun

とくに、コレッタ夫人は、ガンジー、キング、池田という偉大《いだい》な人物と人生《じんせい》をともにした〝夫人たちの展示パネル〟に強く感《かん》動《どう》しておられました。

夫人と子息が、それぞれのパネルについて熱心《ねっしん》に質問《しつもん》をしながら、三十分以上《いじょう》もかけて見学《けんがく》された事実《じじつ》は、同《どう》展の価値《かち》の高さを、あらためて物語《ものがた》るものです。

また、二〇〇六年の六月に開催されたシンガポール展では、ザイヌル・アビディン・ラシード外相《がいしょう》が、展示の内容《ないよう》にひときわ強い関心《かんしん》を示しておられたことも思《おも》い起《お》こされます。

池田　お忙《いそが》しいなか、世界各地の展示会に、わざわざ足《あし》を運《はこ》んでくださり、心から感謝申《かんしゃもう》しあげます。

ご存《ぞん》じのように、同展《どうてん》の提唱者《ていしょうしゃ》であり推進者《すいしんしゃ》であるモアハウス大学・キング国際《こくさい》チャペルのカーター所長《しょちょう》は、キング博士の思想《しそう》を世界《せかい》に広めるために、世界中を駆《か》けて奮闘《ふんとう》してこられました。

所長は、キング博士暗殺《あんさつ》の悲報《ひほう》を知った際《さい》、「どうか、マーチン・ルーサー・キングのために、自分が生きている間《あいだ》に、偉大《いだい》な何かを成《な》し遂《と》げられるよう、力《ちから》をください！」と祈《いの》ったそうです。

この誓《ちか》いのままに、所長は今なお行動《こうどう》を続《つづ》けられているのです。

非暴力《ひぼうりょく》思想の世界的広がり

ラダクリシュナン　ガンジーも、キングも、二十世紀《せいき》に生まれ、その生涯《しょうがい》は、二十年間も重《かさ》なっています。しかし二人《ふたり》は、お互《たが》いに、会《あ》ったことも手紙《てがみ》のやりとりをしたこともありませんでした。
ガンジーはヒンズー教徒《きょうと》で、キングはキリスト教徒でした。また、ガンジーは弁護士《べんごし》で、キングは牧師《ぼくし》でした。

ガンジーは七十八歳《さい》まで生き、キングは三十九歳で倒《たお》れました。ガンジーはインドの多数派《たすうは》の指導者《しどうしゃ》で、キングは少数派《しょうすうは》の指導者でした。ガンジーは世界中から深《ふか》く崇敬《すうけい》されましたが、ノーベル賞《しょう》を受けたのはキングだけでした。

こうしたさまざまな違《ちが》いがありますが、それよりも二人には明《あき》らかな共通点《きょうつうてん》がありました。

まず、第一に「非暴力《ひぼうりょく》による抵抗《ていこう》は、臆病者《おくびょうもの》の手段《しゅだん》ではない」と考えたことです。第二に、敵対者《てきたいしゃ》を打《う》ち負《ま》かすのではなく、「友好関係《ゆうこうかんけい》と相互理解《そうごりかい》によって」勝利《しょうり》を勝《か》ち取《と》ろうとした点です。非暴力がもたらすものは、互いに愛《あい》し合《あ》う社会《しゃかい》の創造《そうぞう》であり、暴力がもたらすものは悲劇的《ひげきてき》な憎《にく》しみなのです。

そして、第三に「正義《せいぎ》の攻撃《こうげき》が向《む》けられるべきは、悪《あく》を行《おこな》う人間に対《たい》してではなく、悪の力、悪そのものに対してである」とした点です。

池田　いずれも非常《ひじょう》に重要《じゅうよう》な視点《してん》です。

暴力は必《かなら》ず、さらなる暴力を生む。暴力の連鎖《れんさ》、憎しみの連鎖の悲惨《ひさん》な実例《じつれい》を、人類《じんるい》はいやというほど目にしてきました。

「悪の行使者《こうししゃ》になることは、ただ宇宙《うちゅう》における暴力と怨恨《えんこん》の存在《そんざい》を増幅《ぞうふく》するだけ」である（『マーティン・ルーサー・キング自伝』クレイボーン・カーソン編、梶原寿訳、日本基督教団出版局）――そうキング博士は、考えていました。

真《しん》の「非暴力《ひぼうりょく》」とは、敵《てき》の心のなかにさえ「変革《へんかく》」をもたらそうとする戦《たたか》いです。

自身《じしん》を基軸《きじく》として、悪《あく》の潮流《ちょうりゅう》を、善《ぜん》の奔流《ほんりゅう》へと逆転《ぎゃくてん》させゆく戦いなのです。


ラダクリシュナン　「非暴力」の思想《しそう》は、キングがガンジーの手法《しゅほう》を採用《さいよう》する前は、小さな宗教共同体《しゅうきょうきょうどうたい》、あるいはインドでガンジーとともに戦った人たちだけが用《もち》いる概《がい》念《ねん》と見られていました。しかしキングは、「非暴力」が、怒《いか》りや憎《にく》しみに代《か》わって効果《こうか》的《てき》に用いられるならば、ともに働《はたら》き、進歩《しんぽ》しゆく民主的《みんしゅてき》な社会《しゃかい》を構築《こうちく》するうえで、不《ふ》可欠《かけつ》な要素《ようそ》となることを実証《じっしょう》したのです。

近年《きんねん》、地球的《ちきゅうてき》な規模《きぼ》で、非暴力思想への目覚《めざ》めが見られますが、その大部分《だいぶぶん》はガンジーとキングの先駆的《せんくてき》な努力《どりょく》に負《お》うものです。

たとえば、ポーランドの「連帯《れんたい》」の闘争《とうそう》、[*61] 一九八六年のフィリピンのピープル・パワーによる民主化運動《うんどう》、[*62] 南アフリカの民衆《みんしゅう》による抵抗《ていこう》運動、[*63] ラトビア、リトアニア、エストニアの解放《かいほう》、[*64] 一九九一年のモスクワでの強硬路線《きょうこうろせん》の敗退《はいたい》、[*65] 東ドイツとチェコスロヴァキアの解放[*66]などが挙《あ》げられます。

池田　キング博士の盟友《めいゆう》であった、ハーバード大学のハービー・コックス博士と語《かた》り合《あ》った際《さい》にも、非暴力思想の世界的《せかいてき》な〝環流《かんりゅう》〟が話題《わだい》となりました。すなわち、トルストイ[*18]やソロー[*40]の思想は、ガンジーに影響《えいきょう》を与《あた》え、ガンジーに学《まな》んだキング博士が、アメリカで大きな変革の波《なみ》を起《お》こしていきました。そして今なお、非暴力思想の波は時代《じだい》を超《こ》え、国境《こっきょう》を越《こ》えて、全世界的な規模《きぼ》で拡大《かくだい》しております。

キング博士夫妻《ふさい》のインド体験《たいけん》

ラダクリシュナン　キングが、妻《つま》のコレッタ夫人《ふじん》とともにインドを訪問《ほうもん》したのは、一九五九年のことでした。彼《かれ》は、この訪問を、「巡礼《じゅんれい》」と呼《よ》んでいます。

キングはデリーで、「他《た》の場所《ばしょ》へは、私は観光者《かんこうしゃ》として行くが、インドへは、私は巡礼者として行くのだ」と語《かた》りました。

彼はインドのどこに行っても温《あたた》かく迎《むか》えられました。じつは、私の師《し》ラマチャンドラン博士[*7]が、インド訪問の受《う》け入《い》れを担当《たんとう》したのです。

コレッタ夫人は、その著《ちょ》『マーチン・ルーサー・キングと私の人生《じんせい》』のなかで、訪印《ほういん》の印象《いんしょう》について、次《つぎ》のように述《の》べています。

「インドの国を旅行《りょこう》して、私たちはインドの政治《せいじ》の中で女性《じょせい》たちが果《は》たした役割《やくわり》に、それがわがアメリカの国におけるものよりもはるかに大きかったことに、感銘《かんめい》を深《ふか》くしました。ガンジーが独立闘争《どくりつとうそう》に女性たちを参画《さんかく》させ、彼女《かのじょ》たちの多くが男性《だんせい》たちと同《おな》じように牢獄《ろうごく》に入ったことを知りました。ガンジーはまた、女性をヒンズーやイスラムの伝《でん》統《とう》の束縛《そくばく》から解放《かいほう》するために尽力《じんりょく》しました」

夫人《ふじん》はさらに、次《つぎ》のように述《の》べています。

「インドでの体験《たいけん》は、マーティンの心に大変《たいへん》な衝撃《しょうげき》を与《あた》えました。彼《かれ》が学《まな》んだことの一つは、忍耐《にんたい》でした。インドの民衆《みんしゅう》が独立を獲得《かくとく》するまでに、ほぼ半世紀《はんせいき》もかかったのです。インドの指導者《しどうしゃ》たちが、十年以上《いじょう》も投獄《とうごく》されていたのに対《たい》し、私たちの指導者は、たった二、三日、あるいは二、三週間でした」

池田　コレッタ夫人は、かつてアメリカ創価大学を訪問《ほうもん》され、「人権講座《じんけんこうざ》」で講演《こうえん》してくださったことがあります。

講演では、キング博士のノーベル平和賞《へいわしょう》の受賞《じゅしょう》スピーチの一節《いっせつ》を引いて、平和の理《り》念《ねん》をこう訴《うった》えておられました。

「世界《せかい》平和を実現《じつげん》するためには、戦争《せんそう》を憎《にく》むだけでは不十分《ふじゅうぶん》です。我々《われわれ》は、平和を積《せっ》極的《きょくてき》に推進《すいしん》していかなければなりません」

キング博士がノーベル平和賞を受賞したのは、一九六四年のことですが、このころから博士は、戦争という「国家悪《こっかあく》」に対《たい》しても明確《めいかく》な抗議《こうぎ》の声《こえ》を上《あ》げ始《はじ》めました。

なかでも有名《ゆうめい》なのは、一九六七年の「ベトナムを越《こ》えて」というスピーチです。当時《とうじ》のアメリカで反戦《はんせん》を声高《こえたか》らかに叫《さけ》んだことで、キング博士は大きな苦境《くきょう》に立たされていくことになりました。

ラダクリシュナン　ベトナム戦争は、公民権運動家《こうみんけんうんどうか》であり、人権の闘士《とうし》であったキングの生涯《しょうがい》における、大きな転換点《てんかんてん》となりました。彼は、アメリカがベトナム戦争に関与《かんよ》するのを、決《けっ》して正当化《せいとうか》することはできませんでした。そして、この戦争を、「アメリカの悲劇《ひげき》」と呼《よ》んだのです。

〝アメリカ国内《こくない》では非暴力《ひぼうりょく》を訴えているのに、アメリカが海外《かいがい》で圧倒的《あっとうてき》な暴力を使《つか》っているのを、黙《だま》って見ていていいのか？〟

彼は、国内での不正義《ふせいぎ》に対《たい》する闘争と、海外での不正義に対する闘争を、分けて考えることはできませんでした。

しかし、戦争への反対《はんたい》を明確に訴えたことで、キングはさまざまな批判《ひはん》を浴《あ》びました。

「彼《かれ》には愛国心《あいこくしん》がない」などと、あえて言い立てる人こそいませんでしたが、ベトナム戦争《せんそう》への批判《ひはん》は、黒人《こくじん》たちの間《あいだ》ですら、キングの人気《にんき》に暗《くら》い影《かげ》を落《お》としました。

偉大《いだい》な人物《じんぶつ》には必《かなら》ず迫害《はくがい》が

池田　キング博士は、そうした世論《せろん》の変化《へんか》を、「この国のほとんどすべての新聞《しんぶん》は私を批判した。それは私の人生《じんせい》における引《ひ》き潮《しお》の時期《じき》であった」（前掲『マーティン・ルーサー・キング自伝』）と述《の》べていますね。

しかも博士は、味方《みかた》の側《がわ》の人々からも非難《ひなん》された。博士が社会的正義《しゃかいてきせいぎ》の実現《じつげん》を求《もと》めて「反戦《はんせん》」に踏《ふ》み切《き》ると、〝それは公民権運動《こうみんけんうんどう》の戦略《せんりゃく》上《じょう》、マイナスになる〟と批判した人も多かった。

そして、多くの仲間《なかま》が去《さ》っていったのです。

しかし、どこまでも博士と〝志《こころざし》〟を同《おな》じくし、戦《たたか》った同志《どうし》もいました。いざという時に、人間の真価《しんか》は光るものです。

キング博士は、語《かた》っています。

「ある人についての究極的評価《きゅうきょくてきひょうか》は、その人が都合《つごう》のよい時にどこに立っているかで

決《き》まるのではなく、彼が挑戦《ちょうせん》を受《う》けている時に、大いなる危機《きき》と論争《ろんそう》の直中《ただなか》にいる時に、どこに立っているかで決まる」（同前）

デンバー大学のビンセント・ハーディング博士は、先ほど申し上げたキング博士の「ベトナムを越《こ》えて」の草稿《そうこう》を作成《さくせい》した人物《じんぶつ》としても知られています。

そのハーディング博士が、キング博士の人格《じんかく》の特質《とくしつ》を、私にこう語っておられました。

――キング博士の雄弁《ゆうべん》は有名《ゆうめい》だが、聴衆《ちょうしゅう》を励《はげ》ましたのは、彼のスピーチというよりも、そこから伝《つた》わる「勇気《ゆうき》」であった。また、自分ができないことは他人《たにん》にもやらせない。自分が危険《きけん》を背負《せお》うことはあっても、他人には背負わせない。常《つね》に自分が矢面《やおもて》に立つ。そういう人物であった、と。

ラダクリシュナン　ほとんどの偉大な運動の源泉《げんせん》とその力《ちから》を辿《たど》れば、必《かなら》ず先駆的役割《せんくてきやくわり》を受《う》け持《も》ち、敢《あ》えて苦《くる》しみを受《う》けていこうとする一人《ひとり》の人間に行《ゆ》き着《つ》くものです。

その一人が、勇気をもって立ち上がり、世界《せかい》に向《む》かって〝目を開《ひら》くのだ。それは正しい生き方ではない〟と叫《さけ》んできたのです。

しかしながら、そうした先人《せんじん》たちは、必ずと言ってよいほど迫害《はくがい》に直面《ちょくめん》します。批判を浴《あ》び、牢《ろう》に入れられ、時には〝死《し》〟を与《あた》えられることもある。

しかし、いかなる牢獄《ろうごく》の壁《かべ》も、偉大《いだい》な人物《じんぶつ》の〝魂《たましい》の光〟が、人々に伝《つた》わるのを妨《さまた》げることはできません。死《し》をもって止《と》めようとしても、その教えが幾《いく》百万の人々に届《とど》くのを阻《はば》むことはできないのです。

こうした迫害《はくがい》は、「日食《にっしょく》」や「月食《げっしょく》」にも譬《たと》えることができます。光が失《うしな》われる「食」の状態《じょうたい》は、決《けっ》して永続《えいぞく》するものではなく、一時的《いちじてき》なものです。一度《いちど》は訪《おとず》れても、必《かなら》ず退《しりぞ》いていくものなのです。ゆえに迫害を恐《おそ》れる必要《ひつよう》など、何もないのです。一時的な〝自然現象《しぜんげんしょう》〟のようなものにすぎないと考えればよいのです。

池田　おっしゃるとおりです。

いかなる試練《しれん》に遭《あ》おうとも、自《みずか》らが正しいと信《しん》じる道を、勇気《ゆうき》をもって、断固《だんこ》、貫《つらぬ》いていく。

それが「本物《ほんもの》」の指導者《しどうしゃ》です。

キング博士は、語《かた》っています。

「ある立場《たちば》に立つと、臆病《おくびょう》心《しん》は『それは安全《あんぜん》か』と問《と》う。便宜心《べんぎしん》は『それは賢《かしこ》いことか』と問う。そして虚栄心《きょえいしん》は『それは人気《にんき》のあることか』と問う。だが良心《りょうしん》は『それは正しいか』と問う」（前掲『マーティン・ルーサー・キング自伝』）

キング博士は、あくまでも「自分の良心の命《めい》ずるままに」生《い》き抜《ぬ》きました。そして人《じん》類《るい》の歴史《れきし》は、その信念《しんねん》と行動《こうどう》が正しかったことを証明《しょうめい》したのです。

試練の暗闇《くらやみ》の中で星《ほし》は明るく輝《かがや》く

ラダクリシュナン　マハトマ・ガンジーも、自らの信念のゆえに、しばしば孤立《こりつ》しました。

そして、自らの信念と哲学《てつがく》のためならば、孤立することを厭《いと》いませんでした。死の前《ぜん》年《ねん》、インドが宗教間《しゅうきょうかん》の紛争《ふんそう》に覆《おお》われた時に、調停《ちょうてい》のため、一人《ひとり》、カルカッタ（現コルカタ）、ビハール等《とう》へと足《あし》を運《はこ》んだ時もそうでした。

ガンジーは、タゴール[*6]がつくった歌を口ずさみながら歩き続《つづ》けました。

「苦痛《くつう》のいかずちの炎《ほのお》で
君《きみ》の胸《むね》に火を点《とも》し
ひとり心を燃《も》え上《あ》がらせよ
もしも　君の呼《よ》びかけに

彼《かれ》らが応《こた》えなくとも　ひとり歩《あゆ》み往《ゆ》け
もしも　壁《かべ》に向《む》かって
彼らが黙《だま》って屈《かが》み込《こ》もうとも
おお　不運《ふうん》の君《きみ》よ
心を開《ひら》き　ひとり叫《さけ》び抜《ぬ》け
もしも　荒野《こうや》を横切《よこぎ》る時
彼らが脇道《わきみち》に逸《そ》れ
君から離《はな》れ去《さ》ろうとも
おお　不運の君よ
足元《あしもと》の荊《いばら》を踏《ふ》みつけて
一筋《ひとすじ》の血《ち》の足跡《そくせき》を残《のこ》しながら
ひとり進《すす》み往《ゆ》け
もしも　嵐《あらし》の夜
彼らが灯火《ともしび》を差《さ》し上《あ》げてくれなくとも
おお　不運の君よ」

偉大《いだい》な人は、心の狭《せま》い人々に迫害《はくがい》される運命《うんめい》にあります。しかし自分自身《じしん》が、邪心《じゃしん》でなく、黄金《おうごん》を胸《むね》に抱《いだ》いているならば、何ものも恐《おそ》れる必要《ひつよう》はありません。

池田　そのとおりですね。

迫害や中傷《ちゅうしょう》を恐れていては、新《あら》たな時代《じだい》の扉《とびら》を開《ひら》くことはできません。

思えば、一九七四年、東西《とうざい》の冷戦《れいせん》が激《はげ》しさを増《ま》すなかで、私は中国とソ連《れん》を、相次《あいつ》いで訪問《ほうもん》しました。

当時《とうじ》は、「仏教者《ぶっきょうしゃ》が、なぜ宗教《しゅうきょう》否定《ひてい》の国へ行くのか」「なぜ中国に続《つづ》いて、対立《たいりつ》しているソ連に行くのか」など、心ない中傷や批判《ひはん》を数多く浴《あ》びました。

しかし私は、未来《みらい》のために、平和《へいわ》と友誼《ゆうぎ》の道を、なんとしても開いておきたかった。米ソのみならず、中ソが対立する国際情勢《こくさいじょうせい》にあって、平和を願《ねが》う仏法者《ぶっぽうしゃ》として、行動《こうどう》を起《お》こさずにはいられなかったのです。

いかに体制《たいせい》やイデオロギーが違《ちが》う国であっても、同《おな》じ人間であることに変《か》わりはない。誰《だれ》もが平和を願い、幸福《こうふく》を願っている。必《かなら》ず理解《りかい》し合《あ》えるはずである。これが、私の信念《しんねん》でした。

私の好《す》きなキング博士の言葉《ことば》には、こうあります。

「私は真《ま》っ暗《くら》な時にこそ、星《ほし》はよく見えることを知っています」（前掲『マーティン・ルーサー・キング自伝』）

マハトマ・ガンジーはまた、次《つぎ》のようにも語《かた》りました。

「全《まった》くの暗闇《くらやみ》の真只中《まっただなか》でも私の信仰《しんこう》は最高《さいこう》に明るい」（前掲『ガンジー』）

マハトマ・ガンジーもキング博士も、闇が深《ふか》ければ深いほど、わが胸中《きょうちゅう》の〝希望《きぼう》の松明《たいまつ》〟を明々《あかあか》と燃《も》えたぎらせ、苦難《くなん》と試練《しれん》に立ち向かっていった。そこに彼《かれ》らの真《しん》の偉《い》大《だい》さがあると私は思っております。

2　あなたの「心」が未来《みらい》をつくる

祈《いの》りは精神《せいしん》の力《ちから》の源《みなもと》

ラダクリシュナン　二〇〇六年の十月二十八日、ニューデリーのインディラ・ガンジー国立芸術《こくりつげいじゅつ》センターで、特筆《とくひつ》すべき式典《しきてん》が行《おこな》われました。国家的《こっかてき》にも重要《じゅうよう》な意義《いぎ》をもつものです。

このセンターは、芸術や学問《がくもん》の保存《ほぞん》と普及《ふきゅう》を目的《もくてき》として、インド政府《せいふ》によって設立《せつりつ》された、自治権《じちけん》を有《ゆう》する機関《きかん》です。大統領官邸《だいとうりょうかんてい》や国会議事堂《こっかいぎじどう》のすぐ近くに位置《いち》する、第一級《だいいっきゅう》のセンターです。

そのセンターの図書館《としょかん》に、池田博士のコーナーを設置《せっち》することが決議《けつぎ》されたのです。

池田　大変《たいへん》な栄誉《えいよ》であり、芸術センターの皆《みな》さま方《がた》の深《ふか》いご理解《りかい》に、心より感謝《かんしゃ》いたしております。式典には、博士にも、お忙《いそが》しいなか出席《しゅっせき》をいただき、講演《こうえん》まで行《おこな》ってていただきました。誠《まこと》にありがとうございます。

ラダクリシュナン　今回のコーナーの設置《せっち》は、極《きわ》めて稀《まれ》なケースであり、今までに例《れい》のないことです。同《どう》センターは、芸術《げいじゅつ》や文化《ぶんか》に関《かん》する最高峰《さいこうほう》の貴重《きちょう》な文献《ぶんけん》やマイクロフィルムを所蔵《しょぞう》する知性《ちせい》の殿堂《でんどう》ですが、このような形《かたち》で、世界《せかい》の識者《しきしゃ》に光を当てるのは、おそらくこれが初《はじ》めてのことではないでしょうか。

　同センターには、世界平和《へいわ》や新しい社会秩序《しゃかいちつじょ》のために献身的《けんしんてき》に活動《かつどう》される池田会長を紹介《しょうかい》する写真《しゃしん》や解説《かいせつ》が、ご著作《ちょさく》とともに展示《てんじ》されていました。

　私は、それを目《ま》の当たりにして、心からうれしく思い、感動《かんどう》を禁《きん》じえませんでした。その折《おり》、光栄《こうえい》にも私は、わが国《くに》のそれぞれの分野《ぶんや》を代表《だいひょう》する約《やく》三百名の来賓《らいひん》が集《あつ》まったすばらしい式典《しきてん》で基調講演《きちょうこうえん》を行《おこな》わせていただきました。

　この式典に出席《しゅっせき》し、展示を鑑賞《かんしょう》した人々のなかには、国会の長老議員《ちょうろうぎいん》や外交官《がいこうかん》、ジャーナリスト、芸術家、学者《がくしゃ》、そしてインド創価学会の皆《みな》さんもいました。この行《ぎょう》事《じ》は盛大《せいだい》かつ極めて意義深《いぎぶか》いものとなりました。

池田　博士の講演をはじめ、式典の模様《もよう》も、すべて深い感動をもってうかがいました。博士、また関係者《かんけいしゃ》の皆さま方《がた》の深いご理解《りかい》と友情《ゆうじょう》に、心から感謝《かんしゃ》しております。

インディラ・ガンジー国立芸術センター図書館に「池田大作コーナー」がオープン（2006年10月28日、インド・ニューデリー）

©Seikyo Shimbun

ラダクリシュナン　基調講演《きちょうこうえん》で私は、池田会長がリードしてこられたＳＧＩ（創価学会インタナショナル）の人間革命運動《かくめいうんどう》、そしてガンジーの正義《せいぎ》と自由《じゆう》のための非暴力闘争《ひぼうりょくとうそう》の意義《いぎ》などについて語《かた》りました。

池田会長の偉大《いだい》な「人間革命」運動は、信仰《しんこう》を通して、一人《ひとり》ひとりを力強《ちからづよ》く勇気《ゆうき》づけ、立ち上がらせ、そして社会《しゃかい》を変革《へんかく》する運動です。

ガンジーの非暴力闘争もそうですが、その根底《こんてい》には、内面《ないめん》から発《はっ》する強靱《きょうじん》な精神《せいしん》の力があります。ガンジーが祈《いの》りを運動に取《と》り入《い》れることにこだわった理由《りゆう》も、そこにあります。祈りは精神の滋養《じよう》であり、精神の力の源《みなもと》となるものです。

池田会長は、内面の力と精神の滋養のための唱題《しょうだい》の重要性《じゅうようせい》を説《と》かれますが、ガンジーと池田会長には、この点についても大きな類似性《るいじせい》があると思っております。

「人間のための宗教《しゅうきょう》」が出発点《しゅっぱつてん》

池田　マハトマ・ガンジーの非暴力闘争においても、キング博士[*27]の公民権《こうみんけん》運動においても、人々を鼓舞《こぶ》し、希望《きぼう》を与《あた》え、大いなる力の源泉《げんせん》となったのは信仰でした。

人々を現実《げんじつ》の生活《せいかつ》のなかで立ち上がらせ、民衆《みんしゅう》の幸福《こうふく》を開《ひら》き、社会を変革しゆく原《げん》動力《どうりょく》となっていく――ここにこそ、宗教《しゅうきょう》の本来《ほんらい》の使命《しめい》があると、私は思っております。一方《いっぽう》、現実社会を離《はな》れ、人間を忘《わす》れてしまっては、宗教はもはやその存在意義《そんざいいぎ》を失《うしな》ってしまったと言ってもよい。

ガンジーは、語《かた》りました。

「もし、ヒマラヤの洞窟《どうくつ》で神《かみ》を求《もと》めるべきだと自分を納得《なっとく》させることができるならば、私は即刻《そっこく》そこへ行きましょう。しかし、私は人間から離れて神を見つけられないことを知っています」（前掲『ガンジー』）

人生《じんせい》の崇高《すうこう》な価値《かち》も、民衆の幸福のために、民衆とともに生き、行動《こうどう》するなかにある。これは宗教のみならず、政治《せいじ》や経済《けいざい》をはじめ、学問《がくもん》や芸術《げいじゅつ》などについても言えることです。この視点《してん》を失ってしまえば、結局《けっきょく》、すべてが空理空論《くうりくうろん》となってしまう。そして、そこから観念《かんねん》の遊戯《ゆうぎ》と堕落《だらく》が始《はじ》まってしまうのです。

ラダクリシュナン　これまでも語り合ってきましたが、ガンジーも、キングも、傑出《けっしゅつ》した「行動の人」でした。そして、その活力《かつりょく》と精神の源泉となったのは、それぞれの宗教でした。二人《ふたり》とも、自分たちは宗教から精神の力を引き出したと繰《く》り返《かえ》し語っています。

ただ、ここで留意《りゅうい》すべきことは、彼《かれ》らが信奉《しんぽう》したのは、人間を閉《と》じこめる「牢獄《ろうごく》の壁《かべ》」のような宗教《しゅうきょう》ではなかったということです。それは、「人間のための宗教」であって、「聖職者《せいしょくしゃ》のための宗教」ではありませんでした。

しかし、文字《もじ》どおり、宗教を「強奪《ごうだつ》（ハイジャック）」し、自分たちの特権領域《とっけんりょういき》のようにしてしまった者《もの》たちがいました。そうした者たちが手にしていた既成《きせい》の伝統的思想《でんとうてきしそう》や慣習《かんしゅう》は、民衆《みんしゅう》を圧迫《あっぱく》するものでした。そこで、ガンジーやキングは、宗教をそれに対《たい》抗《こう》する活力《かつりょく》に満《み》ちた力《ちから》の源泉《げんせん》へと是正《ぜせい》する方策《ほうさく》を、至急《しきゅう》に講《こう》じる必要性《ひつようせい》を痛感《つうかん》したのです。

宗教の目指《めざ》した根本《こんぽん》の精神《せいしん》に立《た》ち返《かえ》ることで、彼らは民衆に、大いなる力を与《あた》えたのです。

池田　おっしゃるとおりですね。

「人間のための宗教」という原点《げんてん》こそ、私たちが常《つね》に立ち返るべき出発点《しゅっぱつてん》です。ところが、これまでの歴史《れきし》では、聖職者自身《じしん》が、しばしばその妨《さまた》げになってきました。今、鋭《するど》く、ご指摘《してき》があったとおりです。

ガンジーも、キング博士も、聖職者たちから、さまざまな妨害《ぼうがい》を受《う》けていますね。

ラダクリシュナン　そうです。

どのような社会《しゃかい》にも、僧侶《そうりょ》のような勢力《せいりょく》があるものです。宗教や社会の改革者《かいかくしゃ》が何か変化《へんか》を起《お》こそうとすると、既得権《きとくけん》を守《まも》るためや、偏見《へんけん》などから反対《はんたい》する人々がいるのです。

ガンジーは、子どものころから正義《せいぎ》のための戦《たたか》いをしなければなりませんでした。ガンジーのお母《かあ》さんは、彼《かれ》が小さいころ、学校から帰ってくると、必《かなら》ず「お風呂《ふろ》に入《はい》りなさい」と言いました。なぜなら、ガンジーが、学校で〝不可触民《ふかしょくみん》〟＊8と接触《せっしょく》しただろうと思ったからです。

しかしガンジーは、こうした行為《こうい》の背景《はいけい》にある差別《さべつ》は悪《あく》であり、聖職者たちが、そういう悪を助長《じょちょう》していると考えていました。

〝辺境《へんきょう》のガンジー〟＝カーンの師《し》との出会《であ》い

池田　人間によって差別はつくられ、増幅《ぞうふく》されます。だからこそ、人間の力で厳然《げんぜん》と正《ただ》し、断《た》ち切《き》っていかねばなりません。

キング博士が、同僚《どうりょう》である牧師《ぼくし》たちからしばしば受《う》けた批判《ひはん》は、〝人種《じんしゅ》差別などの社会問題《もんだい》は、信仰《しんこう》とは関係《かんけい》ない。宗教者《しゅうきょうしゃ》は、人間の内面《ないめん》の問題にのみ関《かか》わっていればよいのだ〟というものでした。

しかし博士は、こうした考え方に断固《だんこ》として反論《はんろん》しました。有名《ゆうめい》な「バーミングハムの獄中《ごくちゅう》からの手紙[*67]」のなかで、キング博士は「不正義《ふせいぎ》は強力《きょうりょく》で、執拗《しつよう》な、決断的行動《けつだんてきこうどう》によって根絶《こんぜつ》しなければならない」（前掲『マーティン・ルーサー・キング自伝』）と述《の》べています。

博士が最《もっと》も悩《なや》まされたもの、それは敵対《てきたい》する勢力《せいりょく》以上《いじょう》に「善良《ぜんりょう》な人々の恐《おそ》るべき沈黙《ちんもく》」であり、「自己満足《じこまんぞく》勢力の『何もしない主義《しゅぎ》』」でした。そして、「正義よりも『秩序《ちつじょ》』に献身《けんしん》している」（同前）穏健派《おんけんは》だったのです。

口では理想《りそう》を唱《とな》えながら、悪《あく》や不正義を目にしても何も行動を起《お》こさない「傍観主義《ぼうかんしゅぎ》」は、改革者《かいかくしゃ》にとって、ある意味《いみ》で最も手強《てごわ》いものです。

ラダクリシュナン　歴史《れきし》には、そういう例《れい》がたくさんありますね。

一方《いっぽう》で、人類史《じんるいし》には、物質的《ぶっしつてき》な達成《たっせい》や権力《けんりょく》や安楽《あんらく》によっては決《けっ》して誘惑《ゆうわく》されない人々が多く存在《そんざい》していました。

キング博士やガンジーが、そうでした。また、ガンジーの弟子《でし》にも、そういう人物《じんぶつ》が

演説するガンジーと、カーン・アブドゥル・ガッファール・カーン（右端、1946年）　［提供＝PPS通信社］

数多くいました。

その一人《ひとり》が、人々から〝辺境《へんきょう》のガンジー〟と呼《よ》ばれたカーン・アブドゥル・ガッファール・カーン[*68]という人物です。

池田　彼《かれ》は、インドの辺境の地域《ちいき》で、非暴《ひぼう》力《りょく》主義を提唱《ていしょう》した勇者《ゆうしゃ》として有名《ゆうめい》ですね。

ラダクリシュナン　そうです。

カーンは、インド北西部《ほくせいぶ》のフロンティア州《しゅう》（現在はパキスタン）出身《しゅっしん》の信心深《しんじんぶか》いイスラム教指導者《しどうしゃ》でした。

彼はパターン族《ぞく》の出身でした。一般《いっぱん》にパターン族は、親《おや》よりも銃《じゅう》を愛《あい》し、気性《きしょう》が荒《あら》く、けんかっ早《ぱや》く、好戦的《こうせんてき》な民族《みんぞく》だと偏《へん》見《けん》で見られていました。

しかしカーンは、ガンジーに出会《であ》い、ガ

ンジーの内《うち》に自分と似《に》た心を見いだし、否応《いやおう》なく惹《ひ》きつけられました。人生観《じんせいかん》や性格《せいかく》が極《きわ》めてよく似《に》ていたため「ガンジーこそ自分が探《さが》し求《もと》めていた人である」と確信《かくしん》したのです。

そして、非暴力《ひぼうりょく》の理想《りそう》に対《たい》する忠実《ちゅうじつ》な改宗者《かいしゅうしゃ》となり、弟子《でし》たちに課《か》された「まっすぐで狭《せま》い道」から、一度として外《はず》れたことはありませんでした。

カーン・アブドゥル・ガッファール・カーンが非暴力主義《しゅぎ》の実践的信奉者《じっせんてきしんぽうしゃ》へと変貌《へんぼう》したこと、そして、彼《かれ》のリーダーシップによって、好戦的《こうせんてき》な何百万もの弟子たちの心に劇《げき》的《てき》な変革《へんかく》がもたらされたことは、まさに奇跡《きせき》と言えます。

池田 優《すぐ》れた魂《たましい》との出会《であ》いは、人生《じんせい》を一変《いっぺん》させます。偉大《いだい》な師匠《ししょう》をもつことが、人生の最大《さいだい》の幸福《こうふく》である。私は、この年《とし》になって、ますますその思いを噛《か》みしめています。今も、人生の師匠である戸田先生と心のなかで対話《たいわ》しながら、一日一日を戦《たたか》い抜《ぬ》いています。

博士が言われたように、「弟子の道」とは峻厳《しゅんげん》かつ崇高《すうこう》な道です。この道を歩《あゆ》み抜《ぬ》くには、断固《だんこ》たる覚悟《かくご》と、努力《どりょく》が必要《ひつよう》です。

しかし「師弟《してい》の道」を最後《さいご》まで歩み抜いた人生こそ、真《しん》の勝利《しょうり》です。

弟子が開《ひら》いた勝利への突破口《とっぱこう》

ラダクリシュナン　真の弟子であったカーンは、同時《どうじ》に、「人を育てる人」でもありました。

後《あと》に続《つづ》く人々に非暴力の効力《こうりょく》を教え込《おしこ》むことに、全生涯《ぜんしょうがい》を捧《ささ》げたのです。

彼は、一般《いっぱん》に「クダイ・ケッドマットガー*69（神《かみ》の使用人《しようにん》）」として知られる「赤シャツ」の運動《うんどう》を創設《そうせつ》し、ガンジーの非暴力に新しい意味合《いみあ》いと実践を付《つ》け加《くわ》えました。

彼は、この運動に、数千、数万のパターン人を糾合《きゅうごう》することができました。彼らは、非暴力の原理《げんり》への忠実な弟子となり、イギリス当局《とうきょく》による弾圧《だんあつ》と銃弾《じゅうだん》に非暴力で立《た》ち向《む》かったのです。

荒々《あらあら》しいパターン人が非暴力の戦士《せんし》へと変容《へんよう》したことは、カーンの驚《おどろ》くべきリーダーシップの特質《とくしつ》を示《しめ》すものであり、ガンジーでさえ、その指導力《しどうりょく》に感服《かんぷく》しました。

池田　一人《ひとり》ひとりの「心」を変《か》えることが、どれほど困難《こんなん》か。一人の人間を育てることが、どれほど大変《たいへん》か。しかし、人材《じんざい》の育成《いくせい》と拡大《かくだい》なくして、偉大な理想は成就《じょうじゅ》できません。リーダーの最大《さいだい》の使命《しめい》は、後輩《こうはい》を自分以上《いじょう》の人材に育て上げることです。

カーンに続《つづ》いて毅然《きぜん》と立ち上がったパターンの人々は、国民会議派《こくみんかいぎは》の「最強《さいきょう》の地方組織《そしき》」と謳《うた》われ、非暴力闘争《ひぼうりょくとうそう》に関《かか》わるインド中《じゅう》の同志《どうし》に、計《はか》り知《し》れない勇気《ゆうき》を吹《ふ》き込《こ》む模範《もはん》の存在《そんざい》となっていったようですね。

ガンジーの闘争を見守《みまも》り、支持《しじ》し、宣揚《せんよう》していたフランスの文豪《ぶんごう》ロマン・ロラン[*33]も、このパターンの勇者《ゆうしゃ》たちのことを知って、非暴力運動《うんどう》の勝利《しょうり》への確信《かくしん》を深《ふか》めたといいます。

一ヵ所が勝利の突破口《とっぱこう》を開《ひら》けば、それが全体《ぜんたい》の勝利への波動《はどう》となって広がっていくものです。ゆえに、一人《ひとり》立つ人が大事《だいじ》なのです。

私は、ガンジー直系《ちょっけい》の弟子《でし》であるパンディ博士から、博士が目《ま》の当たりにした、パターンの人々の壮絶《そうぜつ》な闘争の模様《もよう》をうかがったことがあります。博士は、こう語《かた》っておられました。

――ある時、イギリスの指揮官《しきかん》が、インドの独立《どくりつ》運動に身《み》を投《とう》じ拘束《こうそく》された屈強《くっきょう》なパターン人の青年《せいねん》たちを呼《よ》び出《だ》して尋《たず》ねた。

「なぜガンジーのバカげた運動に入《はい》ったのか。なぜ〝辺境《へんきょう》のガンジー〟(カーン)の言うことを聞くのか。君《きみ》たちはイギリスを支援《しえん》し、私たちに忠誠心《ちゅうせいしん》を示《しめ》さなければならない。そうすれば、許《ゆる》してあげよう」と。

その時、パターンの青年は、こう毅然と叫《さけ》んで、拒否《きょひ》の意思《いし》を示した。

「非暴力革命《かくめい》、万歳《ばんざい》！　ガンジーに勝利を！

〝辺境のガンジー〟に勝利を！」と。

銃剣《じゅうけん》で襲《おそ》われても、この信念《しんねん》の叫びを貫《つらぬ》き通《とお》し、壮絶《そうぜつ》に殉《じゅん》じていったのです。

この史実《しじつ》を語られた時の、パンディ博士の烈々《れつれつ》たる眼《まなこ》の光を、私は今なお忘《わす》れることはできません。


ラダクリシュナン　そうでしたか。パターンの人々を率《ひき》いたカーンは、自分は「神《かみ》に仕《つか》える者《もの》」にすぎないと考えていました。

「神に仕える者」は何の報酬《ほうしゅう》も期待《きたい》しない。これが、彼《かれ》の人生《じんせい》を導《みちび》く指導原理《しどうげんり》でした。

「正しい信仰《しんこう》」を持《たも》ち、「正しい道」を行けば、正しい民衆《みんしゅう》が現《あらわ》れ、その道に続きます。そして、その信仰・信条《しんじょう》をもった大衆《たいしゅう》が、必《かなら》ず後《あと》に続くでしょう。カーンは生《しょう》涯《がい》を通《つう》じて、このことを実証《じっしょう》しました。

師《し》を正しく理解《りかい》した、高徳《こうとく》の弟子たちが、「希望《きぼう》のかがり火《び》」なのです。

カーンは、自《みずか》らの人生《じんせい》を、「信念とは闘争である」という言葉《ことば》で表現《ひょうげん》しました。

池田　カーンは、長い獄中闘争《ごくちゅうとうそう》にも耐《た》え、戦《たたか》い抜《ぬ》きましたね。

ラダクリシュナン　ええ。カーンの生涯《しょうがい》は、苦悩《くのう》と犠牲《ぎせい》に満《み》ちた伝説的《でんせつてき》なものでした。彼《かれ》は、ほぼ三十二年間を獄中で過《す》ごしました――十七年間はインド独立《どくりつ》闘争のためにイギリスの刑務所《けいむしょ》で。そして十四年以上《いじょう》にわたって、パターンの自治《じち》のため、パキスタンの刑務所に投獄《とうごく》されています。

南アフリカ共和国《きょうわこく》の自由《じゆう》の闘士《とうし》ネルソン・マンデラ*25博士は、民衆《みんしゅう》に平和《へいわ》と民主主義《みんしゅしゅぎ》をもたらすために、同《おな》じく自《みずか》らを犠牲にして戦い、不当《ふとう》な法律《ほうりつ》によって、二十九年間も刑務所で過ごしました。

マンデラ博士が、かつて自分を苦《くる》しめた人々と権力《けんりょく》を分かち合ったことは、ガンジーとカーンが教えた和解《わかい》、寛容《かんよう》、調和《ちょうわ》の力《ちから》を実証《じっしょう》するものです。

池田　よくわかります。私が初《はじ》めてマンデラ博士にお会《あ》いした時、博士は七十二歳《さい》でした。長い獄中闘争にもかかわらず、疲《つか》れは見えなかった。「私の仕事《しごと》は、これからだ！」という気概《きがい》に満《み》ち溢《あふ》れていました。

釈尊《しゃくそん》が最高《さいこう》の教えである法華経《ほけきょう》を説《と》き始《はじ》めたのは七十二歳である、とする説《せつ》があることをマンデラ博士に申《もう》し上《あ》げると、博士はにっこりと微笑《ほほえ》んでおられました。

偉大《いだい》な人生《じんせい》は、総仕上《そうしあ》げの時に最《もっと》も光を放《はな》ちます。荘厳《そうごん》な夕日《ゆうひ》のように、生命《せいめい》が永《えい》遠《えん》に輝《かがや》いていくのです。そのためには、戦い続《つづ》けることです。戦う生命こそが、最も美《うつく》しく輝いていくのです。

青年《せいねん》の成長《せいちょう》に全魂《ぜんこん》を注《そそ》ぐ

ラダクリシュナン　私は池田会長から、人生で、本当《ほんとう》に「戦う」ということがどういうことかを教えていただきました。戦う命《いのち》、戦う活力《かつりょく》をいただきました。

偉大な目的《もくてき》のために戦う。正義《せいぎ》のために戦う。それこそが、人生に大《おお》いなる喜《よろこ》びをもたらします。

会長がよくおっしゃるように、生命、そして人生は偉大で、かけがえのない宝《たから》です。希望《きぼう》と歓喜《かんき》は、その人生を気高《けだか》く、また生《い》き甲斐《がい》のあるものにしてくれる二大要素《にだいようそ》です。

池田　私のほうこそ、若々《わかわか》しい闘志《とうし》を漲《みなぎ》らせたラダクリシュナン博士から、大きな力をいただいています。よき友との友情《ゆうじょう》は、人生の最大《さいだい》の宝です。心の通《かよ》い合《あ》う同志《どうし》とともに戦えることほど、うれしいことはありません。

ラダクリシュナン　ありがとうございます。

会長がしばしば引用《いんよう》されるアメリカの文化人類学者《ぶんかじんるいがくしゃ》マーガレット・ミード[*70]が、次《つぎ》のように述《の》べたことを思《おも》い起《お》こします。

「思慮深《しりょぶか》く、献身的《けんしんてき》な人々の小さな集《あつ》まりが世界《せかい》を変《か》えていくことを疑《うたが》ってはならない。まさしく、そのような人々の小さな集まりこそが、今まで世界を変えてきたのだ」と。

現代《げんだい》世界にあって、世界中《じゅう》の多くの人々に勇気《ゆうき》を与《あた》え、希望《きぼう》を与え、目的《もくてき》を与えておられるのが池田会長であり、SGIです。

「青年《せいねん》に何の役割《やくわり》も与えない」世界にあって、SGIには、すばらしい青年の成長《せいちょう》の場《ば》がある。自己変革《じこへんかく》の場がある。

「新しい価値《かち》を創造《そうぞう》する運動《うんどう》」とは、まさしく「生命《せいめい》を変革《へんかく》する戦《たたか》い」なのです。

若者《わかもの》の幸福《こうふく》を願《ねが》い行動《こうどう》される池田会長の献身ぶりは、無比《むひ》であり、ほかに肩《かた》を並《なら》べる人はいません。若者の潜在能力《せんざいのうりょく》を見いだし、未来《みらい》を勇敢《ゆうかん》に切《き》り開《ひら》いていくよう励《はげ》まされる会長の献身的な姿《すがた》に、私は啓発《けいはつ》を受《う》けてきました。私は、会長の次《つぎ》の言葉《ことば》をよく思い起こします。

「特《とく》に、青年の君《きみ》たちに申《もう》し上《あ》げたい。『君が世界を変えていくのだ。君の夢《ゆめ》、君の希望、君の願望《がんぼう》が未来を創《つく》る。それが未来なのだ。未来はすでに存在《そんざい》している——君たち青年の心の中に！』」

人類にとって、「最大《さいだい》の脅威《きょうい》」は、どこにあるのか。それは「人間の心」にあると思ってきました。そしてまた、「最大の希望」も、「人間の心」にあるのです。

池田　まったく、そのとおりです。「人間の心」には、無限《むげん》の可能性《かのうせい》がある。無限の希望がある。

その人間の心を、人類の幸福《こうふく》の方向《ほうこう》へ、平和《へいわ》の方向へ、善《ぜん》の方向へと導《みちび》くのが教育の役割であると思っております。ゆえに私は、青年に最大に期待《きたい》し、青年の成長のために全魂《ぜんこん》を注《そそ》ぎ戦ってきました。

ラダクリシュナン　池田会長とともに、未来を担《にな》う青年たちの心に大いなる「希望の種《たね》」を蒔《ま》き、育てる戦いができることを、私は心から幸《しあわ》せに思っております。

デズモンド・ツツ[*71]大司教《だいしきょう》はいみじくも述べています。

「希望は、トンネルをくぐり抜《ぬ》けた後《のち》に見える光だけをいうのではない。私たちが、現《げん》代《だい》の闇《やみ》のなかを進《すす》むのを助《たす》けてくれる光は、たとえ、それが、かすかに揺《ゆ》らめくだけのささやかな光であっても、また希望といえるのである」

池田会長は、人々に活力《かつりょく》を与《あた》え、世界《せかい》の平和《へいわ》創造《そうぞう》へのさまざまな活動《かつどう》を主導《しゅどう》することで、この言葉《ことば》の正しさを説得力《せっとくりょく》のある形《かたち》で示《しめ》しておられます。

世界へ広がるその運動《うんどう》には、歓迎《かんげい》の波《なみ》が起《お》きています。そして、会長の行動《こうどう》の重要性《じゅうようせい》を理解《りかい》する人々の数が、日ごとに増大《ぞうだい》してきていることを、つけ加《くわ》えさせていただきます。これは会長の指導性《しどうせい》が、世界的な影響力《えいきょうりょく》をもっていることの証左《しょうさ》なのです。

3　「対話《たいわ》の力」が世界《せかい》を変《か》える

弟子《でし》が実現《じつげん》した「土地改革《かいかく》」の成功《せいこう》

池田　マハトマ・ガンジーの誉《ほま》れの弟子に、「対話」の名手《めいしゅ》がいましたね。ヴィノーバ・バーヴェ、その人です。「対話」によって、社会《しゃかい》を変革《へんかく》しようとした人物《じんぶつ》として、大変《たいへん》に有名《ゆうめい》です。

師《し》のガンジーが提唱《ていしょう》したとおりに、「サルヴォーダヤ（万人《ばんにん》の幸福《こうふく》）運動《うんどう》」を展開《てんかい》し、ガンジーの〝精神的後継者《せいしんてきこうけいしゃ》〟と謳《うた》われていましたね。

ラダクリシュナン　ええ。初代首相《しょだいしゅしょう》のネルー[*22]が、マハトマ・ガンジーの〝政治的相続《せいじてきそうぞく》人《にん》〟とされたのに対《たい》して、このヴィノーバ・バーヴェは、ガンジーの〝精神的相続人〟と見られていました。

ガンジーは晩年《ばんねん》、第二段階《だんかい》の解放闘争《かいほうとうそう》を始《はじ》めることを望《のぞ》んでいました。一九四八年にインドが達成《たっせい》したのは政治的自由《せいじてきじゆう》にすぎず、経済的《けいざいてき》・社会的《しゃかいてき》自由を達成するための、もう一つの解放闘争《かいほうとうそう》が必要《ひつよう》だと感《かん》じていたからです。

ヴィノーバ・バーヴェの指導《しどう》のもとで開始《かいし》された「サルヴォーダヤ（万人《ばんにん》の幸福《こうふく》）運《うん》動《どう》」は、こうしたガンジーの夢《ゆめ》の実現《じつげん》だったのです。

この運動は、少なくとも人々に、土地をもたない人には早急《そうきゅう》に土地を再配分《さいはいぶん》する必要があると思わせた点《てん》で、すばらしい成功《せいこう》を収《おさ》めました。

池田　師弟《してい》の勝利《しょうり》の劇《げき》ですね。

ガンジーは、インドの発展《はってん》のためには、農村《のうそん》社会の再生《さいせい》と活性化《かっせいか》が不可欠《ふかけつ》であると考えていました。そのためには、「土地改革《かいかく》」が必要不可欠だった。

ヴィノーバ・バーヴェは、どのようにして、この運動を進《すす》めたのでしょうか。

ラダクリシュナン　彼《かれ》が始《はじ》めた運動「ブーダン・ヤグナ（土地贈与《ぞうよ》）」は、数千人の地主《じぬし》を「説得《せっとく》」し、自《みずか》ら進んで土地を手放《てばな》し、その土地を、土地のない人々に与《あた》えるという革命的《かくめいてき》なものでした。人類史《じんるいし》にかつて類《るい》を見ない独特《どくとく》の運動です。

彼は、人々に対して、余分《よぶん》な土地を土地のない人に分け与えるように、インド中《じゅう》を説《と》いて回《まわ》りました。空気《くうき》、水、そして土地は、人類共有《きょうゆう》の財産《ざいさん》であり、この三つの財

集会で語りかけるヴィノーバ・バーヴェ（1959年）　［提供＝PPS通信社］

産については、すべての人々が平等《びょうどう》に権《けん》利《り》をもち、誰人《たれびと》も必要以上《いじょう》に占有《せんゆう》する権利などないことを訴《うった》えました。

　この思想《しそう》は多くの人々の心を惹《ひ》きつけました。彼はガンジーの思想を、革命的な枠《わく》組《ぐ》みのなかで解釈《かいしゃく》したのです。

　それはまた、「道徳的《どうとくてき》な影響力《えいきょうりょく》」以外《いがい》のいかなる力《ちから》も用《もち》いない人間によって行《おこな》われた運動だったのです。

池田　あのキング博士[*27]も、「インドにはアメリカでほとんど知られていない偉大《いだい》な運動があった」（前掲『マーティン・ルーサー・キング自伝』）と、ヴィノーバ・バーヴェの運動に注目《ちゅうもく》していました。

　そして「インドは国内外《こくないがい》において平和《へいわ》と

非暴力《ひぼうりょく》にとって、巨大《きょだい》な力《ちから》である。そこは理想主義者《りそうしゅぎしゃ》と知識人《ちしきじん》が未《いま》だに尊敬《そんけい》されている国である」（同前）と綴《つづ》りました。

ラダクリシュナン　ヴィノーバ・バーヴェは、十三年以上《いじょう》にわたって国中《くにじゅう》を歩《ある》いて回《まわ》り、愛《あい》と慈悲《じひ》のメッセージを送《おく》り続《つづ》けました。彼《かれ》が活動《かつどう》したのは、何百万もの人々が屋《や》根《ね》を張《は》るための土地すらもたないような、厳《きび》しい貧困地域《ひんこんちいき》でした。そこで彼が成《な》し遂《と》げたことは、まさに奇跡《きせき》と言うべき偉業《いぎょう》だったのです。

彼はまた、「土地のない人々のために土地を集《あつ》め歩く聖人《せいじん》」と呼《よ》ばれました。彼が広めようとしたサルヴォーダヤの理念《りねん》は、トルストイ[*18]やガンジーが夢見《ゆめみ》た平等《びょうどう》な社会《しゃかい》を生み出す種子《しゅし》を内包《ないほう》していたのです。

〝師弟《してい》の道〟が時代《じだい》を変革《へんかく》

池田　そのとおりですね。

とはいえ、対話《たいわ》や説得《せっとく》によって、裕福《ゆうふく》な人々に自分の土地や財産《ざいさん》を手放《てばな》させるのは、現実問題《げんじつもんだい》として、じつに至難《しなん》の事業《じぎょう》だったに違《ちが》いありません。

ヴィノーバ・バーヴェが、この難事業で大きな成果《せいか》をあげることができたのは、なぜでしょうか？

ラダクリシュナン　土地贈与運動《ぞうよううんどう》の驚《おどろ》くべき成功《せいこう》を導《みちび》いたのは、彼が〝プリズム〟のように純粋《じゅんすい》で、利己主義《りこしゅぎ》や個人的栄光《こじんてきえいこう》への願望《がんぼう》、あるいは物質的利益《ぶっしつてきりえき》の追求《ついきゅう》に汚《けが》されていない、ほとんど聖人のような人物《じんぶつ》であったからです。

仲間《なかま》たちが直面《ちょくめん》している諸問題《しょもんだい》への彼の取《と》り組《く》み方《かた》の特徴《とくちょう》は、〝人々に心を開《ひら》いたこと〟でした。そして常《つね》に、仲間の多くが属《ぞく》しているさまざまな学派《がくは》の人々と「対話」をするよう、皆《みな》を促《うなが》したのです。

彼はまた、貧《まず》しい人々を援助《えんじょ》する際《さい》に、政治的《せいじてき》なアプローチとは一線《いっせん》を画《かく》する方法《ほうほう》をとりました。彼が説《と》き、促進《そくしん》した〝小さな革命《かくめい》〟は、即席《そくせき》の成功を目指《めざ》したものではありませんでした。それは、その革命が正しいものであり、したがって、それに参画《さんかく》した人々が自《みずか》らの勇気《ゆうき》と信念《しんねん》を奮《ふる》い起《お》こせば、必《かなら》ず成功するとの信念に基《もと》づいたものだったのです。

池田　確信《かくしん》ある「対話」によって、人々を啓発《けいはつ》し、鼓舞《こぶ》していく――これこそ、師《し》マハトマ・ガンジーの精神《せいしん》そのものですね。

ラダクリシュナン　ええ。インドの民衆《みんしゅう》が、ガンジーの精神的な後継者《こうけいしゃ》として認《みと》めたヴィノーバ・バーヴェの姿《すがた》は、数百万の人々の心に、杖《つえ》をつき埃《ほこり》っぽいインドの道を歩《ある》いたマハトマ・ガンジーを彷彿《ほうふつ》とさせたものです。ヴィノーバも、師《し》であるガンジーと同じく、腰巻《こしま》きしか身《み》につけていませんでした。

この「歩く聖人《せいじん》」は、共産主義的《きょうさんしゅぎてき》な血《ち》なまぐさい「乗《の》っ取《と》り」と、ガンジー主義に則《そく》した非暴力的《ひぼうりょくてき》な説得《せっとく》による変革《へんかく》・社会開発《しゃかいかいはつ》とのはざまに立っていました。

そのようななかで彼《かれ》は、師弟《してい》の精神《せいしん》に徹《てっ》することで、民衆《みんしゅう》の力《ちから》を社会変革の力へと変《か》えゆく道を切《き》り開《ひら》いていったのです。

ヴィノーバ・バーヴェは、決《けっ》して、師を模倣《もほう》する人ではありませんでした。しかし、ガンジーの理想《りそう》への彼の献身《けんしん》は、すべてにわたるものでした。師弟関係《かんけい》の完成度《かんせいど》は、彼によって、さらに高められたのです。

池田　よくわかります。

〝師弟の道〟に生《い》き抜《ぬ》く時、人間は自身《じしん》の小さな殻《から》を打《う》ち破《やぶ》り、大いなる可能性《かのうせい》を開いていくことができる。自身が想像《そうぞう》しなかった力さえ発揮《はっき》していくことができるのです。

私は、ネルー首相《しゅしょう》が、ガンジーの亡《な》き後《あと》、その偉大《いだい》な事業《じぎょう》の継承《けいしょう》と成就《じょうじゅ》を誓《ちか》った、次《つぎ》のような言葉《ことば》を思い出します。

「われわれは人間としてその貴《とうと》い恩師《おんし》を忘《わす》れることはできない」「〈ガンジーの〉弟子《でし》である資格《しかく》があることを実証《じっしょう》しなければならない」（『マハトマ・ガンジー』ネルー著、ガンジー平和連盟訳、朝日新聞社）

私の胸中《きょうちゅう》にも、常《つね》に戸田先生がいます。そして、師の構想《こうそう》を実現《じつげん》するために、この六十年間を戦《たたか》い抜《ぬ》いてきました。

ラダクリシュナン　師弟の厳粛《げんしゅく》な精神に胸《むね》を打《う》たれます。

童話《どうわ》が伝《つた》えるガンジーの精神

池田　ところで、以前《いぜん》、ラダクリシュナン博士から、『虫《むし》くん、真理《しんり》をさがす』という一冊《いっさつ》の童話をいただきました。カブトムシに似《に》た虫が「真理」を探《さが》す旅《たび》に出るという物《もの》語《がたり》です。

この対談《たいだん》の読者《どくしゃ》には、子育てに奮闘《ふんとう》されるお母《かあ》さま方《がた》も多くおられますので、少々、ご紹介《しょうかい》させていただいてよろしいでしょうか。

ラダクリシュナン　どうぞ、どうぞ。ご紹介いただき、光栄《こうえい》です。

池田　この虫くんは秀才《しゅうさい》で、足が速《はや》く、いろんなものを見て博学《はくがく》だった。

虫くんが、「ぼくは、あらゆるものを見た。こんなに利口《りこう》な虫は、今までいなかったに違《ちが》いない」――そう言って威張《いば》っていたら、ある老《お》いた賢者《けんじゃ》の虫から「君《きみ》は真理《しんり》を知っているか？」と聞かれた。

「知らないなら、もっと旅《たび》をするんだね」――そう言われた虫くんは、六本の足に靴《くつ》をはいて、旅に出ることになります。

途中《とちゅう》で、紫《むらさき》の羽《はね》をもつ「ガ」と友だちになり、いっしょに旅をする。

二人《ふたり》、いや二匹《にひき》の同志《どうし》は、旅先《たびさき》で迷子《まいご》のイモムシに会《あ》い、助《たす》けてあげた。

お礼《れい》がしたいと言うイモムシのお父《とう》さんに、「どの道を行けば、真理が見つかりますか？」と聞くと、「あなた方《がた》が進《すす》んでいる、この道が正しいと思いますよ」と言われた。

二匹は、それからアリ塚《づか》の建設《けんせつ》を手伝《てつだ》った。一つのピーナツを奪《うば》い合《あ》って争《あらそ》っている、コオロギとテントウムシも、仲良《なかよ》くさせた。

やがて二匹は、老いたカタツムリに出会った。

「ぼくたち、真理を探《さが》してるんです」

そう尋《たず》ねる二匹に向《む》かって、カタツムリは、こう語《かた》りました。

「君たちはね、もう見つけたんだよ」と。

ここで、さわやかに物語《ものがたり》は終《お》わります。人生《じんせい》にとって何が大切《たいせつ》か——その真理を、子どもたちに自然《しぜん》のうちに考えさせ学《まな》ばせる、まことに啓発的《けいはつてき》な童話《どうわ》ですね。

ラダクリシュナン　ありがとうございます。

この童話は、ガンジーの教えを、ガンジーを登場《とうじょう》させないで語ろうとした話《はなし》です。

カナダの一つの州《しゅう》では、教科書《きょうかしょ》として使《つか》われました。何人かの子どもたちは、ガンジーについてもっと教えてほしい、と私に手紙《てがみ》を書いてきました。ガンジーの自伝《じでん》『真理の実験《じっけん》』を欲《ほ》しいと言ってくる子どもたちさえいました。

アルバータ州にある二つの学校の児童《じどう》からは、みんなで集《あつ》まってガンジーについての勉強会《べんきょうかい》を、一回ないし二回ほど開《ひら》きたいとの申《もう》し入《い》れもありました。彼《かれ》らの反応《はんのう》に、私のほうが圧倒《あっとう》される思いでした。

池田　師《し》ガンジーの精神《せいしん》を、断《だん》じて次《つぎ》の世代《せだい》に伝《つた》えるのだ、との博士の烈々《れつれつ》たる思いが、子どもたちの心に深《ふか》く響《ひび》いたからに違いありません。子どもたちの心は柔軟《じゅうなん》で、しかも非常《ひじょう》に敏感《びんかん》です。

この物語のなかには、私たちが学ぶべき、さまざまな教訓《きょうくん》が込《こ》められています。

人間は「真理《しんり》」を求めて旅をしなければならない。しかし「真理」とは、ただ本を読んで得《え》られるものではなく、困《こま》っている人、弱《よわ》き人を助ける「慈愛《じあい》の行動《こうどう》」のなかにある――。

人間は、平和《へいわ》と幸福《こうふく》という共通《きょうつう》の目的《もくてき》に向《む》かって、国や民族《みんぞく》、宗教《しゅうきょう》の違《ちが》いを超《こ》えて、心を通《かよ》わせ、ともに「旅」をしていかねばなりません。

その第一歩《だいいっぽ》が、相手《あいて》の言葉《ことば》に、真摯《しんし》に、そして謙虚《けんきょ》に耳を傾《かたむ》ける「対話《たいわ》」です。

“対話の精神《せいしん》”を根本《こんぽん》とする仏教《ぶっきょう》

ラダクリシュナン　現代社会《げんだいしゃかい》には、おびただしい暴力《ぼうりょく》、犯罪《はんざい》、憎悪《ぞうお》と搾取《さくしゅ》がはびこっています。

その主《おも》な原因《げんいん》の一つが、「コミュニケーション不足《ぶそく》」であり、「信頼《しんらい》不足」であり、「対話不足」です。

現代は、あらゆるレベルで対話が欠如《けつじょ》した時代《じだい》と言えるでしょう。国家《こっか》、集団《しゅうだん》、民族、宗教、家族《かぞく》、親子、友人《ゆうじん》――そのすべてのレベルにおいて、相互理解《そうごりかい》が欠如しているのです。

マハトマ・ガンジーは、人々が一堂《いちどう》に会《かい》し心を開《ひら》いて語《かた》り合《あ》えば、解決《かいけつ》できない苦《くる》しみはないという信念《しんねん》を抱《いだ》いていました。

二千数百年前、釈尊《しゃくそん》は、インドから全世界《ぜんせかい》に「対話の精神」を発信《はっしん》しました。釈尊のメッセージが広まるなかで、その思想《しそう》は共鳴《きょうめい》を呼《よ》び、世界のいくつかの地域《ちいき》で、「対話の精神」が大きく輝《かがや》きを放《はな》っていきました。人類《じんるい》の歴史《れきし》において、釈尊以前《いぜん》に、「対話の力《ちから》」を訴《うった》えた人は誰《だれ》もいないのではないでしょうか。

池田　仏教《ぶっきょう》の根本《こんぽん》は「対話」です。

釈尊が人々を教え導《みちび》いたのも「対話」によってでした。多くの経典《きょうてん》が、対話形式《けいしき》で説《と》かれています。日蓮大聖人《だいしょうにん》も同様《どうよう》です。

仏法《ぶっぽう》の目的《もくてき》は、人間の生命《せいめい》に内在《ないざい》する最高《さいこう》に尊極《そんごく》なる存在《そんざい》――すなわち「仏性《ぶっしょう》」を見いだし、薫発《くんぱつ》し、開花《かいか》させていくことです。

そのために、巧《たく》みな比喩《ひゆ》を用《もち》い、生き生きと「対話」の方法《ほうほう》を駆使《くし》しながら、相手《あいて》を「真理」へと目覚《めざ》めさせていく――そうした仏教の〝対話の精神〟は、現代社会においてこそ、一段《いちだん》と大きな意味《いみ》をもつと確信《かくしん》しています。

ラダクリシュナン　現代世界において、孤立《こりつ》し続《つづ》けることのできる国家や人間は存在《そんざい》しません。多くの障壁《しょうへき》は取《と》り除《のぞ》かれ、人々は共有《きょうゆう》された価値観《かちかん》や共通《きょうつう》の遺産《いさん》に気づくようになってきました。

こうした状況《じょうきょう》をもたらすうえで、科学技術《かがくぎじゅつ》が大きな役割《やくわり》を果《は》たしたことは明《あき》らかですが、科学技術以上《いじょう》に、さまざまなレベルにおける対話《たいわ》の重要性《じゅうようせい》を精力的《せいりょくてき》に促進《そくしん》する人々が、重要な役割を果たしています。個人間《こじんかん》、国家間《こっか》、そして現在《げんざい》では文明間《ぶんめい》の対話です。

この点《てん》において、池田会長が先導《せんどう》してこられた運動《うんどう》は、賞讃《しょうさん》されるべきであり、他《た》の人々もそれに続《つづ》くべきです。会長は「対話外交《がいこう》」のパイオニアなのです。

かつて会長が、科学者や政治家《せいじか》、芸術家《げいじゅつか》、宗教的指導者《しゅうきょうてきしどうしゃ》、社会活動家《しゃかいかつどうか》、学者《がくしゃ》など、多くの人々との対話を開始《かいし》された時に、二、三十年後にそうした活動が世界的《せかいてき》に重要になると認識《にんしき》した人は、ほとんどいませんでした。

「文明間の対話」の促進《そくしん》において、池田会長がイニシアチブ（主導権《しゅどうけん》）をとられたことは、あらゆる分野《ぶんや》から評価《ひょうか》されています。会長は、この暴力《ぼうりょく》と憎悪《ぞうお》に満《み》ちた世界を、「対話の力《ちから》」で変《か》えようと尽力《じんりょく》してこられました。

池田　度重《たびかさ》なる寛大《かんだい》なお言葉《ことば》に、恐縮《きょうしゅく》しております。

〝対話の達人《たつじん》〟マハトマ・ガンジーは、〝常《つね》に心の窓《まど》を開《ひら》いておくこと〟の大切《たいせつ》さを教えました。

ネルー首相《しゅしょう》は、そのガンジーを評して、こう語《かた》っています。

「ガンジージーは常に自分と意見《いけん》の対立《たいりつ》するものとの会談《かいだん》を歓迎《かんげい》した」「〈ガンジーの〉完全《かんぜん》な誠実《せいじつ》さと人格《じんかく》こそが人の心をつかんだのである」（前掲『マハトマ・ガンジー』）

世界を変《か》えていくには、結局《けっきょく》、人間の「心」を変えていくしかない。すなわち「人間革命《かくめい》」です。

そして、この人間革命運動《うんどう》を推進《すいしん》する大いなる方途《ほうと》は、信念《しんねん》の「対話」の力以外《いがい》にありません。

そして、「対話の力」とは、「精神《せいしん》の力」であり、「知性《ちせい》の力」です。

「敬意《けいい》」と「同苦《どうく》」の精神が重要

ラダクリシュナン　今、国際《こくさい》社会のスポットライトは、池田会長に移《うつ》りつつあります。会長が、〝文明の衝突《しょうとつ》〟ではない選択肢《せんたくし》を提示《ていじ》するうえで、先駆的《せんくてき》かつ創造的《そうぞうてき》な活動を積《つ》み重《かさ》ねてこられたからです。

人類《じんるい》は、「衝突《しょうとつ》」から「対話《たいわ》」のテーブルへと移動《いどう》しなければならず、その対話は「文明間《ぶんめいかん》の対話」でなくてはなりません。

有意義《ゆういぎ》な対話のための必要条件《ひつようじょうけん》の一つは、異《こと》なる立場《たちば》や背景《はいけい》をもつ人々に応《おう》じる際《さい》に最《もっと》も大切な要素《ようそ》である「敬意《けいい》」です。

グローバルな社会《しゃかい》は、闘争《とうそう》から和解《わかい》へ、暴力《ぼうりょく》から非暴力へ、対決《たいけつ》から対話へ、そして搾取《さくしゅ》から共有《きょうゆう》へと進《すす》まなければなりません。ここにこそ、すべての生きとし生けるものを〝貴重《きちょう》な宝《たから》〟として敬《うやま》う仏教思想《ぶっきょうしそう》の重要性《じゅうようせい》があるのです。

池田　おっしゃるとおりです。

平等《びょうどう》な対話は、相手《あいて》と同《おな》じ視点《してん》に立って初《はじ》めて可能《かのう》となります。相手を見下《みくだ》し、差《さ》別《べつ》する態度《たいど》では、「対話」はつくり出せません。相手の生命《せいめい》に備《そな》わる尊厳性《そんげんせい》を信《しん》じ、敬い、尊重《そんちょう》していくなかに、自然《しぜん》と生まれていくのです。これが、法華経《ほけきょう》に説《と》かれる「不軽菩薩《ふきょうぼさつ》」*72の精神《せいしん》です。

また、もう一つ重要なことは、自分と同じ人間性《にんげんせい》を相手のなかに見いだすこと——すなわち、自分を相手の立場に置《お》き換《か》え、他者《たしゃ》の苦《くる》しみを、わが苦しみと感《かん》じることです。仏法《ぶっぽう》で説く「同苦《どうく》」の精神です。

人を愛《あい》する気持《きも》ち、大切《たいせつ》な人を失《うしな》う悲《かな》しみ、貧《まず》しさのなかで生きる苦しみ、戦争《せんそう》でわが子を亡《な》くすつらさ。そうした心は、世界《せかい》のどこに行っても共通《きょうつう》です。

母が子を想《おも》う気持ちに国境《こっきょう》はありません。子が母を慕《した》う気持ちに、宗教《しゅうきょう》の違《ちが》いもありません。フランスの思想家《しそうか》シモーヌ・ヴェイユ[*73]が、「胸を痛める心は難《なん》なく国境を越《こ》え」ると言ったとおりです。（『デラシヌマン』大木健訳、『現代人の思想9　疎外される人間』竹内良知編、平凡社）

ラダクリシュナン　「対話」といえば、二〇〇〇年の二月、池田会長のリーダーシップのもと、沖縄《おきなわ》において「文明間の対話」をテーマにした国際会議《こくさいかいぎ》が開催《かいさい》されました。これは、ひときわ注目《ちゅうもく》に値《あたい》する会議でした。

池田会長が創立《そうりつ》された戸田記念《きねん》国際平和研究所《へいわけんきゅうじょ》が呼《よ》びかけて、キリスト教、イスラム、ユダヤ教、ヒンズー教、儒教《じゅきょう》、仏教、さらに先住民《せんじゅうみん》やフェミニスト運動《うんどう》の専門家《せんもんか》など、じつに多彩《たさい》な顔ぶれが、世界の十ヵ国から集《あつ》まりました。

あの会議は、新世紀《しんせいき》へのすばらしい贈《おく》り物《もの》となりました。

池田　ラダクリシュナン博士も、会議に出席《しゅっせき》してくださり、記念講演《きねんこうえん》を行《おこな》ってくださいました。あらためて感謝申《かんしゃもう》し上《あ》げます。

会議《かいぎ》の開催《かいさい》された西暦《せいれき》二〇〇〇年は、ちょうど戸田先生の生誕《せいたん》百周年《しゅうねん》でした。生前《せいぜん》、戸田先生は戦争《せんそう》の絶《た》えない世界《せかい》の惨状《さんじょう》を憂《うれ》い、「地球民族主義《ちきゅうみんぞくしゅぎ》」の必要性《ひつようせい》を訴《うった》えました。

新《あら》たな千年紀《せんねんき》を迎《むか》えた人類《じんるい》は、これからどのように共存《きょうぞん》していけばよいのか。そのための英知《えいち》を結集《けっしゅう》できればとの思いで、会議を主催《しゅさい》したのです。

九十一歳《さい》になられたノーベル平和賞受賞者《へいわしょうじゅしょうしゃ》のロートブラット博士[*74]が、ロンドンからわざわざ駆《か》けつけてくださったことも忘《わす》れられません。世界の一流《いちりゅう》の識者《しきしゃ》が一堂《いちどう》に会《かい》したこの会議には、国連《こくれん》のアナン[*75]事務総長《じむそうちょう》もメッセージを贈《おく》ってくださいました。

「文明間《ぶんめいかん》の対話《たいわ》」で世界に平和のネットワークを

ラダクリシュナン　当時《とうじ》、会議を主催《しゅさい》された戸田記念国際平和研究所《きねんこくさいへいわけんきゅうじょ》の初代所長《しょだいしょちょう》が、イスラム世界の知性《ちせい》を代表《だいひょう》するマジッド・テヘラニアン博士[*76]であったことは、「文明間の対話」を標榜《ひょうぼう》する研究所にとって非常《ひじょう》に象徴的《しょうちょうてき》であると、私は思っております。

「戸田記念国際平和研究所は、短期間《たんきかん》のうちに顕著《けんちょ》な成功《せいこう》を収《おさ》め、研究・文書《ぶんしょ》・対話の権威《けんい》あるセンターとしての立場《たちば》を確立《かくりつ》しました。創立者《そうりつしゃ》が望《のぞ》んだとおりの真《しん》に世界的な

マジッド・テヘラニアン博士と会見（1996年２月19日、東京）©Seikyo Shimbun

研究所となりました。会長のリーダーシップと激励《げきれい》の賜物《たまもの》であり、心からお祝《いわ》いを申《もう》し上《あ》げます。

同《どう》研究所は、急速《きゅうそく》に発展《はってん》しゆく世界の創価家族《かぞく》の先駆《せんく》を担《にな》い、世界の広宣流布《こうせんるふ》を促進《そくしん》するものとなると私は確信《かくしん》しています。テヘラニアン博士は会長の未来展望《みらいてんぼう》を共《きょう》有《ゆう》されていて、それを具体的《ぐたいてき》なものに表《ひょう》現《げん》しようと尽力《じんりょく》してこられました。

池田　テヘラニアン博士は、かけがえのない友人《ゆうじん》です。博士とは『二十一世紀《せいき》への選《せん》択《たく》』（英語版《えいごばん》『対話の選択』）と題《だい》する対談《たいだん》集《しゅう》を発刊《はっかん》しました。

日本語、英語、フランス語、イタリア語、タイ語に続《つづ》いて、二〇〇六年五月には、イランの出版社《しゅっぱんしゃ》からペルシャ語で発刊《はっかん》されました。

テヘラニアン博士もまた、ラダクリシュナン博士と同《おな》じ問題意識《もんだいいしき》を共有《きょうゆう》されています。

博士は、現代《げんだい》の新《あら》たな世界《せかい》の特徴《とくちょう》を「コミュニケーションの回路《かいろ》はどんどん拡大《かくだい》しているにもかかわらず、対話《たいわ》そのものは切実《せつじつ》に不足《ふそく》している」と指摘《してき》し警鐘《けいしょう》を鳴《な》らしておられました。(『二十一世紀への選択』マジッド・テヘラニアン、池田大作著、潮出版社)

対話よりも、もっと直接的《ちょくせつてき》な力《ちから》――権力《けんりょく》や財力《ざいりょく》や物理的《ぶつりてき》な暴力《ぼうりょく》を使《つか》って、手《て》っ取《と》り早《ばや》く、自分の思う方向《ほうこう》へと、現実《げんじつ》を動《うご》かしたい――そういう欲望《よくぼう》が、人間にはあります。

しかし人類《じんるい》は、その欲望や誘惑《ゆうわく》に、絶対《ぜったい》に負《ま》けてはならない。憎悪《ぞうお》と暴力の連鎖《れんさ》を断《た》ち切《き》りゆく非暴力の「宝剣《ほうけん》」を、断《だん》じて手放《てばな》してはならないのです。

「対話の精神《せいしん》」は、「自分が変《か》わり」、それによって「相手《あいて》も変わる」という相互作用《そうごさよう》を生み出します。

日蓮大聖人《だいしょうにん》は、「鏡《かがみ》に向《むか》つて礼拝《らいはい》を成《な》す時浮《うか》べる影又我《かげまたわれ》を礼拝するなり」(前掲『日蓮大聖人御書全集』七六九ページ)と説《と》かれました。

相手が誰《だれ》であれ、生命《せいめい》に内在《ないざい》する〝最《もっと》も尊極《そんごく》なる存在《そんざい》〟を信《しん》じ、敬意《けいい》を払《はら》い、胸襟《きょうきん》を開《ひら》いて対話を重《かさ》ねていくならば、必《かなら》ず心を開いてくれる。互《たが》いの間《あいだ》に、心と心の共鳴《きょうめい》が生まれていく。そう確信《かくしん》して、ねばり強い努力《どりょく》を続《つづ》けていくことです。

対話のもたらす相互作用は、さらに社会《しゃかい》を変革《へんかく》し、発展《はってん》させゆく、計《はか》り知《し》れない力《ちから》とエネルギーを生んでいくことを、私は信じてやみません。

ラダクリシュナン　会長のご意見《いけん》に全面的《ぜんめんてき》に賛同《さんどう》します。会長は、そうした対話を最《もっと》も見事《みごと》に実践《じっせん》してこられた方《かた》です。事実《じじつ》、会長は「対話」をさらに高いレベルへと引き上げられました。したがって、会長との対話は、単《たん》に二人《ふたり》の人間が意見を交換《こうかん》するだけのものではなく、それを超《こ》えたものなのです。

よろしければ、拙著《せっちょ》『対話の達人《たつじん》・池田大作――衝突《しょうとつ》から対話へ』[*77]のなかから、私自身が会長の「対話」について言及《げんきゅう》した箇所《かしょ》を、ここで引用《いんよう》させていただきたいと思います。

「『驚異的《きょういてき》な』という言葉《ことば》は、池田博士が過去《かこ》四十年間にわたって行《おこな》ってきた一連《いちれん》の対話を言《い》い表《あらわ》すにはおだやかすぎるでしょう。博士は、人権《じんけん》、平和《へいわ》と文化《ぶんか》、戦争《せんそう》と暴力、宗教《しゅうきょう》と精神性、経済学《けいざいがく》と社会福祉《ふくし》、科学《かがく》と人類の生存《せいぞん》などのテーマについて光《こう》明《みょう》を発《はっ》しながら語《かた》り、世界中《せかいじゅう》に平和《へいわ》のネットワークを織《お》り成《な》す作業《さぎょう》を開始《かいし》しました。その言葉《ことば》は、人類《じんるい》にとっての大きな希望《きぼう》に満《み》ちています。

博士が対話《たいわ》を通《つう》じて織り成す壮大《そうだい》な構想《こうそう》には、すべての大陸《たいりく》と地域《ちいき》が含《ふく》まれています。個々人《ここじん》における革命《かくめい》は、おそらく人類の新《あら》たな夜明《よあ》けを予告《よこく》するものであり、第三の千《せん》年紀《ねんき》を、もっともすばらしい智慧《ちえ》という虹《にじ》によって輝《かがや》かせるでしょう。したがって、池田博士の対話は、新たな世界にとってのカギであると同時《どうじ》に、新たな方向性《ほうこうせい》を探求《たんきゅう》する人々を導《みちび》く〝灯台《とうだい》〟なのです」

◆第5章◆

21世紀と精神の革命

1 現代世界《げんだいせかい》の宗教《しゅうきょう》と政治《せいじ》

精神性《せいしんせい》を重《おも》んずるインドの政治風土《せいじふうど》

池田 博士からいただいた最新《さいしん》のご著作《ちょさく》では、牧口初代《しょだい》会長から今日《こんにち》に至《いた》る、私ども創価学会の平和《へいわ》と人権《じんけん》の闘争《とうそう》についても高く評価《ひょうか》してくださり、あらためて深《ふか》いご理解《りかい》に感謝《かんしゃ》いたします。

ご著作には、光栄《こうえい》にも、貴国《きこく》のカラム大統領《だいとうりょう》*78（当時）からの真心《まごころ》溢《あふ》れるお言葉《ことば》も添《そ》えられていました。宝《たから》として、末永《すえなが》く大切《たいせつ》にさせていただきます。

ラダクリシュナン 二〇〇六年の六月二日、ニューデリーの大統領官邸《かんてい》で特別《とくべつ》に催《もよお》された祝典《しゅくてん》で、各界《かっかい》の識者《しきしゃ》やガンジー主義《しゅぎ》の運動家《うんどうか》、教育者、著名《ちょめい》な学者たちの出席《しゅっせき》のもと、カラム大統領に、この私の本『生きた対話《たいわ》――ソクラテスからイケダへ』を贈呈《ぞうてい》させていただきました。

ラダクリシュナン博士の著作『生きた対話―ソクラテスからイケダへ』をアブドゥル・カラム大統領（左から２人目）に贈呈。大統領は同書に池田SGI会長への献辞（写真下）をしたためた（2006年６月２日、インド・ニューデリー、大統領官邸）

©Seikyo Shimbun

じつは官邸《かんてい》から要請《ようせい》があり、本を事前《じぜん》に届《とど》けておきましたので、大統領《だいとうりょう》はすでに目を通されていたようです。

大統領との懇談《こんだん》では、「生きた対話《たいわ》」の大切《たいせつ》さのほか、宗教《しゅうきょう》の重要性《じゅうようせい》が話題《わだい》となりました。

とりわけ大統領が、「宗教のもつ高い精神性《せいしんせい》に立《た》ち返《かえ》れば、人類《じんるい》が取るべき模範的《もはんてき》な価値《かち》を生み出すことができます。それによって、人類は共生《きょうせい》の世界《せかい》を築《きず》くことができるのです」と語《かた》っておられたことが、大変《たいへん》に印象的《いんしょうてき》でした。

また大統領は、この本を「偉大《いだい》な文学作品《さくひん》である」とも讃《たた》え、祝意《しゅくい》を表《あらわ》してくれました。

池田　そのことも、よくうかがっております。

カラム大統領には、私からも御礼《おんれい》の書簡《しょかん》をお出ししましたが、重《かさ》ねて丁重《ていちょう》なご芳書《ほうしょ》を賜《たまわ》り、恐縮《きょうしゅく》しております。大統領からは、「将来《しょうらい》、ぜひ対話を」とのお話もいただいております。

博士の本を中心《ちゅうしん》に、文字《もじ》どおり、「生きた対話」が広がっています。

ラダクリシュナン　大統領は、科学者《かがくしゃ》として有名《ゆうめい》ですが、卓越《たくえつ》した詩人《しじん》でもあり、インドの哲学《てつがく》や精神性にも深《ふか》い造詣《ぞうけい》がある方《かた》です。

池田　よく存《ぞん》じ上《あ》げております。

大統領の詩《し》も、貴国《きこく》の詩歌誌《しいかし》『ポエット』などで、いつも拝見《はいけん》しています。

私がお会いした貴国インドの指導者《しどうしゃ》の方々《かたがた》は、ナラヤナン元《もと》大統領[*56]やグジュラール[*79]元首相《しゅしょう》をはじめ、皆《みな》、深い精神性を体現《たいげん》されていました。

貴国の政治風土《せいじふうど》には、深い精神性と哲学、そして豊《ゆた》かな智慧《ちえ》の水脈《すいみゃく》が、滔々《とうとう》と流《なが》れています。

その源流《げんりゅう》の一つが、前にもふれた偉大《いだい》な指導者《しどうしゃ》アショカ大王《だいおう》[*32]の思想《しそう》です。

大王については、一九九七年の十月、「ラジブ・ガンジー現代問題研究所《げんだいもんだいけんきゅうじょ》」にお招《まね》きいただき、「『ニュー・ヒューマニズム』の世紀《せいき》へ」と題《だい》して講演《こうえん》を行《おこな》ったことも、懐《なつ》かしく思《おも》い起《お》こされます。

講演のなかで、私は、アショカ大王の「ヒューマニズムの治世《ちせい》」について論《ろん》じました。現代世界の諸《しょ》問題を考察《こうさつ》するにあたり、やはり大王の事績《じせき》は、文明《ぶんめい》論、宗教論の観点等《かんてんとう》からも、重要な示唆《しさ》を与《あた》えてくれるものです。

ラダクリシュナン　講演会には、私も参加《さんか》していましたので、よく覚《おぼ》えております。あの講演会《こうえんかい》は大盛況《だいせいきょう》で、卓越《たくえつ》した最高峰《さいこうほう》の知識人《ちしきじん》やジャーナリスト、作家《さっか》、政治指導者《せいじしどうしゃ》、社会活動家《しゃかいかつどうか》たちが参加《さんか》していました。

池田会長は、あの感銘深《かんめいぶか》い講演のなかで、アショカ大王《だいおう》の「ダルマ（法《ほう》）」の実践《じっせん》と、「ヒューマニズム」への考察《こうさつ》を通《とお》して、「人間革命《かくめい》」の核《かく》となる真理《しんり》を論《ろん》じておられましたね。

人間活動《かつどう》の基盤《きばん》には宗教性《しゅうきょうせい》が不可欠《ふかけつ》

池田 「哲人《てつじん》政治」を謳《うた》ったギリシャのプラトン[*80]は、〝真《しん》の哲学者《てつがくしゃ》が統治《とうち》をするか、統治者が真に哲学をするのでなければ、人類《じんるい》の悲惨《ひさん》はやまない〟と訴《うった》えました。〈『国家』藤沢令夫訳、『プラトン全集11』所収、岩波書店〈参照〉〉

まさにアショカ大王は、戦争《せんそう》の放棄《ほうき》、福祉《ふくし》の充実《じゅうじつ》、平和外交《へいわがいこう》、環境保護《かんきょうほご》など、「ダルマ（法）」の精神《せいしん》を実践することで、偉大《いだい》な「哲人政治家」としての模範《もはん》を示《しめ》しました。

その「行動《こうどう》」の源泉《げんせん》となったのが、「宗教」のもつ高い倫理性《りんりせい》と思想《しそう》であり、そこに重要《じゅうよう》な意義《いぎ》があったと、私は思っております。

ラジブ・ガンジー現代問題研究所で、池田SGI会長が「『ニュー・ヒューマニズム』の世紀へ」と題し講演（1997年10月21日、インド・ニューデリー）　©Seikyo Shimbun

時代背景《じだいはいけい》や社会状況《じょうきょう》も、当時《とうじ》とは違《ちが》いますが、ガンジーもまた、「民衆《みんしゅう》の幸福《こうふく》」を可能《かのう》にする社会の実現《じつげん》には、やはり「宗教」の存在《そんざい》が不可欠《ふかけつ》であることを、たびたび強調《きょうちょう》していましたね。

ラダクリシュナン　ええ。ガンジーは、政治や経済《けいざい》といった〝社会の営《いとな》み〟と宗教の思想が、密接不可分《みっせつふかぶん》に結《むす》びついていることを深く認識《にんしき》していました。

ガンジーは、語《かた》っています。

「今日《こんにち》、人間のすべての営みは、不可分な一つの全体《ぜんたい》を構成《こうせい》しています。社会、経済、政治、そして純粋《じゅんすい》な宗教活動は、完全《かんぜん》に区別《くべつ》することはできないのです。私は、人間の活動から分離《ぶんり》された宗教など知りません。宗教《しゅうきょう》は、すべての活動《かつどう》に精神的基盤《せいしんてききばん》を与《あた》えるものであり、さもなくば、人生《じんせい》はその基盤を欠《か》いて、『何の意味《いみ》もない騒音《そうおん》と狂躁《きょうそう》』の迷宮《めいきゅう》と化《か》してしまうでしょう」

ガンジーが達成《たっせい》しようと努力《どりょく》したことは、宗教を生きた現実的《げんじつてき》なものにすることであり、宗教を社会《しゃかい》における人と人との対応《たいおう》のなかで見えるようにすることでした。彼《かれ》は宗教というものを、自分のまわりにいるすべての人々の幸福《こうふく》のために真摯《しんし》に努力し、それを追求《ついきゅう》するものに変《か》えたのです。

ガンジーは、「私は、宗教が政治《せいじ》と関係《かんけい》ないものとは思いません。宗教から切《き》り離《はな》された政治は、死骸《しがい》のようなものであり、埋葬《まいそう》するしかほかに道はありません。もし、今もなお行《おこな》われているように、政治を宗教から分離《ぶんり》する試《こころ》みがなされていなかったならば、政治も宗教も今、私たちがしばしば目にするほど堕落《だらく》することはなかっただろうと思います」と述《の》べています。

池田　ガンジーにとって、真《しん》の宗教とは、人間活動の源泉《げんせん》であり、「人間が人間であるため」の宗教でした。

釈尊《しゃくそん》の「ダルマ（法《ほう》）」の精神を伝《つた》える経典《きょうてん》にも、すべての人間活動の基盤には、宗教性が不可欠《ふかけつ》であることが説《と》かれています。

法華経《ほけきょう》の法師功徳品《ほっしくどくほん》は、次《つぎ》のように教えています。

「諸《もろもろ》の説く所《ところ》の法は、其《そ》の義趣《ぎしゅ》に随《したが》って、皆な実相《じっそう》と相違背《あいいはい》せじ。若《も》し俗間《ぞくけん》の経《きょう》書《しょ》、治世《じせ》の語言《ごごん》、資生《ししょう》の業等《ごうとう》を説かんも、皆な正法《しょうほう》に順《じゅん》ぜん」（『妙法蓮華経並開結』創価学会版五四九ページ）

ここに、「実相」「正法」とあるのは、「真理《しんり》」のことです。ガンジーは「サティヤー」（真理）と言っていますね。簡潔《かんけつ》に言えば、現実《げんじつ》の人生《じんせい》と社会を離れて宗教が存在《そんざい》するのではない。世俗《せぞく》の哲学《てつがく》、思想《しそう》、政治、経済《けいざい》も、ことごとく人間の価値創造《かちそうぞう》の源泉《げんせん》である宇宙《うちゅう》の真理に準《じゅん》ずべきであるという教えです。

ラダクリシュナン　ガンジーは、自身《じしん》の宗教観《かん》について、次のようにも述べています。

「私の宗教は、牢獄《ろうごく》の宗教ではありません。私の宗教は、もっとも小さな被造物《ひぞうぶつ》でも受《う》け容《い》れるのです。私の宗教は、傲慢《ごうまん》さ、すなわち人種《じんしゅ》や宗教、肌《はだ》などの色へのうぬぼれに対抗《たいこう》するための根拠《こんきょ》なのです」

人々の幸福を奪《うば》うものと戦《たたか》う、妥協《だきょう》なき戦士《せんし》の魂《たましい》――。私には、これこそガンジーが志向《しこう》した、宗教的魂の精髄《せいずい》であったと思われてなりません。

ガンジーは、トルストイ[*18]の次のような宗教観と考えを同《おな》じくしていました。すなわち、

「真《しん》の宗教《しゅうきょう》とは、人間によって確立《かくりつ》された、人間と人間を取《と》り巻《ま》く無限《むげん》の生命《せいめい》との関《かん》係性《けいせい》であり、それは理性《りせい》と人知《じんち》に反《はん》するものではなく、人間の生命をその無限性と結《むす》びつけ、人間の行動《こうどう》を司《つかさど》るものである」と。

宗教の精神性《せいしんせい》が政治《せいじ》に必要《ひつよう》と主張《しゅちょう》したガンジー

池田　人々の幸福《こうふく》のために、社会《しゃかい》の矛盾《むじゅん》と戦《たたか》い、社会の変革《へんかく》に立ち上がったガンジーが、そうした深《ふか》い宗教性をもって政治に深く関《かか》わっていったのは、ある意味《いみ》で必然《ひつぜん》だったと言ってよいでしょう。

ラダクリシュナン　ええ。ガンジーは、政治とその制度《せいど》を、精神性の豊《ゆた》かなものにすることを、しばしば自身《じしん》の目標《もくひょう》として掲《かか》げ宣言《せんげん》していました。

そのため、「宗教は政治とまったく無関係であると言う人は、宗教の意味《いみ》を知らない、と私は何のためらいもなく、しかも謙虚《けんきょ》な心で断言《だんげん》することができる」とまで明言《めいげん》していたのです。

宗教以外《いがい》に、政治を人間に尽《つ》くす、豊かで高貴《こうき》なものにできるものが、ありえるでしょうか。私は、そうは思いません。

　ガンジーは、「人間の幸福」を築《きず》くためには、「宗教の精神性を、政治に反映《はんえい》しなければならない」と繰《く》り返《かえ》し説《と》きました。このことは、二十世紀《せいき》の帝国主義《ていこくしゅぎ》*81の時代《じだい》にあっては、画期的《かっきてき》な発言《はつげん》であったと思います。

池田　おっしゃるとおりですね。

　ガンジーの革新的《かくしんてき》な主張《しゅちょう》に対《たい》して、「政治と宗教を混同《こんどう》している」との声《こえ》もあった。しかしガンジーは、そうした批判《ひはん》は的《まと》はずれであると一蹴《いっしゅう》しています。

　本来《ほんらい》、政治も宗教も、人々の幸福のためにあるべきものだからです。

ラダクリシュナン　ガンジーにとって、その種《しゅ》の言いがかりは承知《しょうち》のうえのことでした。

　ガンジーは、宗教なき政治は、「国家《こっか》の首《くび》を吊《つ》るロープ」であると述《の》べて、狭量《きょうりょう》な視点《してん》でしか物事《ものごと》を見られない人々をたしなめました。

　宗教的 魂《たましい》を忘《わす》れた政治は、国を滅《ほろ》ぼしてしまう。そして、宗教が本当《ほんとう》に民衆《みんしゅう》を幸福にするつもりがあるなら、現実《げんじつ》の社会に関われ！　政治に関われ！　これが、ガンジーの「政治」と「宗教」についての信念《しんねん》であったのです。

池田　ガンジーの宗教観《かん》を示《しめ》す、もう一つの有名《ゆうめい》なエピソードがあります。

ガンジーを訪問《ほうもん》したある宣教師《せんきょうし》が、「あなたの信仰《しんこう》する宗教《しゅうきょう》は何か」と尋《たず》ねた時のことです。ガンジーは、部屋《へや》で休んでいる二人《ふたり》の病人《びょうにん》を指《ゆび》さして答《こた》えた。

「奉仕《ほうし》すること、仕《つか》えることがわたしの宗教です」（『ガンディーとタゴール』森本達雄著、第三文明社）と。

目の前の苦悩《くのう》する一人《ひとり》に尽《つ》くしていく。病人や貧者《ひんじゃ》、社会的《しゃかいてき》苦悩を受ける民衆《みんしゅう》に同《どう》苦《く》し、奉仕していく――この揺《ゆ》るぎない人間主義《しゅぎ》の行動《こうどう》こそ、ガンジーの宗教的な魂《たましい》にほかなりません。難解《なんかい》な論理《ろんり》をもてあそんだり、空《むな》しい理想《りそう》を掲《かか》げたりすることではないのです。

このガンジーの宗教観《かん》は、一人も犠牲《ぎせい》にすることなく、社会を変革《へんかく》しようとした、マハトマの「漸進《ぜんしん》主義的」な政治姿勢《せいじしせい》にも、よく反映《はんえい》されていると言えます。「社会の変革には、少数者《しょうすうしゃ》の犠牲や、暴力《ぼうりょく》もやむをえない」などとは、絶対《ぜったい》に考えなかったのです。

ラダクリシュナン　そのとおりですね。

「善《よ》いことは、カタツムリの速度《そくど》で動《うご》く」とは、あまりにも有名《ゆうめい》なガンジーの言葉《ことば》です。ガンジーは常《つね》に、ゆるやかではあっても、着実《ちゃくじつ》な前進《ぜんしん》を志向《しこう》していました。なぜなら、急進的《きゅうしんてき》な変革は、しばしば強権《きょうけん》に走《はし》り、独善《どくぜん》に陥《おちい》り、さまざまなハレーション（混乱状態《こんらんじょうたい》）を生み、流血《りゅうけつ》の惨事《さんじ》を招《まね》きかねないからです。より根本的《こんぽんてき》な価値《かち》は、「一人」を徹底《てってい》して大切《たいせつ》にする思想《しそう》から生まれる。こうしたガンジーの思想と行動《こうどう》は、仏法《ぶっぽう》が説《と》く「中道《ちゅうどう》」*82の思想、そして池田会長が提唱《ていしょう》してこられた「人間革命《かくめい》」の哲学《てつがく》とも、深《ふか》く響《ひび》き合《あ》うと思います。

池田　ラダクリシュナン博士は、大阪府立大学《おおさかふりつだいがく》での講演《こうえん》（「ガンジー主義と仏教《ぶっきょう》」二〇〇三年十月）でも「ガンジーの闘争《とうそう》は、ある意味《いみ》で釈尊《しゃくそん》の闘争の再現《さいげん》だった」と語《かた》られていましたね。

まさにガンジーの闘争は、政治と社会の現実《げんじつ》のなかに、「真理《しんり》」に基《もと》づく「非暴力」と、真《しん》のヒューマニズムの精神《せいしん》を体現《たいげん》することにあったとも言えます。

ガンジーは語っています。

「仏陀《ぶっだ》、イエス、マホメッド——彼《かれ》らはみんな、それぞれ独自《どくじ》のやり方で平和《へいわ》の戦士《せんし》でありました」（前掲『わたしの非暴力1』）

宗教も、この原点《げんてん》を、絶対に忘《わす》れてはならない。

ラダクリシュナン　私の講演にふれていただき、ありがとうございます。

釈尊《しゃくそん》とガンジーは、それぞれ不健全《ふけんぜん》な宗教的慣習《しゅうきょうてきかんしゅう》の浄化《じょうか》に取《と》り組《く》み、宗教を個《こ》人《じん》の啓発《けいはつ》の手段《しゅだん》にするために戦《たたか》いました。

私は、宗教は、社会《しゃかい》の片隅《かたすみ》に追《お》いやっておくべきものではないと思っています。宗教というものは、人間と社会への大いなる関心《かんしん》を育《はぐく》み、人々の幸福《こうふく》と平和《へいわ》の実現《じつげん》を目指《めざ》して、敢然《かんぜん》と声《こえ》を上げ、社会で行動《こうどう》しゆく〝勇気《ゆうき》〟を培《つちか》うものでなければなりません。

池田　そのとおりですね。

日蓮大聖人《だいしょうにん》は、「立正安国論《りっしょうあんこくろん》」のなかで、「一身《いっしん》の安泰《あんたい》を願《ねが》うなら、まず世《よ》の静穏《せいおん》、平和を祈《いの》るべきである」と述《の》べられております。

平和な社会なくして、個人《こじん》の真《しん》の幸福もありえない。ゆえに、社会の安穏《あんのん》と発展《はってん》のために、祈り行動することが、仏教者《ぶっきょうしゃ》が果《は》たすべき責務《せきむ》であり、使命《しめい》であると教えているのです。

私ども創価学会が、教育・文化・平和の諸活動《しょかつどう》とその改革運動《かいかくうんどう》に、積極的《せっきょくてき》に参画《さんかく》してきた理由《りゆう》もそこにあります。

生きた宗教は、社会に生き生きと活力《かつりょく》を与《あた》え、躍動《やくどう》した精神《せいしん》の息吹《いぶき》を吹《ふ》き込《こ》んでいく。社会に何らの貢献《こうけん》もなしえないのであれば、それは死《し》せる宗教と言わざるをえません。

「信教《しんきょう》の自由《じゆう》」を守《まも》る勇気《ゆうき》と信念《しんねん》の闘争《とうそう》

ラダクリシュナン　これまで語《かた》り合《あ》ってきたように、社会の健全《けんぜん》な発展にとって、宗教の果《は》たす役割《やくわり》は、不可欠《ふかけつ》のものです。

ところが歴史《れきし》を見ても、しばしば世《よ》の政治権力者《せいじけんりょくしゃ》たちは、宗教を自《みずか》らの支配下《しはいか》に置《お》き、民衆《みんしゅう》を支配《しはい》するために利用《りよう》しようとしてきました。

しかし、現代《げんだい》において、もし政治権力が、特定《とくてい》の宗教や団体《だんたい》を封《ふう》じ込《こ》めるために権力を濫用《らんよう》しようとするならば、世界《せかい》の平和を愛《あい》する市民《しみん》は、徹底的《てっていてき》に言論《げんろん》で抵抗《ていこう》しなければならないと私は考えます。これは、真実《しんじつ》のガンジーの精神を信奉《しんぽう》する私にとって、生涯《しょうがい》、微動《びどう》だに揺《ゆ》るがない信念です。

池田　おっしゃるとおりです。

国際《こくさい》宗教社会学会の元《もと》会長で、イギリス・オックスフォード大学の教授《きょうじゅ》であったブライアン・ウィルソン博士も、次《つぎ》のように述《の》べていました。

「国連《こくれん》やヘルシンキ宣言《せんげん》などによる種々《しゅじゅ》の国際《こくさい》宣言、すなわち、人権《じんけん》としての宗教的《しゅうきょうてき》自由《じゆう》は、個々人《ここじん》の宗教的信条《しんじょう》や、その集会《しゅうかい》、布教《ふきょう》の推進《すいしん》、あるいは、宗教的信念《しんねん》に基《もと》づく社会的諸活動《しゃかいてきしょかつどう》に対《たい》し、国家権力《こっかけんりょく》は干渉《かんしょう》してはならないことを規定《きてい》しています」（『聖教新聞』一九九五年九月二十二日付）と。

また、宗教団体《だんたい》が、政治に参加《さんか》することの意義《いぎ》を、次《つぎ》のように語《かた》っておられた。

「ドイツ、イタリア、オランダ、ベルギー、ノルウェーなどの国々で、はっきりとキリスト教の名《な》を冠《かん》した政党《せいとう》が出現《しゅつげん》しているのです。

成熟《せいじゅく》した民主主義《みんしゅしゅぎ》社会では、人々の、自《みずか》らの宗教的信条が、また、それに基《もと》づいた生き方というものが、彼《かれ》らの政党への支持《しじ》、献身《けんしん》を決定《けってい》づけていくというのは、常識《じょうしき》になっています」（同前）

ラダクリシュナン　重要《じゅうよう》な視点《してん》ですね。

池田　今日《こんにち》、世界《せかい》の多くの国の憲法《けんぽう》では、いわゆる「政教分離《せいきょうぶんり》」原則《げんそく》を定《さだ》めていますが、この規定の主《おも》な目的《もくてき》は、あくまでも〝国家の側《がわ》〟に、宗教についての「中立性《ちゅうりつせい》」を命《めい》じることにあります。

なぜなら、国家の宗教的な「中立性」が侵《おか》されてしまえば、国民《こくみん》の「信教《しんきょう》の自由」

が圧迫《あっぱく》され、侵害《しんがい》されてしまうからです。

現代の民主国家において、基本的《きほんてき》人権の根幹《こんかん》である「信教の自由」の否定《ひてい》は、「民主主義の死《し》」を意味《いみ》すると言っても、決《けっ》して過言《かごん》ではありません。

ご存《ぞん》じのように、第二次世界大戦下《だいにじせかいたいせんか》の日本においても、軍部政府《ぐんぶせいふ》は、戦争《せんそう》を遂行《すいこう》するため、国家神道《しんとう》を国民の精神的支柱《せいしんてきしちゅう》として強制《きょうせい》し、事実上《じじつじょう》、国民の「信教の自由」を侵害しました。

その権力の横暴《おうぼう》と戦《たたか》い、徹底《てってい》した非暴力《ひぼうりょく》の言論戦《げんろんせん》を展開《てんかい》したのが、牧口初代《しょだい》会長であり、戸田第二代会長でした。これが、私どもＳＧＩの平和《へいわ》・人権運動《うんどう》の大きな原点《げんてん》となっています。

ラダクリシュナン　お二人《ふたり》が、軍部権力下《か》にあっても信仰上《しんこうじょう》の正義《せいぎ》を貫《つらぬ》き、信教の自由を守《まも》るための人権闘争《とうそう》を展開したことを思《おも》い起《お》こす時、私の胸《むね》には、深《ふか》い感動《かんどう》の念《ねん》がこみあげてきます。

牧口初代会長と戸田第二代会長は、「不敬罪《ふけいざい》」「治安維持法違反《ちあんいじほういはん》」容疑《ようぎ》で逮捕《たいほ》され、初代会長は冷《つめ》たい牢獄《ろうごく》で獄死《ごくし》されました。

その気高《けだか》い勇気《ゆうき》と信念の行動《こうどう》は、時を経《へ》るごとに、ますます世界へと輝《かがや》きわたることでしょう。

国家《こっか》の制度《せいど》や政治《せいじ》というものは、民衆《みんしゅう》の願《ねが》いとともに、人間の活動《かつどう》の源泉《げんせん》である精神性《しんせい》や活力《かつりょく》も反映《はんえい》していくべきです。その時、初《はじ》めて、宗教《しゅうきょう》も政治も、人々のために高貴《こうき》な働《はたら》きをすることになるのではないでしょうか。

2 〝母の慈愛《じあい》〟が地球《ちきゅう》を守《まも》る

女性《じょせい》の戦《たたか》いが示《しめ》した非暴力《ひぼうりょく》の価値《かち》

池田　平和《へいわ》の太陽《たいよう》は女性です。女性は、生命《せいめい》を守《まも》り育《はぐく》みゆく、深《ふか》い慈愛と勇気《ゆうき》を本然《ほんねん》的《てき》に備《そな》えています。

そうした現代《げんだい》女性の一人《ひとり》が、北アイルランドの出身《しゅっしん》で、ノーベル平和賞《しょう》を受賞《じゅしょう》した、ベティ・ウィリアムズさんです。

私も、二〇〇六年の十一月、創価大学のある八王子《はちおうじ》で語《かた》り合《あ》いました。

ご存《ぞん》じのように、ウィリアムズさんは、北アイルランド紛争《ふんそう》*83のさなか、何の罪《つみ》もない子どもたちが目の前で犠牲《ぎせい》になった事件《じけん》をきっかけに、一人の母として立ち上がりました。決然《けつぜん》と平和への叫《さけ》びをあげた勇気の女性です。

当時《とうじ》、北アイルランドでは、長年にわたる紛争が続《つづ》いていました。そうしたなかで、一人《ひとり》の女性《じょせい》が「争《あらそ》いをやめよ！」と叫《さけ》ぶことが、どれほど困難《こんなん》なことであったか。まさに生命《せいめい》の危険《きけん》すらありました。

しかし、ウィリアムズさんは、敵味方《てきみかた》の双方《そうほう》の女性たちに訴《うった》えかけ、じつに三万五千人にも及《およ》ぶ平和《へいわ》の大行進《だいこうしん》を実現《じつげん》したのです。

正義《せいぎ》と人道《じんどう》の行動《こうどう》に、世界《せかい》が喝采《かっさい》しました。

ウィリアムズさんは、当時《とうじ》を述懐《じゅっかい》され、「平和の行進」に参加《さんか》した女性たちを支《ささ》えた信念《しんねん》こそ、マハトマ・ガンジーやキング博士[*27]が掲《かか》げ実践《じっせん》した〝非暴力《ひぼうりょく》の哲学《てつがく》〟であったと語《かた》られていました。

ラダクリシュナン　すばらしい歴史《れきし》の事実《じじつ》です。母として、また人間としての深《ふか》い愛《あい》情《じょう》と責任感《せきにんかん》が、ガンジーやキングが経験《けいけん》したと同《おな》じような困難な状況《じょうきょう》を乗《の》り越《こ》え、非暴力の闘争《とうそう》へと立ち上がる勇気《ゆうき》を与《あた》えたのですね。

インドの独立《どくりつ》闘争において、ガンジーは、自《みずか》らの戦《たたか》いは帝国主義《ていこくしゅぎ》[*81]と人々の搾取《さくしゅ》を許《ゆる》す「イギリスの制度《せいど》」に対《たい》するものであり、「イギリス人」に対するものではないことを繰《く》り返《かえ》し主張《しゅちょう》しました。

ガンジーは、自らが率《ひき》いた非暴力の抗議運動《こうぎうんどう》においては、憎悪《ぞうお》や暴力が存在《そんざい》する余地《よち》

「世界子ども慈愛センター」のベティ・ウィリアムズ会長（左から２人目）、ラスティー・フィンレイ会長補佐（左端）との語らい（2006年11月６日、東京）
©Seikyo Shimbun

はないことを示《しめ》したのです。そして、人々が勇気をもって立ち上がり、相手《あいて》に対して憎悪をもつことなく戦うこともできることを示しました。

ウィリアムズさんら女性の行動は、その見事《みごと》な模範《もはん》の実践と言えますね。

池田　そのとおりです。憎悪に突《つ》き動《うご》かされて行動すれば、必《かなら》ず「報復《ほうふく》の連鎖《れんさ》」を生みます。そして、ますます憎悪と暴力が激《はげ》しさを増《ま》していく――それが、人類《じんるい》の歴史であり、今なお繰《く》り返《かえ》されている現実《げんじつ》です。

ウィリアムズさんとの語らいの折《おり》に、「その連鎖を断《た》ち切《き》るにはどうすればよいのか」というテーマになりました。

彼女《かのじょ》は、きっぱりと言われておりました。「相手《あいて》に屈服《くっぷく》しないで、なおかつ慈愛《じあい》の心を示《しめ》すことではないでしょうか。決《けっ》して簡単《かんたん》ではありませんが」と。さらにまた、「教育、教育、そして教育以外《いがい》にありません」と語《かた》られていたことが大変《たいへん》に印象的《いんしょうてき》でした。

ラダクリシュナン　ウィリアムズさんは、暴力《ぼうりょく》や争《あらそ》いに訴《うった》えることなく、まさに〝「正義《せいぎ》」と「平和《へいわ》」を求《もと》める不屈《ふくつ》の力《ちから》〟を代表《だいひょう》する人物《じんぶつ》です。

彼女たちの戦《たたか》いは、平等《びょうどう》、正義、平和そして調和《ちょうわ》のある円満《えんまん》な発展《はってん》のための闘争《とうそう》でした。多くの目覚《めざ》めた人々から差《さ》し延《の》べられた援助《えんじょ》のおかげで、彼女たちの闘争は壮《そう》大《だい》な人権運動《じんけんうんどう》へと発展《はってん》していきました。女性たちは民族《みんぞく》や言語《げんご》、文化《ぶんか》、政治《せいじ》、経済《けいざい》の違《ちが》いを超《こ》えて立ち上がり、その運動に参加《さんか》しました。そして、自身《じしん》のアイデンティティー（主体性《しゅたいせい》）を確立《かくりつ》するための長期《ちょうき》にわたる闘争のなかで、苦難《くなん》と慈悲《じひ》と非暴力がもつ価《か》値《ち》の重要性《じゅうようせい》を示《しめ》したのです。

環境問題《かんきょうもんだい》は平和・人権の問題と不可分《ふかぶん》

池田　おっしゃるとおりですね。

こうした「非暴力」の哲学《てつがく》こそ、私たち人類《じんるい》が「人間」と「人間」の関係《かんけい》のみならず、生きとし生けるものとの「共生《きょうせい》」を考えるうえでも不可欠《ふかけつ》な倫理的《りんりてき》・思想的基盤《しそうてききばん》となります。

インドの英知《えいち》の結晶《けっしょう》である仏典《ぶってん》『スッタニパータ』には、こう記《しる》されています。

「目に見えるものでも、見えないものでも、遠くに住《す》むものでも、近くに住むものでも、すでに生まれたものでも、これから生まれようと欲《ほっ》するものでも、一切《いっさい》の生きとし生けるものは、幸《しあわ》せであれ」（前掲『ブッダのことば』）と。

ここには、地球《ちきゅう》の全生態系《ぜんせいたいけい》と未来《みらい》にわたる「共生」の思想が表明《ひょうめい》されています。生きとし生けるものとの「共生」の基盤の上にこそ、「人間の尊厳《そんげん》」と「人類の平和共《きょう》存《ぞん》」は成立《せいりつ》します。

ケニアの環境《かんきょう》運動家で、ノーベル平和賞受賞者《じゅしょうしゃ》のワンガリ・マータイ博士[*84]も、私との語らいのなかで、「環境」の問題《もんだい》が、「平和」や「人権」の問題とも密接《みっせつ》にして不可分《ふかぶん》の関係にあることを強く訴《うった》えておられました。

平和を破壊《はかい》するのも、環境を破壊するのも、同じ「人間」です。「怒《いか》り」や「貪欲《どんよく》」や「無知《むち》」といった人間の「心」の荒廃《こうはい》――内《うち》なる世界《せかい》の闇《やみ》が、そのまま社会《しゃかい》や地球環境に投影《とうえい》されていると言ってもよいでしょう。急激《きゅうげき》な科学《かがく》や産業《さんぎょう》の発展《はってん》に、人間の精《せい》神性《しんせい》の向上《こうじょう》がともなわないことも、一面《いちめん》では、そうした「心」の荒廃《こうはい》を広げる結果《けっか》となりました。

ガンジーは、偏頗《へんぱ》な機械文明《きかいぶんめい》と物質主義《ぶっしつしゅぎ》を強く批判《ひはん》して、こう語《かた》りました。

「ローマは物質的に非常《ひじょう》に豊《ゆた》かになった時に道義的《どうぎてき》には退廃《たいはい》した。全世界《ぜんせかい》を掌中《しょうちゅう》にしながら魂《たましい》を失《うしな》って何になろう。

近代《きんだい》における個性《こせい》の喪失《そうしつ》や単《たん》なる機械の歯車化《はぐるまか》は人間の尊厳《そんげん》には反《はん》するものである。私は人間一人《ひとり》一人が活発《かっぱつ》で、十分《じゅうぶん》に成長《せいちょう》した社会《しゃかい》の一員《いちいん》になるよう希望《きぼう》する」（前掲『ガンジー』）

こうしたガンジーの叫《さけ》びは、利己的《りこてき》で無秩序《むちつじょ》な物質的欲望《よくぼう》の拡大《かくだい》によって、地球環境《ちきゅうかんきょう》を破壊《はかい》し、地球の生態系《せいたいけい》を危機《きき》に陥《おとしい》れてしまった現代人《げんだいじん》への警鐘《けいしょう》でもありました。

ラダクリシュナン　ガンジーは、すべての自然《しぜん》を慈悲《じひ》深《ぶか》いものと見ていました。

全宇宙《うちゅう》の生命《せいめい》は、互《たが》いに依存《いぞん》しながら存在《そんざい》しています。生きとし生けるものは、すべてつながり合っています。

部屋《へや》の天井《てんじょう》は、柱《はしら》によって支《ささ》えられている。柱は床《ゆか》に支えられている。床も地面《じめん》がなければ存在できない。何一つとして、誰《だれ》一人として単独《たんどく》では存在できないのです。人間は、他《た》の生命とつながり合って存在しているのに、他の生命を支配《しはい》し、破壊してもいいという傲慢《ごうまん》な意識《いしき》をもっています。他の生命の破壊は、必《かなら》ず人間同士《どうし》の破壊の時代《じだい》を招《まね》きます。

この真理《しんり》がわかれば、他者《たしゃ》のために行動《こうどう》する大切《たいせつ》さがわかってきます。いかにして人々に尽《つ》くしていくのか。そこに自身《じしん》の存在があり、幸福《こうふく》がある。

人生《じんせい》の目的《もくてき》とは、他者の生命を育《はぐく》み、広げ、豊《ゆた》かにすることによって、自分の生命を幸福にすることにあるのです。

池田　その一点《いってん》が急所《きゅうしょ》です。今、博士が述《の》べられた思想《しそう》は、まさしく仏法《ぶっぽう》の「縁起《えんぎ》」[*85]の思想に通《つう》じるものです。

植樹《しょくじゅ》を推進《すいしん》したアショカ大王《だいおう》

ラダクリシュナン　ええ。こうした考えは、仏教《ぶっきょう》から発《はっ》したものであり、またインド古《こ》来《らい》の思想でもあります。

ヒンズーの聖典《せいてん》である『リグ・ヴェーダ』[*19]において、空《そら》は「父」と呼《よ》ばれ、地球は

「母」と呼《よ》ばれます。

古代《こだい》の大叙事詩《だいじょじし》『マハーバーラタ』[*12]では、樹木《じゅもく》の保護《ほご》が最大限《さいだいげん》に優先《ゆうせん》されます。

よく引かれるヴェーダの聖歌《せいか》の一つに次《つぎ》のようなものがあります。

平和《へいわ》が 空に満《み》ちあふれますように
平和が 宇宙《うちゅう》に満ちあふれますように
平和が 地球《ちきゅう》に満ちあふれますように
平和が 海や 湖《みずうみ》、河川《かせん》に満ちあふれますように
平和が 草花《くさばな》に満ちあふれますように
平和が 野菜《やさい》や樹木に満ちあふれますように
平和が 宇宙の主《しゅ》に満ちあふれますように
平和が 創造主《そうぞうしゅ》・ブラフマン[*86]に満ちあふれますように
平和が 全《すべ》ての人に満ちあふれますように
全ての場所《ばしょ》が 平和だけになりますように
その平和を 私に満ちあふれさせ給《たま》え

池田　貴国《きこく》の精神《せいしん》の大地《だいち》には、万物《ばんぶつ》の「平和」と「幸福《こうふく》」を願《ねが》う、大いなる〝慈愛《じあい》の心〟が、まさに〝満ちあふれて〟いますね。滔々《とうとう》と流《なが》れる思想《しそう》・文化《ぶんか》のスケールの大きさと、深遠《しんえん》さが伝《つた》わってきます。

アショカ大王《だいおう》[*32]は、人々が緑《みどり》に憩《いこ》い豊《ゆた》かな自然《しぜん》のなかで過《す》ごせるようにと、ダルマ（法《ほう》）の実践《じっせん》の一つとして、街路樹《がいろじゅ》の植樹《しょくじゅ》などを積極的《せっきょくてき》に行《おこな》いました。現代《げんだい》で言えば、人々の幸福を願い、生活《せいかつ》を向上《こうじょう》させるための環境政策《かんきょうせいさく》です。

釈尊《しゃくそん》は語《かた》りました。

「〈緑の木々《きぎ》を〉園《その》に植《う》え、林に植え、橋《はし》を作り、井戸《いど》の舎《いえ》や貯水池《ちょすいち》を作る人々、休息所《きゅうそくじょ》を与《あた》える人々、――かれらの功徳《くどく》は、昼夜《ちゅうや》に常《つね》に増大《ぞうだい》する」（『ブッダ　神々との対話』中村元訳、岩波文庫）と。

アショカ大王の植樹政策は、この教えの実践であったと言えますね。

ラダクリシュナン　釈尊は、まさしく歴史上最初《れきしじょうさいしょ》の、現代《げんだい》で言う「環境主義者《しゅぎしゃ》」の一人《ひとり》であったと考えられます。

人間の幸福についての釈尊の関心《かんしん》は、人間と自然との共生的《きょうせいてき》な関係《かんけい》への深《ふか》い理解《りかい》と結《むす》びついていました。つまり人間は、自然《しぜん》なしでは存在《そんざい》も繁栄《はんえい》もできないという関係《かんけい》です。

釈尊《しゃくそん》の人生自体《じんせいじたい》が、この深遠《しんえん》な真実《しんじつ》の雄弁《ゆうべん》な証明《しょうめい》であり、釈尊は豊《ゆた》かな譬喩《ひゆ》と具体《ぐたい》的《てき》な手本《てほん》を通して人々に伝《つた》えました。

アショカ大王《だいおう》は、そうした釈尊の教えを奉《ほう》じ実践《じっせん》して、その名を不朽《ふきゅう》のものとしました。大王のもつ豊かな本性《ほんしょう》は、宇宙自体《うちゅうじたい》のもつ栄光《えいこう》と美《び》の表現《ひょうげん》です。

何ものも、他者《たしゃ》なしに存在することはできません。仏教《ぶっきょう》が強調《きょうちょう》する「相互依存《そうごいぞん》」や「縁起《えんぎ》」の理論《りろん》は、アショカ大王の献身的《けんしんてき》な行動《こうどう》のなかに、その十全《じゅうぜん》な開花《かいか》を見ました。そして彼《かれ》の行動が、今度《こんど》は何世代《なんせだい》にもわたり、ガンジーを含《ふく》む思想家《しそうか》や活動家《かつどうか》に影響《えいきょう》を及《およ》ぼしていったのです。

人間と自然を一体《いったい》と見なす仏教

池田　壮大《そうだい》なる精神《せいしん》の継承《けいしょう》の劇《げき》です。

植樹《しょくじゅ》といえば、マータイ博士が、自然環境《かんきょう》の保護《ほご》と女性《じょせい》の自立《じりつ》のために、多くの人々の力《ちから》を糾合《きゅうごう》して、三十年間で三千万本もの苗木《なえぎ》をアフリカの天地《てんち》に植《う》えたことは

ケニアの環境運動家、ワンガリ・マータイ博士を歓迎（2005年2月18日、東京）

©Seikyo Shimbun

有名《ゆうめい》です。

博士は、東洋《とうよう》の「共生《きょうせい》」の価値観《かちかん》への深《ふか》い共感《きょうかん》を示《しめ》されながら、こう述懐《じゅっかい》されていました。

「人間は他《た》の生物種《せいぶつしゅ》に依存しています。だから、他の生物種を守《まも》るために、努力《どりょく》すべきなのです。社会《しゃかい》がまず、『人間は他の生命《せいめい》のおかげで生きている』と理解《りかい》することが大切《たいせつ》です」と。

仏教では、さまざまな形《かたち》で、「縁起」の思想が展開《てんかい》されていますが、そのなかに「依正不二《えしょうふに》」論《ろん》があります。「正報《しょうほう》」（衆《しゅ》生《じょう》の身心《しんしん》）と「依報《えほう》」（環境・国土《こくど》）は、現《げん》象面《しょうめん》では二つに分かれていても、宇宙生命の深い次元《じげん》では「一体《いったい》」であるという法《ほう》理《り》です。「正報《しょうほう》」を人間生命《せいめい》とすれば、「依報《えほう》」は自然生態系《しぜんせいたいけい》となるでしょう。人間と自然生態系は、宇宙《うちゅう》生命の次元《じげん》で、本来《ほんらい》、一体《いったい》であるゆえに、相互《そうご》に依存《いぞん》し、助《たす》け合《あ》いながら、この地球上《ちきゅうじょう》における創造的進化《そうぞうてきしんか》を織《お》りなすべき存在《そんざい》なのです。

ゆえに、自然環境《かんきょう》の大切《たいせつ》さを学《まな》ぶことは、「生命の尊厳《そんげん》」と大切さを学ぶことであり、宇宙と自身《じしん》の密接《みっせつ》な結《むす》びつきを、あらためて学ぶことにもなるのです。

ラダクリシュナン　そのとおりですね。

仏教《ぶっきょう》は、人間と自然を一体と見なしますので、「人間中心的《ちゅうしんてき》」であるというよりも、むしろ「生態系中心的」であると言えるでしょう。

私たちは、自分自身を扱《あつか》うのと同様《どうよう》のやり方《かた》で、自然を扱うべきなのです。自然を傷《きず》つけることは私たち自身を傷つけることであり、逆《ぎゃく》もまたしかりです。自分自身と、仲間《なかま》の人間たちを扱う方法《ほうほう》がわかるならば、自然の扱い方もわかるでしょう。

興味深《きょうみぶか》いことに、ほとんどの伝統文化《でんとうぶんか》のなかで最高《さいこう》の詩歌《しいか》と言われるものは、自然への驚《おどろ》きをテーマとしています。

事実《じじつ》、自然は驚きそのものです。自然の織りなす豊《ゆた》かな絵模様《えもよう》を讃美《さんび》しない詩人《しじん》は、

インド・ニューデリー郊外の創価菩提樹園　©Seikyo Shimbun

ほとんどいません。自然の豊かな恵《めぐ》み、心ときめく虹《にじ》の色彩《しきさい》、過《す》ぎゆく雲の流《なが》れ、海原《うなばら》を唸《うな》るように進《すす》む波浪《はろう》――これらはすべて、それぞれが人間の生命現象《げんしょう》と不可分《ふかぶん》な存在なのです。

大切《たいせつ》なことは、私たちに与《あた》えられたこの驚異《きょうい》に満《み》ちた遺産《いさん》を、どの要素《ようそ》も損《そこ》なうことなく、互《たが》いに尊敬《そんけい》し共生《きょうせい》を促進《そくしん》しながら、いかにして守《まも》り育てていくかということです。

池田　まったく、おっしゃるとおりです。

ガンジーは、地球は人間の〝必要《ひつよう》〟を満《み》たすには十分《じゅうぶん》でも、〝貪欲《どんよく》〟を満たすには十分ではないと警告《けいこく》しました。

地球の資源《しげん》は有限《ゆうげん》ですが、歯止《はど》めを失《うしな》

った人間の欲望《よくぼう》には、際限《さいげん》がありません。

それを、いかに統御《とうぎょ》し、調和《ちょうわ》させていくか。ここに、現代社会《げんだいしゃかい》の最大《さいだい》の課題《かだい》があり、人類《じんるい》の英知《えいち》の挑戦《ちょうせん》があります。それは、世界《せかい》の宗教《しゅうきょう》が取《と》り組《く》むべきテーマでもあります。

私は、もう二十年以上《いじょう》も前に、ローマクラブの創設者《そうせつしゃ》であるアウレリオ・ペッチェイ[*87]博士と『二十一世紀《せいき》への警鐘《けいしょう》』（英語版《えいごばん》『手遅《てお》れにならないうちに』）と題《だい》する対談集《たいだんしゅう》を発刊《はっかん》しました。

博士とは、フランスのパリで、東京で、イタリアのフィレンツェで、幾《いく》たびとなく語《かた》り合《あ》いました。

地球の未来《みらい》を展望《てんぼう》するなかで、とりわけ博士と私の意見《いけん》が深《ふか》く一致《いっち》したのは、人類の平和《へいわ》と発展《はってん》のためには、「人間の心の変革《へんかく》しかない」「人間革命《かくめい》しかない」という一点《いってん》でした。

環境《かんきょう》教育の基盤《きばん》となる〝慈悲《じひ》の心〟

ラダクリシュナン　仏教倫理《ぶっきょうりんり》のカギは、「心」を第一《だいいち》のものとすることだと思います。

初期《しょき》の仏典《ぶってん》『ダンマパダ』は次《つぎ》のような言葉《ことば》で始《はじ》まっています。「ものごとは心にもとづき、心を主《しゅ》とし、心によってつくり出される」（前掲『ブッダの真理のことば　感興のことば』）と。

ポジティブ（積極的《せっきょくてき》・肯定的《こうていてき》）な思考《しこう》からは、ポジティブな行為《こうい》が生まれ、ポジティブな結果《けっか》が得《え》られます。

反対《はんたい》に、ネガティブ（消極的《しょうきょくてき》・否定的《ひていてき》）な思考からは、ネガティブな行為が生まれ、ネガティブな結果しか得られません。

智慧《ちえ》とは、こうした真理《しんり》への理解《りかい》から生まれます。したがって、結果としての「罪《つみ》」よりも、知らないがゆえに「罪」を引《ひ》き起《お》こしてしまった「無知《むち》」のほうを問題《もんだい》にすべきなのです。

また仏教の思想《しそう》は、非暴力的《ひぼうりょくてき》なエコロジー（生態系《せいたいけい》）を築《きず》きゆく基盤《きばん》となるものですが、環境《かんきょう》倫理を教育し、また実践《じっせん》することによって、環境への理解を促進《そくしん》できるのです。

池田　そうですね。仏典『スッタニパータ』には、そうした環境倫理の基盤となる〝慈《じ》愛《あい》の心〟が説《と》かれています。

「あたかも、母が己《おの》が独《ひと》り子《ご》を命《いのち》を賭《か》けても護《まも》るように、そのように一切《いっさい》の生きとし生けるものどもに対《たい》しても、無量《むりょう》の（慈しみの）こころを起《おこ》すべし。また全世界《ぜんせかい》に対して無量の慈しみの意《こころ》を起すべし」（前掲『ブッダのことば』）と。

〝母の心〟に倣《なら》えというのです。

わが師《し》である戸田第二代会長は、「宇宙《うちゅう》は慈悲《じひ》の当体《とうたい》である」と洞察《どうさつ》されました。大宇宙の慈悲の働《はたら》きが、人間と自然生態系《しぜんせいたいけい》を育《はぐく》み、創造的進化《そうぞうてきしんか》を織《お》りなしているのです。このような宇宙論に立脚《りっきゃく》した仏教《ぶっきょう》の慈悲、非暴力《ひぼうりょく》のエコロジーは、人類《じんるい》を根本的《こんぽんてき》に救《すく》いゆく大いなる哲学《てつがく》の基盤《きばん》となるでしょう。ここに環境《かんきょう》教育の中核《ちゅうかく》の思想《しそう》があるからです。

博士が指摘《してき》されたように、環境問題《もんだい》の克服《こくふく》には、民衆《みんしゅう》の〝草の根《くさね》〟レベルでの幅広《はばひろ》い啓発《けいはつ》が不可欠《ふかけつ》です。すべての人々が、生命《せいめい》を慈しむ心、生命を守《まも》る智慧《ちえ》を育んでいけるような教育が必要《ひつよう》です。

私も、これまで、さまざまな機会《きかい》に環境の重要性《じゅうようせい》を語《かた》り、世界に向《む》けた「環境提言《ていげん》」を行《おこな》ってきました。また、ＳＧＩは地球憲章委員会《ちきゅうけんしょういいんかい》との共同《きょうどう》で制作《せいさく》した「変革《へんかく》の種《しゅ》子《し》――地球憲章と人間の可能性《かのうせい》」展《てん》など、さまざまな環境展示《てんじ》を世界の各国《かっこく》で開催《かいさい》して

中東オマーンの首都マスカットで開催された「変革の種子──地球憲章と人間の可能性」展の見学に訪れた子どもたち（2006年11月４日）　©Seikyo Shimbun

おります。

「変革の種子」展は、アジアや欧米各国《おうべいかっこく》のほか、二〇〇六年十一月には、インドとも交流《こうりゅう》の深《ふか》い、中東《ちゅうとう》のオマーンの首都《しゅと》マスカットでも開催されました。

展示会には、地域《ちいき》の多くの学校から生徒《せいと》たちが見学《けんがく》に訪《おとず》れ、大きな反響《はんきょう》を呼《よ》んだようです。地球のどこであろうと、もはや環境問題に無関係《むかんけい》な場所《ばしょ》はありません。

人類と自然生態系との「共生《きょうせい》」のためには、国際社会《こくさいしゃかい》の迅速《じんそく》な英知《えいち》の結集《けっしゅう》とともに、未来《みらい》への〝変革の種子〟を、地道《じみち》に忍耐強《にんたいづよ》く植《う》え続《つづ》けていく作業《さぎょう》の拡大《かくだい》こそ、重要な基盤となるでしょう。

ラダクリシュナン　大切《たいせつ》なことですね。

私たちの生活《せいかつ》は、絶《た》え間《ま》ない闘争《とうそう》を強《し》いられています。しかし、どんなに戦《たたか》っても幸福《こうふく》が手に入《はい》らないとすれば、一体《いったい》、何のための人生《じんせい》なのでしょうか。環境《かんきょう》の汚染《おせん》によって、安心《あんしん》して生活することもできない。安心して子どもを育てることもできない。これでは一体、何のための進歩《しんぽ》であり、発展《はってん》であり、科学技術《かがくぎじゅつ》であるかわかりません。

今こそ私たちは、現代文明《げんだいぶんめい》のあり方と人間の生き方を見つめ直すために、ガンジーの声《こえ》に耳を傾《かたむ》けよと訴《うった》えたいのです。

池田　博士が言われたように、人生は幸福になるためにあります。ここに一切《いっさい》の発想《はっそう》の原点《げんてん》を置《お》くべきです。

以前《いぜん》にも語《かた》り合《あ》ったように、ガンジーは、インドの独立《どくりつ》と非暴力闘争《ひぼうりょくとうそう》の未来《みらい》を展望《てんぼう》するにあたり、とりわけ女性《じょせい》の役割《やくわり》に大きな期待《きたい》を寄《よ》せました。これは環境問題《もんだい》についても、そのまま当てはまることです。

私は、世界的《せかいてき》な農科学者《のうかがくしゃ》である、貴国《きこく》のスワミナサン博士[*88]とも対談《たいだん》を行《おこな》いました。博士は持続可能《じぞくかのう》な「緑《みどり》の革命《かくめい》」において重要《じゅうよう》な役割を担《にな》っているのも、やはり庶民《しょみん》の女性たちであると断言《だんげん》されておりました。

ウィリアムズさんの平和運動《へいわうんどう》もしかり、マータイ博士の植樹《しょくじゅ》運動もまたしかりです。「生命《せいめい》」を心から慈《いつく》しみ、育《はぐく》むという点において、また「暴力」を断固《だんこ》として許《ゆる》さないという点において、女性が本来《ほんらい》もつ感性《かんせい》や能力《のうりょく》が、これからの時代《じだい》にますます必要《ひつよう》とされるでしょう。

女性がはつらつと活躍《かつやく》する社会《しゃかい》には、活力《かつりょく》があり、調和《ちょうわ》があり、希望《きぼう》がある。女性の笑顔《えがお》が輝《かがや》く世界には、明るい未来があります。

スワミナサン博士は、対談のなかで、ご自身《じしん》の信念《しんねん》の一つを語ってくれました。それは〝もし、ある家庭《かてい》で、女性のために何かをすれば、それはあらゆる人に恩恵《おんけい》を与《あた》える。しかし、男性《だんせい》に同《おな》じことをしてもそうはならない〟というのです（笑い）（『「緑の革命」と「心の革命」』Ｍ・Ｓ・スワミナサン、池田大作著、潮出版社〈参照〉）。私も、心から賛同《さんどう》しました。

地域《ちいき》社会の発展を考えるうえでも、また環境問題を考えるうえでも、女性のエンパワーメント――女性が力《ちから》を得《え》て自立《じりつ》し活躍することが、何よりも大切《たいせつ》なのです。

ラダクリシュナン　池田会長が環境教育の促進《そくしん》のために先駆的《せんくてき》な行動《こうどう》をとられていることは、すばらしいことであり、心強く思います。

マータイ博士やスワミナサン博士の先駆的《せんくてき》な行動《こうどう》、そして会長のたゆみなきご尽力《じんりょく》によって、環境問題《かんきょうもんだい》が、今、人類《じんるい》が一致《いっち》して取《と》り組《く》むべき喫緊《きっきん》の課題《かだい》の一つであることが、さらに明確《めいかく》になってきました。

私は今まで、世界《せかい》のさまざまな地域《ちいき》にある創価幼稚園《ようちえん》、創価学園、創価大学を何度《なんど》も訪問《ほうもん》させていただきましたが、これらの教育機関《きかん》がいかに環境問題に焦点《しょうてん》を当てた取り組みをされているかを目《ま》の当たりにしてきました。

これらの学校は、人類にとって大いなる希望《きぼう》をいだかせる存在《そんざい》です。環境問題や人権《じんけん》、倫理《りんり》、精神性《せいしんせい》、道徳《どうとく》、科学《かがく》、技術《ぎじゅつ》、リベラル・アーツ（教養科目《きょうようかもく》）などの教育を受《う》けた若《わか》い世代《せだい》の人々は、思いやりのある人となるでしょう。また善意《ぜんい》と調和《ちょうわ》の使者《ししゃ》となるでしょう。

したがって、人類は、このすばらしいリーダーシップを発揮《はっき》されている池田会長ならびにその同志《どうし》の方々《かたがた》に、多大《ただい》な恩恵《おんけい》を被《こうむ》っているのです。

具体的《ぐたいてき》な目に見える形《かたち》の「人間革命《かくめい》」がここにあるのです。池田博士、私は博士に最敬礼《さいけいれい》し、感謝申《かんしゃもう》し上《あ》げます。

3　21世紀《せいき》を「幸福《こうふく》の世紀」に

忘《わす》れ得《え》ぬガンジー記念館訪問《きねんかんほうもん》

池田　今、日本でも、連日《れんじつ》のように、目を瞠《みは》るインドの大発展《だいはってん》の姿《すがた》が報道《ほうどう》されております。貴国《きこく》を敬愛《けいあい》する一人《ひとり》として、うれしいかぎりです。

一月二十六日は、貴国インドの「共和国《きょうわこく》記念日」です。この日は、一九五〇年、インドの新憲法《しんけんぽう》が施行《しこう》されたことを記念して定《さだ》められたものですね。

私たちSGI（創価学会インタナショナル）にとっても、この一月二十六日が発足《ほっそく》の記念日となっています（一九七五年発足）。貴国と私どもとの幾重《いくえ》にも深《ふか》き〝縁《えにし》〟を感《かん》じます。

ラダクリシュナン　SGIの発足の日とインド共和国の記念日が、偶然《ぐうぜん》にも同《おな》じ日であることは、大変《たいへん》に興味《きょうみ》深い事実《じじつ》です。両者《りょうしゃ》を結《むす》ぶ深い精神的次元《せいしんてきじげん》での関係性《かんけいせい》を、象《しょう》徴《ちょう》しているかのようです。

池田会長は一貫《いっかん》して、日本とインド両国《りょうこく》の精神的《せいしんてき》な絆《きずな》の強さを強調《きょうちょう》してこられました。

アジアのこの偉大《いだい》な二つの文化《ぶんか》には、西洋《せいよう》が普遍的《ふへんてき》なヒューマニズムの思想《しそう》を発展《はってん》させる以前《いぜん》から、文化の統合《とうごう》や精神的伝統《でんとう》の擁護《ようご》、そして人間主義《しゅぎ》の思想の涵養《かんよう》など、共通《きょうつう》の精神性が反映《はんえい》されてきました。


池田　おっしゃるとおりです。歴史的《れきしてき》にも、貴国《きこく》と日本の交流《こうりゅう》は深《ふか》く長い。今後《こんご》も、日本にとって貴国との交流はますます大事《だいじ》です。

インドは、二〇〇七年に晴《は》れ晴《ば》れと独立《どくりつ》六十周年[*89]を迎《むか》えられました。さらにまた、二〇〇八年の一月で、偉大なる指導者《しどうしゃ》マハトマ・ガンジーが逝去《せいきょ》されてより、六十年の節《ふし》目《め》を刻《きざ》まれました。

マハトマが、凶弾《きょうだん》に倒《たお》れ、殉難《じゅんなん》されたのは、一九四八年一月三十日の夕刻《ゆうこく》でした。

ラダクリシュナン　ええ。当時《とうじ》のインドは、長い植民地時代《しょくみんちじだい》を経《へ》て、ようやく独立したばかりでした。しかし、ガンジーの願《ねが》いとは裏腹《うらはら》に、インドとパキスタンは分離《ぶんり》独立し、国内《こくない》ではそれまで封《ふう》じ込《こ》められていた宗教間《しゅうきょうかん》、民族《みんぞく》間の対立《たいりつ》が噴出《ふんしゅつ》していました。

そうした破局《はきょく》を回避《かいひ》するための、ガンジーの英雄的《えいゆうてき》かつ持続的《じぞくてき》な努力《どりょく》にもかかわらず、インド亜大陸《あたいりく》では、史上最大規模《しじょうさいだいきぼ》の人口移動《じんこういどう》が起《お》こっていました。そして、ガンジーは、インド亜大陸を襲《おそ》った共同体相互《きょうどうたいそうご》の憎悪《ぞうお》という「毒《どく》」の犠牲《ぎせい》となったのです。

池田　ガンジーを暗殺《あんさつ》したのは、ゴードセーという三十五歳《さい》のヒンズー至上主義者《しじょうしゅぎしゃ》でした。

場所《ばしょ》は、ニューデリー市内の旧《きゅう》ビルラ邸《てい》ですね。現在《げんざい》、国立《こくりつ》ガンジー記念館《きねんかん》となっており、一九九二年の二月十三日に、私も表敬訪問《ひょうけいほうもん》させていただきました。

当時、館長《かんちょう》であられたラダクリシュナン博士と、副議長《ふくぎちょう》の今は亡《な》きパンディ博士が、わざわざ出迎《でむか》えてくださり、大変《たいへん》に恐縮《きょうしゅく》いたしました。

インドの人々の平和《へいわ》への願《ねが》いが凝結《ぎょうけつ》した歴史的な場所への訪問は、私にとっても終生《しゅうせい》、忘《わす》れ得《え》ぬ黄金《おうごん》の一日となりました。

ガンジーは釈尊《しゃくそん》のメッセージを実践《じっせん》

ラダクリシュナン　あの日のことは、私も鮮明《せんめい》に覚《おぼ》えています。

ガンジー記念館《きねんかん》の私たちすべてにとっても、意義深《いぎぶか》き日となりました。とくにパンディ博士と私にとって、池田会長の聖《せい》なるガンジーの館《やかた》へのご訪問《ほうもん》は、啓発的《けいはつてき》で勇気《ゆうき》づけられる出来事《できごと》でした。

記念館の白い二階《かいだ》建ての館と庭園《ていえん》は、そのまま保存《ほぞん》され、インドの民衆《みんしゅう》が〝国父《こくふ》〟を偲《しの》んで訪《おとず》れる神聖《しんせい》な地となっています。ガンジーは、亡《な》くなるまでの最後《さいご》の百四十四日間を、ここで過《す》ごしたのです。

あの日、ガンジーは、日課《にっか》の夕《ゆう》べの祈《いの》りに集《つど》った五百人の待《ま》つ集会場《しゅうかいじょう》に向《む》かって歩《ある》いていました。

五時を少し過ぎていました。半月前《はんつきまえ》、ヒンズー教徒《きょうと》とイスラム教徒の争《あらそ》いをやめさせるために、断食《だんじき》を行《おこな》ったばかりのガンジーは、親類《しんるい》の二人《ふたり》の女性に両脇《りょうわき》を支《ささ》えられ、談笑《だんしょう》しながら庭《にわ》を歩いていました。暗殺《あんさつ》は、その時、起《お》こったのです。

池田　世界《せかい》に深い悲《かな》しみと衝撃《しょうげき》を与《あた》えた事件《じけん》でした。私も、マハトマの記念碑《ひ》に献花《けんか》し、あらためて偉大《いだい》な生涯《しょうがい》を偲びました。碑には、最後《さいご》の言葉《ことば》「ヘー・ラーマ（おお、神《かみ》よ）」が厳粛《げんしゅく》に刻《きざ》まれていました。

あの日、パンディ博士は、こう語《かた》ってくださいました。

ニューデリー市内のガンジー記念館を訪問。ガンジーの最後の足跡を見学する池田SGI会長（1992年２月13日）　©Seikyo Shimbun

「ガンジーは、じつは釈尊《しゃくそん》のメッセージを実践《じっせん》した人です。仏法者《ぶっぽうしゃ》のあなたがガンジーの精神《せいしん》をインドで宣揚《せんよう》することは、釈尊とガンジーが、つながることになるのです」と。

あの言葉《ことば》は、私の胸《むね》に深《ふか》く刻《きざ》まれて離《はな》れることはありません。〝釈尊のメッセージ〟とは、つきつめて言えば〝万人《ばんにん》の幸福《こうふく》〟であり、〝人間のための宗教《しゅうきょう》〟です。〝人間主《しゅ》義《ぎ》〟の精髄《せいずい》です。その人間主義を、そのまま体現《たいげん》したのが偉大《いだい》なるガンジーでした。

ラダクリシュナン　そのとおりです。

ガンジーの生涯《しょうがい》そのものが、釈尊の人間主義のメッセージを、驚《おどろ》くべき見事《みごと》さで体現しています。

ガンジーは、宗教間の橋渡《はしわた》しになることを望《のぞ》み、「すべての宗教を平等《びょうどう》に尊重《そんちょう》する」思想《しそう》と運動《うんどう》の促進《そくしん》に尽力《じんりょく》しました。

しかしそれは、当時《とうじ》、インドの異《こと》なる宗教の間《あいだ》に生まれつつあった疑念《ぎねん》や敵意《てきい》に、ガンジーが気づかなかったことを意味《いみ》するものではありません。すべての宗教を尊重することは、人々が皆《みな》、平和《へいわ》に生きていくための現実的《げんじつてき》な方法《ほうほう》だったのです。

釈尊が説《と》いたように、人々が互《たが》いの存在《そんざい》を、そしてあらゆる生命《せいめい》を尊重しないかぎり、人類《じんるい》の存続《そんぞく》と発展《はってん》を維持《いじ》し、地球《ちきゅう》の健全性《けんぜんせい》を達成《たっせい》することは困難《こんなん》です。

池田会長は、釈尊のこの教えを、見事なまでに浮《う》き彫《ぼ》りにしてこられました。そうした価値観《かちかん》と原則《げんそく》を堅持《けんじ》しながら、人間主義を広める運動に献身《けんしん》されているがゆえに、私は会長を心から尊敬《そんけい》し賞讃《しょうさん》するのです。ガンジーは、まさにその模範《もはん》でした。そして会長の行動《こうどう》は、私に、そのガンジーの姿《すがた》を彷彿《ほうふつ》とさせるのです。

池田　私のことはともあれ、ガンジーは、まさしくヒンズー教徒《きょうと》とイスラム教徒との「対話《たいわ》」と「交流《こうりゅう》」に命《いのち》がけで取《と》り組《く》みました。

それは過激派《かげきは》から、ヒンズー教への重大《じゅうだい》な背信《はいしん》であると非難《ひなん》されながらの精神闘争《とうそう》でした。マハトマの生命《せいめい》を賭《と》した戦《たたか》いは、二十一世紀《せいき》の今なお、不滅《ふめつ》の光《ひかり》を放《はな》っています。

宗教的寛容《かんよう》の精神

ラダクリシュナン　おっしゃるとおりです。

ガンジーは、「宗教的寛容」を唱《とな》えたのみならず、人々の融和《ゆうわ》のために、自《みずか》ら率先《そっせん》して行動しました。

彼《かれ》が、マハデヴシャストリ・ディヴァカーにあてた手紙《てがみ》*90は、ガンジーの立場《たちば》を明《あき》らかに示《しめ》しています。少し長いですが、そこにはこう綴《つづ》られています。

「私は、幼年期《ようねんき》からずっと、イスラム教徒《きょうと》と一緒《いっしょ》に暮《く》らしてきました。また、ロンドンに行った時には、神《かみ》の摂理《せつり》によって、キリスト教徒、イスラム教徒、パールシー教徒*91たちと深《ふか》い交友関係《こうゆうかんけい》をもちました。もちろん、そこにはヒンズー教徒もいました。私は、それらの識者《しきしゃ》たちと接触《せっしょく》したので、これらの宗教《しゅうきょう》の聖典《せいてん》を読むようになったのです。そうするうちに、私が得《え》た結論《けつろん》は、諸《しょ》宗教の聖典を読んだ後にはじめて、諸宗教についての真実《しんじつ》を知ることができるのだということでした。

私も、あなたが手紙の中で言及《げんきゅう》したイスラム批判《ひはん》を読んだことがあります。南アフリカに滞在《たいざい》していた時に、それらの書物《しょもつ》についてイスラム教徒と話し合いましたし、イスラム教徒になったイギリス人とも話し合ったことがあります。南アフリカでは、マウラナ・シブリ（インド人イスラム学者《がくしゃ》）の著作《ちょさく》も読みました」

池田　ガンジーの生き方を、端的《たんてき》に表《あらわ》した手紙ですね。人間への尊厳《そんげん》、そして他《た》の宗教への開《ひら》かれた心が伝《つた》わってきます。

私たち創価学会の牧口初代《しょだい》会長の基本姿勢《きほんしせい》も「認識《にんしき》なくして評価《ひょうか》するな」でした。

その宗教を知ろうともせず、偏見《へんけん》や先入観《せんにゅうかん》だけで判断《はんだん》することは、絶対《ぜったい》に避《さ》けねばなりません。まず互《たが》いに知り合うことです。語《かた》り合《あ》うことです。学《まな》び合《あ》うことです。そして、互いの認識を深めることです。

ラダクリシュナン　寛容《かんよう》や尊敬《そんけい》の念《ねん》は、ガンジーにとって、真理《しんり》と非暴力《ひぼうりょく》と同様《どうよう》に、宗教的な信条《しんじょう》でした。「宗教的寛容」を唱《とな》えながら、他の宗教に近づかないのでは、かえって「分離《ぶんり》」を固定《こてい》してしまう。考えも閉鎖的《へいさてき》になってしまうでしょう。言葉《ことば》とは裏《うら》腹《はら》に、心はどんどん排他的《はいたてき》になってしまうのです。

ガンジーのアーシュラム（道場《どうじょう》）には、そうした態度《たいど》を、とくに子どもや女性《じょせい》、仕《し》事仲間《ごとなかま》、社会活動家《しゃかいかつどうか》、作家《さっか》、教師などの間《あいだ》に育てようとする、マハトマの献身《けんしん》と情熱《じょうねつ》が溢《あふ》れていました。

人間主義的《しゅぎてき》な価値観《かちかん》や伝統精神《でんとうせいしん》を備《そな》えた〝新しい市民《しみん》〟を育成《いくせい》することが、ガンジーの目的《もくてき》でした。彼《かれ》は、その基本的な思想形成《しそうけいせい》の発想《はっそう》を、他の宗教からも学びましたが、主《おも》にヒンズー教や仏教《ぶっきょう》、ジャイナ教[*92]などから得《え》たのです。

池田　宗教には、それぞれ独自《どくじ》の伝統があります。とともに、歴史的変遷《れきしてきへんせん》のなかで、互いに影響《えいきょう》を与《あた》え合《あ》い、発展《はってん》を遂《と》げてきた側面《そくめん》があります。インド仏教とヒンズー教との関係《かんけい》などもそうです。

したがって、当然《とうぜん》のこととして、それぞれの宗教《しゅうきょう》を比較《ひかく》する時、その宗教の独自性《どくじせい》を示《しめ》す〝相違点《そういてん》〟とともに、多くの〝共通項《きょうつうこう》〟を見いだすことができます。

その〝相違点〟と〝共通項〟をともに認識《にんしき》し合《あ》いながら、交流《こうりゅう》を深《ふか》め、対話《たいわ》を続《つづ》けていく。そこから信頼《しんらい》が生まれ、より確《たし》かな関係を築《きず》いていくことができるのではないでしょうか。

そのような努力《どりょく》なしに、安直《あんちょく》に「すべての宗教は同《おな》じようなものだ」などと決めつけてしまうことは、かえって、それぞれの宗教に対《たい》する深い理解《りかい》がないことを示すものです。

ラダクリシュナン　全面的《ぜんめんてき》に賛成《さんせい》です。

それは宗教に対する無知《むち》を意味《いみ》します。「寛容《かんよう》」というのは、そういうことではありません。他《た》の宗教を信《しん》じる人々を排斥《はいせき》したり、迫害《はくがい》したりする行為《こうい》を抑制《よくせい》することです。

池田　「宗教的寛容」とは、それぞれの宗教の〝共通項〟をともに確認《かくにん》しながら、他の宗教の〝独自性〟にも敬意《けいい》を払《はら》い、互《たが》いに学《まな》び合《あ》うことです。

このような宗教間《かん》の対話によって、それぞれの宗教が、自己《じこ》の思想的基盤《しそうてききばん》を一段《いちだん》と深

創価大学で講演するラダクリシュナン博士（2008年5月16日）©Seikyo Shimbun

めていくことができるのです。このような「対話」と「交流」に、真剣《しんけん》に取《と》り組《く》んでいく人こそ、「宗教的寛容」に生《い》き抜《ぬ》く人と言えるのではないでしょうか。それは、大乗仏教《だいじょうぶっきょう》の説《と》く菩薩道《ぼさつどう》の行者《ぎょうじゃ》とも言えます。

ラダクリシュナン　まさに、「宗教的寛容に生きる」人こそが、対立《たいりつ》と憎悪《ぞうお》の場《ば》を、共生《きょうせい》と友好《ゆうこう》の場に変《か》えることができます。ガンジーがそうであり、そして現代《げんだい》においては池田会長がその実例《じつれい》なのです。

私は、仏教の基本的《きほんてき》な教えを踏《ふ》まえつつ、師匠《ししょう》の構想実現《こうそうじつげん》のために、どこまでも献《けん》身的《しんてき》に尽力《じんりょく》し、情熱的《じょうねつてき》に取り組まれる会長の姿《すがた》に、大きな感化《かんか》を受《う》けてきました。

人間革命《かくめい》の必要性《ひつようせい》を何度《なんど》も強調《きょうちょう》される会長の言葉《ことば》は、それを聞いた人々に大いなるエネルギーを注《そそ》ぎ、真《しん》の人間になるための活力《かつりょく》を与《あた》えてくれるのです。

池田　恐縮《きょうしゅく》です。

ところで、ガンジー記念館《きねんかん》の訪問《ほうもん》に先立《さきだ》って、私は、シャルマ[*93]元大統領《もとだいとうりょう》（当時、副《ふく》大統領）とお会《あ》いしました。

元大統領が語《かた》っておられたことが思《おも》い起《お》こされます。

「マハトマ・ガンジーは、〝釈尊《しゃくそん》を最《もっと》も尊敬《そんけい》している。釈尊は、最も偉大《いだい》な平和指導者《へいわしどうしゃ》の一人《ひとり》である。彼《かれ》の教えは愛《あい》の教えである〟と述《の》べていました。この愛の教えは、インド独立《どくりつ》の際《さい》に大きな力《ちから》となりました。

それは、インドだけのためではなく、世界《せかい》のためでもありました」と。

釈尊をはじめとするインドの聖賢《せいけん》の思想《しそう》を貫《つらぬ》く偉大なる伝統精神《でんとうせいしん》とは、多様《たよう》な文化《ぶんか》、民族《みんぞく》、思想《しそう》、宗教《しゅうきょう》の間《あいだ》に、〝非暴力《ひぼうりょく》と慈愛《じあい》の橋《はし》〟を架《か》けゆかんとしたものでした。

それは、まさに二十一世紀《せいき》の世界に不可欠《ふかけつ》なものです。

対話《たいわ》による変革《へんかく》

池田　釈尊の深《ふか》き〝慈悲《じひ》と智慧《ちえ》〟を説《と》いた経典《きょうてん》に「シンガーラ経《きょう》」があります。

この経典では、慣習的《かんしゅうてき》な儀式《ぎしき》に執着《しゅうちゃく》していた人を、釈尊が巧《たく》みなる対話によって、真の宗教的精神に目覚《めざ》めさせていくという話が説かれています。

ある資産家《しさんか》の息子《むすこ》であったシンガーラは、父親の遺言《ゆいごん》をかたくなに守《まも》って、日々《ひび》の日課《にっか》を行《おこな》っていました。その日課とは、「朝早く起《お》き、合掌《がっしょう》し、東方《とうほう》、南方《なんぽう》、西方《せいほう》、北方《ほっぽう》、下方《かほう》、上方《じょうほう》の六方《ろっぽう》を礼拝《らいはい》する」ことでした。

ラダクリシュナン　息子のシンガーラは、父親が遺言で教えたとおり、礼拝の行《ぎょう》を実践《じっせん》したわけですね。

池田　そうです。しかし、それは非常《ひじょう》に形式的《けいしきてき》で、正しい教えの実践と言えるものではなかった。ところが釈尊は、それを見て言下《げんか》に否定《ひてい》することはしなかった。釈尊は彼《かれ》に、こう語りかけます。

「では、せっかく、六方を礼拝するならば、尊《とうと》き方法《ほうほう》で礼拝しなければなりませんね」

そして、こう続《つづ》けました。

「東方《とうほう》は、母であり、父です。南方《なんぽう》は、師匠《ししょう》です。西方《せいほう》は妻子《さいし》です。北方《ほっぽう》は友人《ゆうじん》・知人《ちじん》です。下方《かほう》は奴隷《どれい》の境遇《きょうぐう》の人たち、雑役《ざつえき》にたずさわる人たち。上方《じょうほう》は、宗教的聖者《しゅうきょうてきせいじゃ》たちです。これらの人々を大切《たいせつ》にし、奉仕《ほうし》することが、六方《ろっぽう》を礼拝《らいはい》することなのです」（以上、『ディーガ・ニカーヤ』「シンガーラ経」要旨《ようし》）

ラダクリシュナン　なるほど。それこそ、智慧《ちえ》の言葉《ことば》ですね。「人類《じんるい》の教師《きょうし》」である釈尊《しゃくそん》にふさわしい教え方です。

池田　そうですね。釈尊の善導《ぜんどう》によって、自然《しぜん》のうちに他者《たしゃ》を尊《とうと》ぶ生き方を学《まな》ぶことができたわけです。

父親の遺言《ゆいごん》の言葉を形式的《けいしきてき》に反復《はんぷく》するだけでは、本当《ほんとう》の「親孝行《おやこうこう》」とはならない。父親の本当の願《ねが》いは、息子《むすこ》の幸福《こうふく》であり、人間としての勝利《しょうり》であったはずです。釈尊の「智慧の言葉」は、シンガーラ親子の生命《せいめい》の絆《きずな》を、より深《ふか》めたとも言えます。

目覚《めざ》めたシンガーラは、その場《ば》で、釈尊の弟子《でし》になることを決意《けつい》しました。新《あら》たな人間主義《しゅぎ》の宗教が、形式的な旧習《きゅうしゅう》から人間を解《と》き放《はな》った一つの象徴《しょうちょう》です。賢明《けんめい》なる智慧の対話《たいわ》によって、新たな〝変革《へんかく》のドラマ〟が生まれていくことを示《しめ》しています。

ラダクリシュナン　大変《たいへん》に示唆《しさ》深い逸話《いつわ》ですね。

池田　他者との対話を尊ぶ生き方を貫《つらぬ》いた人として、私が思い出す民衆《みんしゅう》のリーダーがいます。

太平洋《たいへいよう》の隣人《りんじん》として、二十一世紀《せいき》の未来《みらい》をともに展望《てんぼう》し、対談集《たいだんしゅう》を発刊《はっかん》した、チリのエイルウィン[*94]元大統領《もとだいとうりょう》です。

つい先日《せんじつ》も、来日《らいにち》したお孫《まご》さんに託《たく》して、書籍《しょせき》を届《とど》けてくださいました。

ご存《ぞん》じのように、十六年の長きにわたったチリの軍事政権《ぐんじせいけん》に終止符《しゅうしふ》を打《う》ち、民主化《みんしゅか》を成《な》し遂《と》げた偉大《いだい》な哲人指導者《てつじんしどうしゃ》です。

「人生《じんせい》は他者に奉仕するためにある」との信念《しんねん》を掲《かか》げて戦《たたか》い続《つづ》けてこられました。この揺《ゆ》るぎない民衆奉仕の信念の指導者によって、チリは無血革命《むけつかくめい》を勝《か》ち取《と》り、軍政《ぐんせい》から民主主義へと移行《いこう》できたのです。

ラダクリシュナン　先日、軍事クーデターで実権《じっけん》を握《にぎ》ったピノチェト[*95]元大統領が亡《な》くなり、あらためてエイルウィン元大統領のリーダーシップが注目《ちゅうもく》されましたね。

池田　ええ。エイルウィン氏《し》は、私との対談のなかで「奉仕の意志《いし》には節操《せっそう》も必要《ひつよう》だ」と強調《きょうちょう》されていました。

そして、「節操とは、言っていることを行動《こうどう》に移《うつ》すこと、信《しん》じる価値観《かちかん》や行動原理《げんり》と合致《がっち》した行動《こうどう》を取ること」（『太平洋の旭日』パトリシオ・エイルウィン、池田大作著、河出書房新社）だと明快《めいかい》に述《の》べておられました。

氏《し》は、どこまでも民衆《みんしゅう》の幸福《こうふく》に尽《つ》くしゆく不動《ふどう》の政治理念《せいじりねん》を、粘《ねば》り強《づよ》い〝対話《たいわ》の力《ちから》〟によって現実《げんじつ》のものとしたのです。

チリにおける民主化《みんしゅか》の快挙《かいきょ》は、二十一世紀《せいき》を前に、ベルリンの壁《かべ》の崩壊《ほうかい》＊96や、東欧《とうおう》のビロード革命《かくめい》＊97などの先駆《さきが》けともなりました。

戦争《せんそう》の世紀から平和《へいわ》の世紀へ

ラダクリシュナン　二十世紀は、人類史《じんるいし》において最《もっと》も残虐《ざんぎゃく》な世紀でした。

私たちは、なんの躊躇《ちゅうちょ》もなく、二十世紀は、その規模《きぼ》と激《はげ》しさにおいて、未曾有《みぞう》の暴力《ぼうりょく》を経験《けいけん》した世紀であったと言うことができますが、同時《どうじ》にまた、非暴力の行動《こうどう》において大きな発展《はってん》を見た世紀でもありました。この世紀が人類史に為《な》した大きな貢献《こうけん》の一つは、世界的規模《せかいてききぼ》の非暴力への覚醒《かくせい》でした。

この覚醒は、脅威《きょうい》や処罰《しょばつ》、死《し》をも恐《おそ》れず、苦難《くなん》や長期《ちょうき》の投獄《とうごく》をも莞爾《かんじ》として受《う》け入《い》れて戦《たたか》った人々の「創造的《そうぞうてき》で勇敢《ゆうかん》な行動」によってもたらされたのです。

その創造的で勇敢な人々は、ジェームズ・サーバー*98の次《つぎ》の箴言《しんげん》に示《しめ》される態度《たいど》のなかで育《そだ》ったように思われます。

「怒《いか》りをもって過去《かこ》を振《ふ》り返《かえ》ったり、恐れをもって未来《みらい》を待《ま》つのではなく、覚醒された目で現在《げんざい》を見よう」

池田　おっしゃるとおりですね。二十一世紀を「平和と対話の世紀」に——誰《だれ》もが、そう願《ねが》っています。

宗教《しゅうきょう》は、その切実《せつじつ》なる願いの実現《じつげん》のために、一段《いちだん》と貢献《こうけん》すべきです。世界の文化《ぶんか》、民族《みんぞく》、国家《こっか》の共存《きょうぞん》、そして環境《かんきょう》の保護《ほご》と生態系《せいたいけい》との共生《きょうせい》のために協力《きょうりょく》し、力強《ちからづよ》く進《すす》んでいくべきです。

これまでの相克《そうこく》や憎悪《ぞうお》、無関心《むかんしん》を乗《の》り越《こ》えて、それぞれの多様性《たようせい》を結《むす》び合《あ》う〝橋《はし》〟を架《か》けゆく時代《じだい》に入《はい》ったのです。

しかもその橋は、ガンジーや釈尊《しゃくそん》が生涯《しょうがい》をかけて実践《じっせん》したような〝非暴力と慈愛《じあい》の橋〟でなくてはなりません。

ラダクリシュナン　そうですね。人類社会《しゃかい》は、友愛《ゆうあい》の段階《だんかい》から、徹底《てってい》した憎悪と搾取《さくしゅ》、冷酷《れいこく》な暴力の段階に入《はい》ったように思えます。衝突《しょうとつ》と闘争《とうそう》、そして対立《たいりつ》が蔓延《まんえん》しています。

その社会《しゃかい》に、和解《わかい》と協力《きょうりょく》、さらには対話《たいわ》へのパラダイム・シフト（思想的転換《しそうてきてんかん》）をもたらすことができるのは、宗教《しゅうきょう》だけなのです。

なぜなら、宗教的な生き方とは、他者《たしゃ》に対《たい》する責任《せきにん》ある生き方であるからです。

ガンジーは語《かた》っています。

「真《しん》に献身的《けんしんてき》な生活《せいかつ》を送《おく》る時、私たちは、決《けっ》して個人的《こじんてき》な利益《りえき》や楽しみという観点《かんてん》からではなく、常《つね》に世界的《せかいてき》な繁栄《はんえい》や平和《へいわ》といった観点からものごとを考える。

このような壮大《そうだい》な目標《もくひょう》の成否《せいひ》も、究極的《きゅうきょくてき》には政府《せいふ》ではなく、私やあなたのような権力《けんりょく》をもたない無名《むめい》の人々の献身的な努力《どりょく》にかかっているのである。長い目で見れば、友好的《ゆうこうてき》な確信《かくしん》と説得《せっとく》こそが、唯一《ゆいいつ》の有効《ゆうこう》な教師《きょうし》である。人間は常に成長《せいちょう》することができるのである」と。

池田　そのとおりです。一人《ひとり》の献身的な努力が、やがては人類的課題《じんるいてきかだい》を克服《こくふく》し、〝幸福《こうふく》の世紀《せいき》〟を築《きず》きゆく力《ちから》の源泉《げんせん》となる――このガンジーの思想《しそう》は、まさに私どもが主張《しゅちょう》してきた「人間革命《かくめい》」の精神《せいしん》そのものです。

ラダクリシュナン　今では「平和の擁護者《ようごしゃ》」であるべき宗教も、多くが活気《かっき》を失《うしな》ってしまっています。そのなかで、ＳＧＩは例外中《れいがいちゅう》の例外なのです。

私は、今まで直接《ちょくせつ》、この目で、何千人もの男女《だんじょ》、年齢差《ねんれいさ》のある人々、国籍《こくせき》の違《ちが》う人々、言語《げんご》、肌《はだ》の色の違うＳＧＩのメンバーが、平等《びょうどう》に、そして「広宣流布《こうせんるふ》」という、世界の平和と精神的な豊《ゆた》かさの実現《じつげん》のために、厳然《げんぜん》とした決意《けつい》を漲《みなぎ》らせて集《つど》い合《あ》い、活動《かつどう》するのを見てきました。

その背景《はいけい》には、初代《しょだい》、二代の会長の決然《けつぜん》とした生き方がありました。そして、自身《じしん》よりも人類の利益《りえき》を優先《ゆうせん》させる、透徹《とうてつ》したビジョンを備《そな》えられた池田会長の行動《こうどう》、高貴《こうき》なる魂《たましい》が、ＳＧＩメンバーの確信の源泉であることを、私は見たのです。

創価学会は、まさに「混迷《こんめい》の時代《じだい》」の全《ぜん》人類の希望《きぼう》なのです。

人間主義《しゅぎ》の架《か》け橋《はし》を世界に

池田　ＳＧＩへの深《ふか》いご理解《りかい》に、重《かさ》ねて感謝申《かんしゃもう》し上《あ》げます。

博士が指摘《してき》されたように、現代《げんだい》世界はますます混迷の度《ど》を深《ふか》め、人々は確固《かっこ》とした哲《てつ》学《がく》や価値観《かちかん》を見いだせないでいます。

人間の幸福には、何が必要《ひつよう》なのか。どのような生き方を選《えら》び取《と》れば、充実《じゅうじつ》した人生《じんせい》を歩《あゆ》めるのか。そして、どうすれば対立《たいりつ》や紛争《ふんそう》のない社会《しゃかい》を築《きず》くことができるのか――その答えのないまま、不安《ふあん》な〝暗闇《くらやみ》の海〟を、手探《てさぐ》りで進《すす》んでいるようなものです。

その人類《じんるい》の暗闇を、希望《きぼう》の曙光《しょこう》で照《て》らしゆく精神《せいしん》の光源《こうげん》こそ、偉大《いだい》なる精神の大国《たいこく》インドの伝統思想《でんとうしそう》であり、哲学《てつがく》であると私は思っております。

この対談《たいだん》で語《かた》り合《あ》ったように、ガンジーの「サティヤーグラハ（真理《しんり》の把握《はあく》）」に象徴《しょうちょう》される尊厳《そんげん》なる人間の生き方は、人類《じんるい》の共存《きょうぞん》と調和《ちょうわ》のあり方を指《さ》し示《しめ》す「羅針盤《らしんばん》」の役割《やくわり》を果《は》たしていくでしょう。

そして、その「非暴力《ひぼうりょく》と慈愛《じあい》」の潮流《ちょうりゅう》が大いなるうねりとなって広がる時、新しい「世界《せかい》の黎明期《れいめいき》」が到来《とうらい》するに違《ちが》いありません。

仏法《ぶっぽう》の説《と》く宇宙根源《うちゅうこんげん》の「ダルマ（法《ほう》）」を根本《こんぽん》として生き、この現実《げんじつ》世界に展開《てんかい》したのが、釈尊《しゃくそん》をはじめとする仏法者でした。

そして現代《げんだい》においては、ガンジーとその弟子《でし》たち――パンディ博士やラダクリシュナン博士をはじめとする誉《ほま》れ高き非暴力の闘士《とうし》たちが、輝《かがや》く人道《じんどう》の勝利《しょうり》の歴史《れきし》を開《ひら》いてこられました。

私は、このような「非暴力」と「慈悲《じひ》」の伝統と人間像《ぞう》を生み続《つづ》けてこられた貴国《きこく》イ

ラダクリシュナン博士の案内でガンジー記念館を見学（1992年２月13日）
©Seikyo Shimbun

ンドへの深《ふか》き感謝《かんしゃ》とともに、全《ぜん》世界へのさらなる貢献《こうけん》を心から祈《いの》りつつ、この対談を締《し》めくくりたいと思います。

ラダクリシュナン　ありがとうございます。現在《げんざい》、「インドの文化《ぶんか》」や「インドのアイデンティティー」を特徴《とくちょう》づけるものは、極《きわ》めて世俗的《せぞくてき》な動機《どうき》、すなわち、人道主義《しゅぎ》者《しゃ》や社会思想家、科学者《かがくしゃ》が編《あ》み出《だ》した英知《えいち》であって、信仰《しんこう》や礼拝方法《らいはいほうほう》の知恵《ちえ》ではありません。

もちろん、信仰や礼拝方法が、この国の社会的行動《こうどう》や文化的伝統の複雑《ふくざつ》な基盤《きばん》の発《はっ》展《てん》に影響《えいきょう》を及《およ》ぼしたことは疑《うたが》いのないことです。

一方にジャイナ教、仏教《ぶっきょう》、サナターナ・

ダルマ*99の流《なが》れがあり、もう一方にシャイヴィズム（シバ派《は》*100）、ヴァイシュナヴィニズム（ヴィシュヌ派*101）の流れをもつインドの多様《たよう》な宗教《しゅうきょう》の諸流派《しょりゅうは》が、原理的《げんりてき》には大きく異《こと》なりながらも、同《おな》じ文化的様式《ぶんかてきようしき》をもつことに留意《りゅうい》することは興味深《きょうみぶか》いことと思っております。

ガンジーの功績《こうせき》は、深い人間主義《しゅぎ》に根《ね》ざした大きな精神的資質《せいしんてきししつ》と価値《かち》に力点《りきてん》を置《お》きながら、宗教的寛容《かんよう》と宗教の理解《りかい》のための偉大《いだい》な架《か》け橋《はし》を築《きず》いたことです。「真理《しんり》」と「非暴力《ひぼうりょく》」と「慈悲《じひ》」を、自《みずか》らの行動《こうどう》で示《しめ》した彼《かれ》の実践《じっせん》は、その橋を強《きょう》固《こ》なものにしました。そして、民衆《みんしゅう》と同じ衣服《いふく》をまとい、民衆と同じ言葉《ことば》を話して、自らの生き方によってメッセージを伝《つた》えようとするガンジーのなかに、何百万人もの人々が、真正《しんせい》の解放者《かいほうしゃ》の姿《すがた》を発見《はっけん》したのです。

ガンジー以前《いぜん》には、人々は釈尊《しゃくそん》のなかに、同じような解放者の姿を見いだしました。日蓮仏法《ぶっぽう》を現代《げんだい》に展開《てんかい》される、池田会長の偉大《いだい》で英雄的《えいゆうてき》なご尽力《じんりょく》と、その活動《かつどう》への見《み》事《ごと》な取《と》り組《く》みは、まさに釈尊やガンジーの姿を想起《そうき》させるのです。

この対談《たいだん》において、池田会長が語《かた》られたすべての言葉のなかには、会長の人類《じんるい》およびすべての生《い》き物《もの》の幸福《こうふく》に対《たい》する並々《なみなみ》ならぬ情熱《じょうねつ》が感《かん》じられました。そして、私は会長の偉大な人格《じんかく》を表《あらわ》すご発言《はつげん》に接《せっ》するたびに、会長は歴史《れきし》を変《か》え、歴史を創《つく》りゆく福徳《ふくとく》と特別《とくべつ》な使命《しめい》を備《そな》えた人であるとの強い印象《いんしょう》を受《う》けました。

私は、会長と対談させていただき、誠《まこと》に光栄《こうえい》に思っています。このようなすばらしい機会《きかい》を与《あた》えていただき、心から感謝申《かんしゃもう》し上《あ》げます。

【注】

＊1 キケロ　マルクス・トゥリウス・キケロ（前一〇六～前四三）　古代ローマの作家・政治家・弁論家。元老院議員、執政官、属州総督を歴任し、反カエサル派の政治家として活躍。名文家として後世に多大な影響を残す。作品に『国家について』『友情について』『フィリッピカエ』等多数。

＊2 ワーズワース　ウィリアム・ワーズワース（一七七〇～一八五〇）　イギリスのロマン派の詩人。古典主義を脱した優れた抒情詩《じょじょうし》を執筆。一八四三年、桂冠詩人となる。作品に詩人コールリッジとの共著『抒情歌謡集』のほか、『序曲』『逍遥《しょうよう》』等がある。

＊3 カント　クリシャン・カント（一九二七～二〇〇二）　インドの政治家。パンジャブ地方に生まれ、独立運動に参加。州知事等を歴任し、一九九七年から没するまでインド共和国第十代副大統領を務めた。

＊4 ラジブ・ガンジー　ラジブ・ラトナ・ガンジー（一九四四～九一）　インド首相（在任＝一九八四～八九）。インディラ・ガンジー首相（＊35）の長男。民間航空のパイロットを経て、母の後継者とされた弟の事故死を機に政界入り。八四年、母の暗殺をうけて首相に就任。自由・解放路線を打ち出し、対話を重視したが、九一年、総選挙の遊説中に爆弾テロで暗殺された。

＊5 ソニア夫人（一九四六～）　インドの政治家、ソニア・ガンジー国民会議派総裁。イタリアに生まれ、留学中のラジブ・ガンジー氏（＊4）と出会い、六八年、結婚。首相となった夫が九一年にテロで暗殺された後、九八年、国民会議派総裁に就任。二〇〇四年の総選挙で同派を勝利に導いた。

＊6 タゴール　ラビンドラナート・タゴール（一八六一～一九四一）　インドの詩人・思想家・教育者。イギリス留学から帰国後、多数の詩、小説、戯曲を発表し、絵画も手がけた。一九〇一年、ベンガル地域のシャンティニケタン（平和の郷）に寄宿学校を設立（ヴィシュヴァ・バーラティ大学に発展）。東西文化の

融合にも尽力し、世界各地で講演も行った。一九一三年、抒情詩集『ギーターンジャリー』でノーベル文学賞受賞。

＊7 ラマチャンドラン ゴヴィンダン・ラマチャンドラン（一九〇四〜九五） マハトマ・ガンジーの高弟で、幾度も投獄された独立運動の闘士。閣僚・国会議員、大学の創立者、平和思想家など多彩な活動で、〝近代インドの建設者〟の一人として知られる。

＊8 不可触民 インド古来の身分制度であるカースト制（＊50）の外に置かれ、厳しい差別を受けてきた最下層民。ガンジーは彼らをハリジャン（神の子）と呼び、差別の撤廃《てっぱい》のために戦った。憲法上は、身分差別は禁止されている。

＊9 『バガヴァッド・ギーター』 古代インドの叙事《じょじ》詩《し》『マハーバーラタ』（＊12）の一部。戦いを前にした王子アルジュナに、クリシュナ神が語りかける「神の歌」。ヒンズー教の聖典の一つとして尊重されている。

＊10 サティヤーグラハ 「真理の把握《はあく》」の意で、ガンジーが主導した非暴力・不服従運動のこと。

＊11 内村鑑三（一八六一〜一九三〇） ジャーナリスト、社会運動家。日本独自のキリスト教運動である無教会主義運動の創始者。著書に『代表的日本人』『余《よ》は如何《いか》にして基督《キリスト》教徒となりしか』などがある。

＊12 『マハーバーラタ』 古代インドの叙事詩。十八巻、十万頌《じゅ》。「バラタ族の戦争を物語る大歴史叙事詩」の意で、ヒンズー教の聖典にもなっている。文芸・美術作品等の題材として、インド文化に多大な影響を与えた。

＊13 『ラーマーヤナ』 「ラーマ王の物語」の意の古代インドの叙事詩。七編、二万四千頌。多くの神話や説話が含まれ、インド、東南アジア各国の文学、演劇、舞踊、美術などに大きな影響を及ぼした。

＊14 ゴーリキー マクシム・ゴーリキー、本名＝アレクセイ・マクシーモヴィッチ・ペシコフ（一八六八〜一九三六） ロシアの小説家・戯曲家・随筆家。下層の庶民の現実を描く作品を数多く発表。代表作に

『母』『幼年時代』『イタリア物語』『どん底』など。

＊15　D・H・ロレンス　デイヴィッド・ハーバート・ロレンス（一八八五〜一九三〇）　イギリスの小説家・詩人。一九一三年の『息子たちと恋人たち』で認められるが、第一次大戦中、作品への検閲《けんえつ》発禁処分や、ドイツ出身の妻への迫害を受け、大戦後はイギリスを去って世界を転々とする。他の作品に『愛の詩集』『チャタレー夫人の恋人』等がある。

＊16　ブレヒト　ベルトルト・ブレヒト（一八九八〜一九五六）　ドイツの劇作家・演出家・詩人。音楽劇『三文オペラ』で成功を収めるが、反ナチスの活動を理由にドイツを追われる。国外で『肝《きも》っ玉《たま》おっ母とその子どもたち』等の作品を発表し、評価を確立。第二次大戦後は東ベルリンに戻って活躍し、多くの演劇人に影響を与えた。

＊17　ジョン・キーツ（一七九五〜一八二一）　イギリスの詩人。医学を学ぶが開業せず、詩人を志す。作品に『エンディミオン』『ギリシア古甕《こおう》の賦《ふ》』『ナイチンゲール』など。精緻《せいち》な構成と豊かな想像力で知られる。

＊18　トルストイ　レフ・ニコラエヴィッチ・トルストイ（一八二八〜一九一〇）　ロシアの作家・思想家。『戦争と平和』『アンナ・カレーニナ』等で有名。ロシア正教専制政治・既成宗教に対する批判を展開。ロシア正教会に破門された。

＊19　ヴェーダ　インド最古の聖典の総称。宗教儀式を司《つかさど》る祭官が用いる「リグ・ヴェーダ」（讃歌）、「サーマ・ヴェーダ」（歌詠《かえい》）、「ヤジュル・ヴェーダ」（祭詞）と、個人や家庭での祈禱《きとう》に用いる「アタルヴァ・ヴェーダ」（呪詞《じゅし》）の四種類がある。

＊20　レオナルド・ダ・ヴィンチ（一四五二〜一五一九）　イタリアの芸術家・科学者。絵画・彫刻・建築・技術・科学・医学等で多彩な業績を残し、ルネサンス時代を代表する「万能の巨人」と言われる。作品に『モナリザ』『最後の晩餐《ばんさん》』など多数。

＊21　チャルカ　綿糸を紡《つむ》ぐ糸車。ガンジーは人々の

自立のためにチャルカを奨励し、自らもチャルカを回すことを日課とした。さらに手織り綿布の使用（国産品愛用）と外国産綿布の焼却を各地に呼びかけることで、チャルカは非暴力・不服従による対英独立運動の象徴となった。

＊22　ネルー　ジャワハルラル・ネルー（一八八九～一九六四）　インド独立運動の指導者で、独立後のインド初代首相。ケンブリッジ大学留学から帰国後、インド国民会議派に参加して政治家に。政策では必ずしも意見が一致しなかったが、常にガンジーを師と仰いだ。インド独立後は非同盟諸国のリーダーとして活躍。著書に『インドの発見』『父が子に語る世界史』などがある。

＊23　ワルダー　中央インドの街で、ガンジーはここに農業や糸紡ぎで自給自足的な生活を営むアーシュラム（道場）を建設。一九三七年に同地で開催された教育会議で、ガンジーは労働と教育を結びつけた労作教育（ワルダー教育案）を提唱した。

＊24　アインシュタイン　アルバート・アインシュタイン（一八七九～一九五五）　ドイツ生まれのアメリカの物理学者。相対性理論を完成し、統一場の理論を展開。ノーベル物理学賞受賞。平和運動にも尽力《じんりょく》した。

＊25　ネルソン・マンデラ　ネルソン・ロリハラハラ・マンデラ（一九一八～）　南アフリカ共和国の黒人解放運動家・政治家。アフリカ民族会議（ANC）に参加し、人種隔離《かくり》政策アパルトヘイトの撤廃運動に尽力。たびたび投獄された後、終身刑を宣告され二十五年余の獄中生活を送る。九〇年に釈放され、初の全人種参加の選挙を経て、大統領に就任（在任九四～九九）。九三年、ノーベル平和賞を受賞した。

＊26　ローザ・パークス（一九一三～二〇〇五）　アメリカの公民権運動家。五五年、バスで白人に席を譲ることを拒否して逮捕される。これを機にバス・ボイコット運動が組織され、翌五六年、連邦最高裁判所は、公共交通機関における人種差別の条例は、違憲で

あるとの判決を下した。六四年には公民権法が制定。〝アメリカ公民権運動の母〟と呼ばれ、後年、青少年教育に従事した。九九年、米国議会から民間人最高の栄誉とされる議会金メダルを授与された。

＊27　マーチン・ルーサー・キング　マーチン・ルーサー・キング・ジュニア（一九二九～六八）　アメリカ公民権運動の指導者。ガンジーの思想などに影響を受け、人種差別撤廃のための非暴力運動を推進。六四年、ノーベル平和賞受賞。六八年に暗殺された。

＊28　ナショナリズム　一つの民族や共同体が、他の干渉・圧力を排して、政治的・社会的・文化的な独立を求める思想・運動。国家主義あるいは民族主義と訳され、その国の歴史や時代の違いによって、中央集権的国家統一や植民地支配からの解放など、特色が異なる。

＊29　トランスヴァール　南アフリカ共和国の北東地域諸州。十九世紀にオランダ系のボーア人が、ケープ植民地のイギリス人の支配から逃れて、この地にトランスヴァール共和国を樹立。ボーア戦争（一八九九～一九〇二）に敗れた後は、オレンジ自由国とともにイギリスの直轄《ちょっかつ》植民地（後に南アフリカ連邦の自治州）となった。

＊30　インド人救済法　南アフリカ連邦で一九一四年六月に成立した法律。これによりアジア人登録法（インド人の指紋登録、証明書の所持を義務づけ、違反者は罰金、投獄、国外追放）や、年季契約労働者に対する人頭税、キリスト教による婚姻以外の無効（インド人の結婚妨害）といった差別法が撤廃《てっぱい》された。

＊31　スマッツ　ヤン・クリスティアン・スマッツ（一八七〇～一九五〇）　南アフリカの軍人、政治家。オランダ系のボーア人の家系に生まれ、ボーア戦争ではトランスヴァール共和国の司令官としてイギリス軍と戦う。敗戦後は、南アフリカ連邦の樹立（一九一〇年）に協力し、国防相、内相、首相を歴任した。

＊32　アショカ（生没年不詳）　古代インドのマガダ国マウリア朝第三代の王（在位＝前二六八頃～前二三

二頃）。アショーカ王、アソカ王、阿育王ともいう。インド最初の統一王朝を確立するが、侵略戦争の悲惨さを悔《く》い、篤《あつ》く仏教に帰依《きえ》して平和と寛容の政策に転換した。

＊33　ロマン・ロラン（一八六六～一九四四）フランスの作家・評論家。エコール・ノルマル（国立高等師範学校）卒業後、母校およびパリ大学で音楽史の教授を務める。大作『ジャン・クリストフ』が高く評価され、一九一五年、ノーベル文学賞受賞。反戦、反ファシズムの活動でも知られる。

＊34　バプー（バープー）「お父さん」の意。民衆から、ガンジーの愛称として親しまれた。

＊35　インディラ・ガンジー　インディラ・プリヤダルシニー・ガンジー（一九一七～八四）インド首相（在任＝一九六六～七七）。初代首相ネルー（＊22）の娘。インド国民会議派に入党し、父を助けて活躍。四二年、法律家フェローゼ・ガンジーと結婚。国会議員、シャストリ内閣の情報担当相を経て、六六年、首相に就任。強力な指導力を発揮したが、八四年、護衛警官に暗殺された。

＊36　一念三千　衆生の一念（瞬間の生命）に三千の諸法（現象世界のすべて）が具足すること。中国の天台大師が法華経に基づき『摩訶止観《まかしかん》』で体系化した法門。

＊37　マウントバッテン卿　ルイス・フランシス・アルバート・ヴィクター・ニコラス・マウントバッテン（一九〇〇～七九）イギリスの海軍軍人・政治家。ビクトリア女王の曾孫《そうそん》。第二次世界大戦中、東南アジアで対日作戦を指揮。四七年に最後のインド総督に就任し、インド・パキスタン分離独立の道筋を定める。北アイルランド紛争（＊83）のテロで暗殺された。

＊38　ゴルバチョフ　ミハイル・セルゲーヴィッチ・ゴルバチョフ（一九三一～）旧ソビエト連邦初代大統領（在任九〇～九一）。八五年、共産党書記長に就任。ペレストロイカ（改革）やグラスノスチ（情報公開）を推進し、冷戦の終結に尽力。ソ連解体とともに

大統領を辞任した。九〇年、ノーベル平和賞を受賞。池田SGI会長と対談集『二十世紀の精神の教訓』を発刊。

＊39 **エートス** ある社会集団や民族に特徴的な道徳的態度・生活習慣、民族精神のこと。人間を能動的行動へと促《うなが》す心理的動機、持続的習慣を指す。受動的・一時的なパトス（感情・情念・情熱・激情）に対する語。

＊40 **ソロー** ヘンリー・デイヴィッド・ソロー（一八一七〜六二） アメリカの思想家。エマソンなど超絶主義者との親交を通して、大きな影響を受ける。四五年から二年間、マサチューセッツ州コンコード郊外のウォールデン湖畔《こはん》に小屋を建て、自然の中で暮らした体験と思索《しさく》を『ウォールデン』として発表。個人の自由と独立を侵す政治や奴隷《どれい》制などの社会制度にも激しく抗議し、投獄された経験に基づいて『市民の反抗』を著《あらわ》した。著書に『コッド岬《みさき》』や、没後に編纂《へんさん》された『日誌』等、多数。

＊41 **毛沢東**（一八九三〜一九七六） 中国の政治家・思想家。中国共産党の創立メンバーの一人で、中華人民共和国初代国家主席を務めた。

＊42 **周恩来**（一八九八〜一九七六） 中国の政治家。毛沢東の下で長征を指揮し、日中戦争中は国民党と共産党の折衝《せっしょう》などで奮闘。四九年から国務院総理・外交部長を務め、内政・外交の両面で活躍した。

＊43 **塩の行進** インドの人々から塩を作る権利を奪った「塩税」に対する抗議運動。一九三〇年三月、ガンジーを先頭に七十八名から始まった行進は、出発地のサーバルマティー・アーシュラムから三百八十キロメートル離れたカティワル海岸に着く時には、数千名の列となっていた。塩を自ら精製する運動には、約五百万人が参加し、イギリス支配を揺るがす歴史的な運動となった。

＊44 **大賀蓮** 植物学者・大賀一郎博士（一八八三〜一九六五）が一九五一年に発見した縄文時代の蓮。千葉県検見《けみ》遺跡の泥炭層から三個の実を発見し、一個だ

け発芽に成功。二千年を経て見事に花を咲かせ、現在は世界各地に移植されている。

＊45　解脱　生死の苦悩の境涯から解放され、真の自由自在の境地に達すること。

＊46　如蓮華在水　法華経従地涌出品《じゅうちゆじゅっぽん》第十五にある経文で、「蓮華の水に在《あ》るが如《ごと》し」と読む。地涌の菩薩が世間の汚泥《おでい》に染まらない姿は、蓮華が泥水のなかに花を咲かせるようなものであるとの意。

＊47　因果倶時　原因と結果の間に時間的経過がなく、同時に具《そな》わること。衆生の生命（因）に仏の生命（果）が本来具わることを明かす意義がある。普通の草木は花（因）が散ってから実（果）が成るが、蓮華は花と実が同時に生長するため、因果倶時を表すとされる。

＊48　ヴィシュヌ　インド古代の聖典『リグ・ヴェーダ』以来、太陽神として尊敬された古い神格で、ヒンズー教の時代に、ブラフマー（創造神）、シヴァ（破壊神）とともに最高神の一つとなった。ヴィシュヌのへそから伸びた蓮の花にブラフマーが生まれ、ブラフマーの額からシヴァが生まれたという。

＊49　「いけにえ」の儀式　古代バラモン教では、神々への供物《くもつ》として動物を捧げる風習があった。バラモン教が発展した現在のヒンズー教でも、ヤギ、ニワトリ、水牛などがいけにえにされる。とくに破壊の神・カーリー女神へのいけにえが有名で、カーリー寺院ではヤギを屠殺《とさつ》して捧げる儀式が行われる。

＊50　カースト　ヒンズー教と結びついたインド古来の身分制度。親から子へ継承され、職業・結婚や日常生活の隅々《すみずみ》を規定。バラモン（司祭）、クシャトリア（王侯・武士）、ヴァイシャ（平民・商人）、シュードラ（被征服民・農民等）の四階層と、さらに差別される不可触民に大別され、その下に地縁・血縁・職業等によって二千数百に細分化されたカーストがある。

＊51　『法華経』寿量品には…　『法華経』如来寿量品の自我偈《じがげ》の末尾「毎自作是念《まいじさぜねん》　以何令衆生《いがりょうしゅじょう》　得入《とくにゅう》無上道《むじょうどう》　速成就仏身《そくじょうじゅぶっしん》」（毎《つね》に自ら是《こ》の念を作《な》す　何

を以《もっ》てか衆生をして　無上道に入り　速《すみや》かに仏身を成就することを得せしめんと）の経文を指す。

＊52　**九横の大難**　釈尊が受けた九つの大きな迫害のこと。横は不正、非道の意。①孫陀利《そんだり》の謗《そしり》＝美女・孫陀利が釈尊と関係したと言いふらした。②婆羅門《ばらもん》城の鏘《こんず》＝婆羅門城の下婢《かひ》から捨てかけた臭い鏘（米のとぎ汁）を供養された。③阿耆多《あぎた》王の馬麦《めみゃく》＝王が供養を忘れたため九十日間馬のえさの麦を食べた。④瑠《る》璃《り》の殺釈《せっしゃく》＝釈迦族が波瑠璃《はるり》王に殺戮《さつりく》され滅んだ。⑤乞食空鉢《こつじきくうはつ》＝婆羅門城の王が民衆の帰依を制止したため乞食の鉢が空になった。⑥旃遮女《せんしゃにょ》の謗＝旃遮女が腹に鉢を入れ釈尊の子を身ごもったと主張した。⑦調達《ちょうだつ》が山を推《お》す＝提婆達多《だいばだった》（調達）が山から大石を落とし破片で釈尊の足の親指から出血した。⑧寒風に衣を索《もと》む＝吹きすさぶ寒風を防ぐため三衣《さんえ》を求めた。⑨阿闍《あじゃ》世《せ》王の酔象《すいぞう》を放つ＝提婆達多に唆《そそのか》された阿闍世王が悪象を放って釈尊を殺そうとした。

＊53　**トインビー**　アーノルド・ジョーゼフ・トインビー（一八八九～一九七五）イギリスの歴史家。ロンドン大学教授等を歴任。世界文明の生成・発展・崩《ほう》壊《かい》の過程を分析し、鋭い文明批評を展開した。『歴史の研究』ほか、著書多数。池田SGI会長と対談集『二十一世紀への対話』を発刊。

＊54　**クーデンホーフ＝カレルギー伯**　リヒャルト・ニコラウス・栄次郎・クーデンホーフ＝カレルギー（一八九四～一九七二）オーストリアの政治学者。母は日本人。「パン・ヨーロッパ運動」に挺身《ていしん》し、現在のEU（欧州連合）の創設に影響を与える。池田SGI会長と対談集『文明・西と東』を発刊。

＊55　**キッシンジャー**　ヘンリー・アルフレッド・キッシンジャー（一九二三～）ドイツ生まれのアメリカの政治学者、外交官。国家安全保障担当大統領補佐官、国務長官を歴任。池田SGI会長と対談集『「平和」と「人生」と「哲学」を語る』を発刊。

＊56　**ナラヤナン**　コチェリル・ラーマン・ナラヤナン（一九二一～二〇〇五）インドの政治家。ケララ

州の最下層のカーストに生まれ、ジャーナリスト、外交官、外務担当国務相等を経て、インド共和国第十代大統領に就任（在任＝一九九七〜二〇〇二）。インド・中国関係の改善に尽力した。

＊57　摩崖法勅　岩場や巨石に刻まれた碑文のことで、アショカ王の摩崖法勅には、王の信条や業績が銘《めい》刻《こく》されている。十四章から成る「十四章摩崖法勅」は、一部が欠けたものを含めてインド各地で発見されている。他に、二章から成る「別刻崖涯法勅」と、四章から成る「小摩崖法勅」がある。

＊58　マガダ国　現在のインドのビハール州南部を中心とした古代王国。釈尊の時代のシャイシュナーガ朝、紀元前四世紀のナンダ朝に続いて、紀元前三一七年ごろにチャンドラグプタがマウリヤ朝を開く（首都パータリプトラ＝現パトナ）。アショカ王はその第三代の王で、全インドをほぼ統一した。

＊59　マザー・テレサ　本名＝アグネス・ゴンジャ・ボヤジュ（一九一〇〜九七）カトリック教会の宣教師。旧ユーゴスラビアに生まれ、修道女会に入会。インドに派遣され、高等女学校に赴任《ふにん》。校長も務めた。四八年、修道院を出てコルカタのスラム街に住み、貧しい人たちの救済活動を開始。多くの学校、孤児院、療養所を設立した。七九年、ノーベル平和賞を受賞。

＊60　トリヴァンドラム　南インド、ケララ州の州都。

＊61　ポーランドの「連帯」の闘争　一九八〇年、ポーランドの労働者による自主管理労働組合「連帯」が結成された。いったんは非合法化され、委員長のワレサも拘束《こうそく》されたが、民主化勢力に押された政府は八九年、自由選挙を実施。「連帯」が圧勝し、共産党政権は下野《げや》。翌年、ワレサが大統領に当選した。

＊62　フィリピンのピープル・パワーによる民主化運動　フィリピンではマルコス大統領が二十年にわたって政権を握ったが、一九八六年の大統領選挙で開票結果を不正操作し、国民の怒りが爆発。野党統一候補コラソン・アキノが大統領就任宣誓を行うなか、民衆に宮殿を包囲されたマルコスは脱出・亡命した。

＊63　南アフリカの民衆による抵抗運動　一九四八年に法制化された南アフリカ共和国の人種隔離政策アパルトヘイトに対して、アフリカ民族会議（ANC）等が長年、反対闘争を展開。八〇年代には国際的非難も激しくなり、九一年、アパルトヘイト政策は廃止された。九四年、全人種参加の選挙でANC議長ネルソン・マンデラ（＊25）が大統領に当選。

＊64　ラトビア、リトアニア、エストニアの解放　これら「バルト三国」は旧ソビエト連邦の支配下にあったが、一九八〇年代にソ連のペレストロイカ（改革）が進むなか、独立機運が昂揚《こうよう》。九一年八月のソ連のクーデター未遂《みすい》事件（＊65）を機に、三国とも独立を果たした。

＊65　モスクワでの強硬路線の敗退　ゴルバチョフ大統領（＊38）による旧ソ連邦の改革が進むなか、連邦内の各共和国の独立性を重視する新連邦条約の調印が一九九一年八月二十日に予定されていた。これに反対するヤナーエフ副大統領らの守旧派グループが十九日にクーデターを試み、ゴルバチョフを軟禁《なんきん》。ロシア共和国議会と市民がこれに強く抗議し、守旧派グループは崩壊・逃亡。二十二日までに事件は終息した。

＊66　東ドイツとチェコスロバキアの解放　一九八〇年代後半、東ドイツでは民主化要求が高まり、八九年にベルリンの壁が崩壊（＊96）。九〇年の自由選挙で西ドイツとの統一支持派が勝利し、同十月三日、東西ドイツは統一された。ハベルらの主導で民主化運動が続いていたチェコスロヴァキア（当時）も、ベルリンの壁の開放直後に共産党政権が崩壊（ビロード革命〈＊97〉）。八九年十二月の選挙でハベルが大統領に選出された。

＊67　「バーミングハムの獄中からの手紙」　キング博士が非暴力闘争について獄中で著した書簡《しょかん》。博士は一九六三年四月十二日、アメリカ・アラバマ州バーミングハムで行われた公民権運動のデモに参加。バーミングハム市警に逮捕され、四月十九日まで拘置所《こうちしょ》の独居《どっきょ》房《ぼう》に投獄された。

＊68 カーン・アブドゥル・ガッファール・カーン　（一八九〇～一九八八）　パキスタン北西部からアフガニスタン中南部に居住する遊牧民族パターン人（パシュトゥーン人、アフガン人ともいう）の指導者。一九一九年にガンジーに出会い、非暴力闘争に身を投じた。

＊69 クダイ・ケッドマットガー　カーン・アブドゥル・ガッファール・カーンが、インド北西部辺境地域で創設した非暴力闘争の義勇隊《ぎゆうたい》。約一万人のメンバーで構成され、その制服から「赤シャツ隊」とも呼ばれた。軍隊の銃口に向かって果敢《かかん》にデモを行い、多くの犠牲者を出しながらも非暴力を厳守。ついに兵士たちは銃口を空に向けざるを得なかったという。ガンジーは彼らの勇気を「勇者の非暴力」の実例と讃《たた》えた。

＊70 マーガレット・ミード　（一九〇一～七八）　アメリカの文化人類学者。ポリネシア・サモア諸島での研究をはじめ数多くのフィールド・ワーク（現地調査）を行い、文化人類学の発展・普及に貢献《こうけん》した。著書に『サモアの思春期』など。

＊71 デズモンド・ツツ　デズモンド・ムピロ・ツツ（一九三一～）　南アフリカの平和運動家、キリスト教・南アフリカ聖公会の聖職者。南アのアパルトヘイト（人種隔離政策）撤廃運動で活躍し、黒人の人権侵害等を調査する真実和解委員会の委員長を務めた。一九八四年、ノーベル平和賞受賞。

＊72 不軽菩薩　法華経の常不軽菩薩品《じょうふきょうぼさつほん》第二十に説かれる菩薩。過去の威音王仏《いおんのうぶつ》の滅後、あらゆる衆生に仏性があるとして「二十四文字の法華経」を説き、衆生を礼拝し軽んじなかったという。

＊73 シモーヌ・ヴェイユ　（一九〇九～四三）　フランスの思想家。哲学者アランの教えを受け、女子高等師範学校卒業後、高等中学（リセ）教諭に。政治活動に身を投じ、工場労働を体験する。スペイン内戦では人民戦線派義勇兵に志願し、第二次世界大戦中はレジスタンスに参加。著書に『重力と恩寵《おんちょう》』などがある。

＊74 ロートブラット　ジョセフ・ロートブラット（一九〇八～二〇〇五）　ポーランド生まれのイギリス

の物理学者・平和運動家。アメリカのマンハッタン計画（原爆開発）に参加するが、離脱。第二次世界大戦後は核軍縮を訴える科学者の国際組織「パグウォッシュ会議」の創設に参加し、事務局長、会長、名誉会長を務める。一九九五年、同会議とともにノーベル平和賞を受賞。池田ＳＧＩ会長と対談集『地球平和への探究』を発刊した。

＊75　**アナン**　コフィー・アッタ・アナン（一九三八～）　第七代国連事務総長（在任＝一九九七～二〇〇六）。ガーナ生まれ。世界保健機構、国連難民高等弁務官事務所等に勤務し、事務次長を経て、初の国連職員出身の事務総長となった。

＊76　**マジッド・テヘラニアン**（一九三七～）　イラン生まれの政治経済学者。戸田記念国際平和研究所初代所長を務めた。ハーバード大学で博士号取得後、スパーク・マツナガ平和研究所所長、タフツ大学外交大学院客員教授、ハワイ大学教授等を歴任。著書に『グローバル・コミュニケーションと世界政治』、池田ＳＧＩ会長との対談集『二十一世紀への選択』など多数。

＊77　**『対話の達人・池田大作――衝突から対話へ』**　ラダクリシュナン博士著『生きた対話―ソクラテスからイケダへ』の日本語版（栗原淑江訳、鳳書院）。

＊78　**カラム**　アヴル・パキール・ジャイヌラブディーン・アブドゥル・カラム（一九三一～）　インドの科学者・政治家。タミールナドゥ州のイスラム教徒の家に生まれる。ロケット工学専攻の科学者として活躍し、首相の科学担当首席顧問《こもん》等を歴任。超党派で大統領候補に推《お》され、インド共和国第十一代大統領を務めた（在任＝二〇〇二～〇七）。

＊79　**グジュラール**　インドラ・クマール・グジュラール（一九一九～）　インドの政治家。西パンジャブ（現パキスタン）に生まれ、独立運動に参加。情報相、駐ソ連大使、外相等を経て、インド共和国第十五代首相を務めた（在任＝一九九七～九八）。詩作に優れ、夫人も詩人として活躍。

＊80　**プラトン**（前四二七～前三四七）　古代ギリシ

ャの哲学者。ソクラテスとの出会いと、その冤罪《えんざい》による死に決定的な影響を受ける。学園アカデメイアを創立し、アリストテレス等の人材を輩出。著書に『ソクラテスの弁明』『国家』など多くの対話篇《へん》がある。

＊81　帝国主義　軍事力を背景に、他の民族や国家を侵略して植民地を拡大する政策。狭義には大英帝国のインド支配等、十九世紀から二十世紀にかけて、西洋諸国や日本がアジア、アフリカ各地を植民地化したことを指す。

＊82　中道　仏教の中核思想の一つで、有無、生滅、苦楽等の両極端に執着しない不偏の道を指す。あらゆる存在の真実の姿とされる。

＊83　北アイルランド紛争　一九二二年、アイルランド島三十二州のうち、二十六州がアイルランド自由国（後に共和国として独立）となり、北部六州がイギリス（連合王国）領にとどまった。北アイルランドでは、カトリックとプロテスタントや、イギリスとの連合維持派と独立派が複雑に対立。複数の私兵組織と、イギリス陸軍、北アイルランド警察との抗争《こうそう》が続き、多くのテロ犠牲者を出している。

＊84　ワンガリ・マータイ　ワンガリ・ムタ・マータイ（一九四〇〜）　ケニアの環境保護活動家。ナイロビ大学教授を経て、アフリカ全土で植林活動を推進。国会議員、環境副大臣を務め、二〇〇四年、ノーベル平和賞を受賞した。〇五年に来日した折、「もったいない」という日本語を知って感銘《かんめい》を受け、その後、MOTTAINAIキャンペーンを展開。

＊85　縁起　「縁《よ》りて起こる」と読み、一切のものごとは単独で生起するのではなく、互いに関係し合って成立しているとする思想。

＊86　ブラフマン　ヒンズー教における宇宙の根本原理。また、それを神格化した最高神。梵《ぼん》、梵天と訳される。

＊87　アウレリオ・ペッチェイ（一九〇八〜八四）イタリアの実業家、ローマクラブ初代会長。第二次大戦中、レジスタンスの闘士として活躍。フィアット

社、オリベッティ社の経営に参画。六八年、世界の識者で構成され、人類の危機回避《かいひ》の方途《ほうと》を探る民間組織「ローマクラブ」を設立。池田SGI会長と対談集『二十一世紀への警鐘』を発刊。

＊88　スワミナサン　モンコンブ・サンバシヴァン・スワミナサン（一九二五〜）インドの農科学者。英国ケンブリッジ大学で遺伝学を専攻。小麦等の高収穫品種の開発でインドの「緑の革命」を推進し、食糧事情の改善に貢献した。その後、環境保全の観点から持続的な緑の革命を提唱し、核兵器と戦争の廃絶を訴える「パグウォッシュ会議」の会長を務めている。池田SGI会長と対談集『「緑の革命」と「心の革命」』を発刊。

＊89　独立六十周年　インド共和国は一九四七年、八月十五日に独立。ネルーが初代首相に就任した。

＊90　マハデヴシャストリ・ディヴァカーにあてた手紙　一九四五年十一月一日付の手紙。ディヴァカーがガンジーに、ヒンズーとイスラムの関係についての著書を送ったのに対し、読了した旨《むね》と意見を述べている。

＊91　パールシー教徒　インドにおけるゾロアスター教徒（ペルシャ起源の拝火教を奉じる人々）のこと。パールシーはペルシャの意。

＊92　ジャイナ教　釈尊と同時代に、マハーヴィーラ（偉大な勇者）の名で知られるヴァルダマーナが創始した宗教。徹底した苦行と厳格《げんかく》な不殺生《ふせっしょう》を特徴とする。ヴァルダマーナは、仏典ではニガンタ・ナータプッタの名で「六師外道《ろくしげどう》」の一人として登場する。

＊93　シャルマ　シャンカール・ダヤール・シャルマ（一九一八〜九九）インド共和国第九代大統領（在任＝一九九二〜九七）。インド中部のボーパールに生まれ、独立闘争に参加。法学博士として活躍の後、閣僚、副大統領等を歴任した。

＊94　エイルウィン　パトリシオ・エイルウィン・アソカル（一九一八〜）チリ共和国元大統領（在任＝一九九〇〜九四）。キリスト教民主党党首、上院議長等を歴任の後、ピノチェト軍政打破に尽力。民政復

帰後初の大統領選に勝利した。池田SGI会長と対談集『太平洋の旭日』を発刊。

＊95　ピノチェト　アウグスト・ホセ・ラモン・ピノチェト・ウガルテ（一九一五～二〇〇六）　チリの軍人・元大統領（在任＝一九七四～九〇）。陸軍総司令官を経て、七三年、クーデターで政権奪取《だっしゅ》。十六年間の独裁政権時代に、誘拐《ゆうかい》・暗殺等による多くの行方不明者・犠牲者を出したと言われる。

＊96　ベルリンの壁の崩壊　一九八九年十一月九日、民主化運動に押された東ドイツ政府（当時）が市民の旅行自由化を発表し、歓喜した東西ドイツ市民が両国を隔《へだ》てる象徴であったベルリンの壁を破壊したこと。この様子は全世界に放映され、「ベルリンの壁の崩壊」は東欧の民主化革命と冷戦終結の代名詞となった。

＊97　ビロード革命　一九八九年のチェコスロヴァキア（当時）の民主化革命。共産党政権打倒と民主化を求める国民のデモが頻発《ひんぱつ》するなか、共産党第一書記が辞任し、一党独裁に終止符が打たれた。流血の事態を招かなかったため、柔らかなビロードに譬《たと》えて「ビロード革命」と呼ばれる。

＊98　ジェームズ・サーバー（一八九四～一九六一）　アメリカの小説家。『ニューヨーカー』誌編集者、漫画家としても知られる。作品に『苦しい思い出』『現代の寓話《ぐうわ》』『サーバー・カーニバル』など。

＊99　サナターナ・ダルマ　永遠の普遍《ふへん》的法（真理）の意で、インド伝統のヒンズー教そのものや、ヨガ等を含むヒンズー教に基づく精神主義や生活態度を指す。宇宙の真理を表す思想として、ガンジーが重んじた。

＊100　シバ派　ヒンズー教の一派で、破壊と再生の神シバを崇拝《すうはい》する。動物の犠牲や熱狂的な祭を特徴とする。

＊101　ヴィシュヌ派　ヒンズー教の一派で、世界を維持する存続神ヴィシュヌを崇拝する。哲学的思考が重視される。

索引

本書は月刊誌『灯台』に連載された対談「人道の世紀へ——インドの哲学と教育を語る」(二〇〇六年二月号〜二〇〇七年四月号)を基に、一部加筆・再編集したものです。

人道《じんどう》の世紀《せいき》へ——ガンジーとインドの哲学《てつがく》を語《かた》る

2009年1月26日　初版第1刷発行

著者　ニーラカンタ・ラダクリシュナン
池田大作《いけだだいさく》

発行者　大島光明

発行所　株式会社　第三文明社
東京都新宿区新宿1－23－5
郵便番号　160-0022
電話番号　03(5269)7145（営業代表）
03(5269)7154（編集代表）
振替口座　00150-3-117823
URL　http://www.daisanbunmei.co.jp

印刷所　凸版印刷株式会社
製本所　牧製本印刷株式会社

ISBN 978-4-476-05044-8